KB215479

일·만·년·중·국·역·사·의·장·대·한·드·라·마

사기

사마천 지음 ― 유소림 이주훈 역음

1

패자의 조건 · 난세의 군상

사사연

史記 1 覇者의 條件

진시황 릉(秦始皇陵)

사마천(司馬遷)의 초상(肖像)

1. 사마천(司馬遷)의 인간과 그 생애

'삶을 위해 굴욕을 참은 사나이' 라고 할 수 있는 사마천(司馬遷)은 인간의 비극을 뛰어넘은 사람이라고도 할 수 있다.

또한 비극적이라고 부르기에는 너무나 참혹했던 그의 인생 체험이 그 자신 스스로 역사의 저술을 필생의 사업으로 삼게 한 원인이라고도 하겠다.

▷ 사관(史官)의 전통(傳統)

사마천의 생몰 연대에 대해서는 여러 기록이 있어서 확실치는 못하나 한무제(漢武帝 : 재위 기원전 140~87년) 치하에서 일생을 보냈다고 본다. 선조들은 주(周)나라에 봉사하며 사관

(史官)이 되어 대대로 왕실의 역사를 기록해 왔으나 왕실의 몰락과 함께 그러한 세습적인 가업도 중단되었고, 그후 수백 년이 지나서 사마천의 아버지 사마담(司馬談)이 다시 한(漢)나라의 태사령(太史令)이 됨으로써 역사가의 가문(家門)이 이어졌다.

사관이란 사실에 대해서 정직한 기록만 해야 하고 사실에 대해서 엄격한 비판자야 된다.

사마천의 아버지인 사마담이 태사령이 되었던 당시에는 이미 사관의 지위는 과거의 영예를 잃었고, 다만 주로 천문역법(天文曆法)을 취급하는 기술직에 불과했으며 사마담은 늘 그러한 사실을 한탄하며 사라져버린 역사의 기록을 다시 찾아내 밝히고자 했으나 그 뜻을 이루지 못하고 세상을 떠났다.

사마천은 그러한 부친의 유지를 받들어 고금에 걸친 통사(通史)를 저술해야 할 숙명을 지니게 된 것이다. 그는 나이 어려서 옛 문서들을 습득하기에 이르렀고, 스무 살 전후에는 한(漢)나라의 거의 전지역을 두루 살피며 다니고 견문을 넓히는 등, 아버지의 철저한 교육 방침에 따라서 역사가로서의 소양을 쌓아 나갔다. 아버지가 죽은 뒤 그는 뒤를 이어 태사령이 되었으며, 궁중에 비장된 서적이며 기록과 아버지가 물려준 자료 외에도 산재된 일화 등 모든 역사 자료를 수집하는데 힘쓰면서 역사를 저술하기에 이르렀다.

그러던 중 느닷없이 한 사건이 터졌다.

패장(敗將) 이능(李陵)을 변호해 준 일로 그가 궁형(宮刑)이라는 처형을 받은 사건이다.

궁형이란 남근(男根)을 떼어버리는 형벌로서 일명 부형(腐刑)이라고 하는데 그 이유는 떼어낸 자리의 상처에서 썩은 냄새가 나고 썩은 나무처럼 열매(자식)를 맺지 못한다는 뜻이기도 하거니와, 요컨대 남자가 남자 아닌 상태로 되는 것이요, 더 심하게 말한다면 인간이 인간이 아닌 존재로 된다는 가혹한 형벌이다. 형법상으로는 사형 다음의 형벌이거니와, 그 굴욕은 사형에 비할 바 아니다.

사실 이능은 굴지의 명장(名將)이었다. 불과 5천의 병사로 흉노 10만의 기병을 상대하여 그 중 1만이 넘는 흉노의 군사를 살상했으나 무운도 없이 그만 흉노의 포로가 되었다.

이능의 크나큰 눈부신 전과는 누구나 다 뻔히 알 수 있는 일임에도 무제(武帝)는 그런 결과에 격노하여 이능을 처벌하기 위한 조의를 열었다. 하지만 신하들은 무제의 속셈을 알아차리고 이구 동성으로 이능의 잘못을 늘어놓았다. 하지만 사마천은 그의 양심과 정의감이 명령하는 그대로 이능의 공적을 찬양하면서 임금에게 아첨하기만 하는 신하의 무리를 규탄했다.

그 결과 그는 사실을 왜곡하고 남을 비방했다는 죄목으로 투옥당하는 몸이 되었다.

그가 옥중에서 겪은 것은 이루다 형언할 수 없는 옥사의 비참한 공포감이었다. 자랑스럽기 그지없었던 그 자신이 이제는 옥리만 쳐다봐도 머리를 땅에 숙였고, 겁에 질려 숨도 쉬지 못했다. 그것은 자신의 뜻과는 상관없이 누구든 저절로 그렇게 되고 마는 것이었다.

그를 두고 일러서,

"용겁 강약(勇怯强弱)이란 상황의 소산(所産)에 지나지 않는다"는 손자(孫子)의 말을 되씹게 했다.

이듬해, 이능이 한(漢)을 칠 흉노의 군사들을 훈련시키고 있다는 소식이 와전되자 무제는 이능 일가를 멸족시켰고, 사마천에게도 사형 판결을 내렸다.

그러나 사마천은 죽어서는 안될 사유가 있었다. 절의(節義) 때문에 목숨을 바치리라는 것은 벌써 각오한 바였지만, 그에게는 망부의 유지를 받들어 역사의 저술을 완성해야 한다는 막중한 책무가 주어져 있었다.

그 당시 사형을 면하는 데는 두 가지 방법이 있었는데 한 가지는 50만 전이라는 막대한 벌금을 낸다든지 또 하나의 방법으로는 스스로 궁형을 받겠다고 나서는 일이었다. 집안이 부유하지 못한 그로서는 벌금을 낼 수가 없어 결국 사대부로서 가장 큰 굴욕인 궁형을 택함으로써 삶에 대한 치욕을 천하에 드러낸 것이었다. 그때가 기원전 98년이었으니, 사마천의 나이는 40세 전후의 장년이었다.

그 동안의 참담하기 그지없던 그의 심경을 그는 뒷날 「임소경(任少卿)에게 답하는 글」에다 남김없이 밝힌 바 있다.

▷ 천도(天道), 옳으나 그르나

2년 후, 대사령을 받고 출옥한 사마천은 중서령(中書令 : 궁정의 비서장관) 자리에 앉게 되었다. 그것은 무제도 나이가 듦에 따라 자연 궁안에만 있게 되자 새로 설치한 직위였다. 중서령이란 정무를 보고하고 결재를 받는 재상에 해당하는 요직으로, 궁정 안에 출입이 허가된 남자란 거세된 사람뿐이었으므로, 사마천에게 바로 그 직위가 돌아온 것이었다.

지난날의 사형수였던 사마천이 오늘에 와서는 무제의 측근 중의 측근인 존재가 되어 그를 받드는 몸이 된 것이다. 그러나 이러한 예상외의 인생 체험은 사실 그에게 있어서는 절망적이라고 할 수 있을 만큼 충격적이었을 것이다.

사마천은 옳은 것을 밝히고자 한 일 때문에 궁형에 처해졌고 삶의 치욕을 드러내어야만 했으며, 또한 그 일 때문에 오히려 권력의 중추에까지 몸을 담게 되었다.

이렇게 인간을 우롱하는 일이 또 어디 있을까. 그것이야말로 아이로니컬하다기엔 너무도 비참한 비극이었다.

'세속적인 것에 영합해서 부침 부앙(浮沈俯仰)하는 일 없는 무사주의(無事主義)로'(「임소경에게 답하는 글」에서) 임무를 다하면서 「사기(史記)」의 저술에 몰두하던 사마천의 머리에 떠오른 것은 모름지기 '천도(天道), 그것이 과연 옳으냐 그르냐!' 라고 하는 뼈아픈 의문이었던 것임에 틀림없다.

그는 스스로 그 의문에 대한 해답을 하려고 얼마 남지 않은 생애에 저술을 서둘러 마침내 기원전 91년에 대저서를 완성했다. 그리고 그가 죽은 것은 그로부터 수년 뒤의 일로 추측되고 있다.

2. 「사기(史記)」에 대하여

▷ 세계 전체를 포함하는 인간백과

「사기」는 1백 30권에 달하는 방대한 저작이다. 사마천 자신은 그것을 「태사공서(太史公書)」라고 이름지었으며, 「사기」로 부르게 된 것은 삼국 시대 뒤의 일이다. '태사공'이란 태사령이었던 사마천의 자칭이므로 「태사공서」란 '태사령 사마천의 저서'라는 의미이다. 여기서도 살필 수 있는 것처럼, 사마천이 쓰고자 했던 것은 단순한 역사 그것만이 아니었다.

「사기」가 취급한 대상은 시간적으로 보아 옛 제왕들의 시대로부터 기원전 2세기, 즉 사마천의 당대에 이르기까지이며, 공간적으로는 중국뿐만 아니고 한국·흉노 등 중국 주변의 민족들 모두가 포함되어 있으며 세계를 무대로 하는 인간백과였다고 할 수 있다.

▷ 합리성(合理性)

「사기」 집필 때문에 사마천이 수집했던 자료는 「사기」 그 자체보다도 한결 방대한 것으로 추정되고 있다. 「서경(書經)」, 「좌전(左傳)」, 「전국책(戰國策)」 등 오늘에 전하는 사서(史書)와 서술의 중요한 부분에 있어서는 이들의 기록을 자료로 했다는 것을 알 수 있다.

「사기」에는 은 왕조의 사적(事蹟)이 「은본기(殷本紀)」 1권으로 엮어져 있다. 그 중에서 사마천은 은의 먼 조상 설(契)로부터 왕조를 멸망케 한 폭군인 주(紂)에 이르는 43대의 계보까지 확실하게 기록하고 있다.

과거에는 이 계보를 단지 꾸며낸 것에 불과하다고 여겼으나 20세기에 들어서서 하남성(河南省)의 안양(安陽)을 중심으로 은나라 도읍의 유적이 발굴되고, 거기서 발견된 매우 많은 갑골문(甲骨文)을 해독함에 따라서 사마천이 엮었던 계보가 거의 정확하게 은의 왕통보와 일치하고 있다는 것이 입증되었다.

설령 그렇다손 치더라도 「사기」에 실린 내용이 모두 사실이라고 한다면 터무니없는 소리가 될 것이다. 사실 사마천이 살던 시대는 지금으로부터 2천 년 전의 옛날이다. 그러므로 그 사실을 규명해 낸다는 것이 얼마나 어려운 일인가는 짐작할 수 있을 것이다. 그러나 그는 그러한 악조건 속에서도 기성 개념에 사로잡히지 않고, 일찍이 고대에서는 보기 힘든 합리 정신에 입각하여 수집된 방대한 분량의 사료(史料)를 취사 선택해 나간 것이다.

그러한 합리 정신은 그의 인생 체험, 즉 자신을 포함한 인간 그 자체에 대한 절망감에서 생겨난 '새로운 눈'이었다.

▷ 기전체(紀傳體)

사마천은 역사를 통해서 인간을 묘사하려 했다.

'인간이란 무엇이냐?' 하는 것이 「사기」를 집필하는 명제였다고 보아도 무방하다. 이 명제에 입각하여 그가 수많은 분량의 자료를 처리하는 기본으로써 만들어 낸 것이 바로 기전체라고 하는 구성이다.

「사기」 1백 30권은 「본기(本紀)」 12권, 「서(書)」 8권, 「표(表)」 10권, 「세가(世家)」 30권, 「열전(列傳)」 70권의 5부(部)로 나뉘어져 있다.

「본기」라는 것은 역사를 움직인 근본과 사마천이 생각한, 즉 왕조의 역사이고, 「세가」는 제왕을 둘러싼 제후의 집안 기록이며, 「열전」은 「본기」와 「세가」를 둘러싼 영웅 호걸에서부터 일반 서민에 이르기까지 개인의 전기다.

「본기」, 「세가」, 「열전」의 세 가지는 태양을 둘러싼 혹성(惑星) 및 위성(衛星)처럼 서로가 밀접한 관계를 유지하면서 입체적으로 역사의 세계를 구성했다.

▷「사기」의 사상(思想)

그러나 같은 기전체라고 하더라도 「사기」와 「한서(漢書)」 뒤의 딴 사서(史書)들은 그 기본적인 방법에 큰 차이가 있다.

이를테면 한(漢)나라 고조(高祖)와 천하의 패권을 겨루던 일세의 영걸인 항우(項羽)가 「사기」 속에서는 「본기」에 들어 있는데 반해서, 「한서」에서는 「열전」에 넣었을 뿐이다. 그 이유는 항우가 제왕의 자리에 오른 적은 단 한번도 없었다는 사실 때문이다.

형식이나 기성 개념에 사로잡히지를 않고, 어디까지나 인간을 직시하는 이러한 현실주의 정신은 「사기」를 일관하는 바탕이 되고 있으며 사회 계층을 서로 달리하는 여러 부류의 등장인물에 대한 사마천의 눈에는 아무런 편견도 없다. 법을 문란케 하던 불량배나 물욕만 따지는 상인을 성현과 똑같이 일률적으로 취급한 그 태도는 후세의 유학자들로부터 비난도 받았으나 오히려 이런 점에 「사기」가 영원히 퇴색하지 않는 새로움이 있다고 하겠다.

▷ 가치관의 다양성

이 현실주의는 다시금 가치관의 다양성으로 나타나는데 그 좋은 예가 송(宋)나라 양공(襄公)에 대한 그의 평가이다. 본래 〈송양의 인(仁)〉이라고 하면 '부질없는 정을 베풀어 자신을 망친다고 하는 어리석은 소행'을 지칭하는 뜻이나, 오히려 사마천은 그것을 칭찬한다.

세상 사람들의 상식으로 보자면 어리석기 그지없는 양공의 행동에서 그는 한 가지 일에 모든 것을 바친 인간의 아름다움을 찾아내고 있는 것이리라. 정의라든지 명예라고 하는 허무감을 몸소 체험한 자만이 느낄 수 있는 자유로운 가치 판단이 그곳에 있다.

단, 자유라고 하더라도 거리낌없는 경솔함을 뜻하는 것이 아니라 그것이 얼마나 강인한 것인가를 읽어보면 잘 알 수 있을 것이다.

사마천의 눈은 곁눈이다. 그것은 사물을 개별적인 것으로 보지 않고, 항상 전체와 관련시켜서 다루고 있다. 「사기」에 등장하는 개개의 인간은 모두가 다른 인간과 관련된 견해에서 다루어지고 또한 당시의 상황과 연관된 입장에서 묘사되어 있다.

등장하는 인물들의 전형도 풍부하거니와, 상황과 개인이 교차되는 안에서 역사가 어떻게 이루어가고 그것이 또한 어떻게 인간에게 반영되어 왔던가 하는 문제까지 떠오르기 마련인데 그런 과정에서 우리는 '인간이란 무엇인가'?, '현재 상황에 있어서 자신이 무엇을 해야 할 것인가?' 하는 문제를 철저히 생각하게끔 되리라.

「사기」의 가치도 바로 거기에 있다고 해도 좋을 것이다.

본 사기는 ① 주(周)의 성쇠(盛衰), ② 춘추 5패(春秋五覇), ③ 오·월(吳越)의 항쟁(抗爭) 등 3장으로 시작되는데 이것이 기원전 11세기부터 기원전 5세기에 이르는 시간의 추이에 따라서 각 장을 나누는 동시에 역사의 무대가 북쪽에서 남쪽으로 퍼져, 남쪽이 북쪽을 제압하기에 이르는 격동과, 그 격동의 연극을 맡았던 명우(名優)들을 이야기하는 구성으로 대서술이 시작되고 있다.

● 史記 · 1 覇者의 條件 ●

■ 해설 · 서문을 대신하여 · 5

I. 주(周)의 성쇠(盛衰)

II. 춘추오패(春秋五覇)

● 史記 2 · 亂世의 群像 ●

II. 식객(食客)의 시대

Ⅲ. 고독한 독재자(獨裁者)

I

주(周)의 성쇠(盛衰)

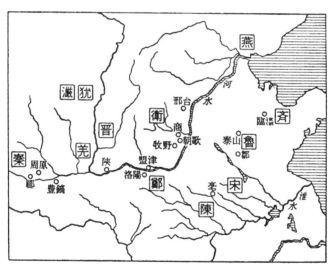

은(殷)나라 말기와 주(周)나라 초기의 중국

1. 흥하는 자와 망하는 자
— 은(殷)·주(周)의 교대 —

　주(周)의 창건은 성인 전설(聖人傳說)에 싸여 있다. 주나라의 천하 통일 과정은 유교적 이상 세계의 성립 과정인 것이다. 섬서(陝西)의 일각에서 일어난 주나라는 점차로 그 세력을 넓혀 마침내 은왕조의 뒤를 이었다. 거기에 등장하는 인물은 시조(始祖)인 후직(后稷)에서 태공(太公)을 거쳐 문왕(文王)·주공(周公)에 이르기까지 후세의 사람들에 의해 위정자의 이상상(理想像)이라고 불려지고 있다.

　후직에서 몇 세대를 지나 고공단보(古公亶父)의 대에 이른다. 고공(古公)은 이민족과의 싸움을 피하기 위해 일족을 거느리고 빈(豳)에서 기산(岐山)의 기슭으로 옮겨 앉았다.

　고공을 따라 빈나라 사람들도 모두 이주해왔는데 새로운 나라는 이렇게 시작되었고 마침내 서백(西伯:文王)의 등장을 맞게 된다.

▷ 문왕(文王)의 등장

고공(古公)에게는 애당초 두 아들이 있었다.

큰아들은 태백(太伯)이고, 둘째아들은 우중(虞仲)이라고 한
다. 정부인 태강(太姜)은 그 뒤 다시 셋째아들 계력(季歷)을
낳았는데 이 계력이 나중에 태임(太任)이라는 여성을 정부인
으로 맞았다.

태임도 시어머니 태강 못지않게 현부인(賢夫人)이었는데 이
태임이 난 아들이 바로 창(昌)이다. 창이 태어났을 때 서상(瑞
祥 : 좋은 징조)이 있었다. 고공은 '우리 주나라가 융성할 징조
다. 손자인 창이 융성을 이룩할 것이다' 하고 기뻐했다.

아버지 고공은 막내아들 계력에게 뒤를 잇게 해서 나라를 손
자 창에게 물려주려고 하므로, 장남 태백과 차남인 우중은 이
렇게 생각하고 자기들은 몸을 피하려고 결심했다.

형제는 남방의 미개지 땅으로 가서 만족들의 풍습에 따라 머
리를 짧게 깎고 몸에도 문신을 새겼다. 이렇게 하여 만족이 되
어버리면 나라를 이을 사람은 계력밖에는 없게 되는 셈이다.

고공이 죽자 그들의 생각대로 계력이 즉위했다. 이를 공계
(公季)라고 하는데 그는 아버지 고공의 유업을 이어 공정한 정
치를 하도록 마음을 써 제후들의 신망까지 모았다.

마침내 공계가 죽자 창이 왕위에 올랐는데 그가 바로 문왕
(文王)이라고 불리워진 서백(西伯)이다.

▷ 군주(君主)와 중상(中傷)

　서백(西伯)은 정치의 본을 후직(后稷) · 공유(公劉) · 고공(古公) · 공계(公季)와 같은 선군에게서 찾아 어진 정치에 힘을 썼다. 노인이나 어린애들을 귀중히 하고 현자를 정중히 대접하며 뛰어난 사람과 이야기하기 위해서는 식사 때도 가리지 않았다. 그래서 서백 밑에는 인재들이 많이 모여들었다.

　백이(伯夷) · 숙제(叔齊) 두 형제는 서백이 노인에 대한 사려가 깊다는 소문을 듣고 멀리 고죽 나라에서 서백을 찾아왔다. 태전(太顚) · 굉요 · 산의생(散宜生) · 육자 · 신갑대부(辛甲大夫) 등도 마찬가지로 서백을 동경해서 주나라로 이주해 왔다.

　제후들 가운데는 이것을 질투하는 자도 있었다. 그중의 한 사람인 숭후(崇侯) 호(虎)가 은왕(殷王) 주(紂)에게 고자질을 했다.

　"서백은 열심히 덕을 쌓아 제후의 인기를 모으고 있습니다. 그대로 내버려두면 은(殷)의 화가 됩니다."

　이러한 중상모략으로 서백은 유리에 유폐되고 말았다. 서백을 염려하던 신하 굉요 등이 유신국(有莘國)의 미녀를 비롯해서 이융국(孋戎國)의 황금색 문마(文馬), 유웅(有熊) 지방의 준마(駿馬) 36마리, 그밖에도 진귀한 많은 물건을 조달하여 주왕의 총신(寵臣)인 비중(費仲)을 통해 바쳤다. 주왕은 갑자기 얼굴 표정을 바꾸며,

　"여자만으로도 서백의 죄를 용서하고 남는다. 그런데 이 얼

마나 귀한 선물인가"하고 좋아했다.

주왕은 서백을 풀어주었을 뿐만 아니라 활과 화살 그리고 부월(도끼 모양의 큰 도구)을 하사하고 정이대장군(征夷大將軍)의 자격을 주며 이렇게 변명했다.

"사실은 숭후 호가 중상모략했기 때문이다."

그러나 서백은 화를 내는 대신 이 기회에 주왕에게 낙서(洛西)의 땅을 바칠 것을 간하고 그 교환 조건으로 포락(炮烙)의 형(刑 : 숯불을 피워 놓고 그 위에 기름을 바른 동주를 건너지르고 죄인에게 건너가게 하는 형으로 죄인은 발이 미끄러져 불 속으로 떨어져 온 몸이 불에 타게 됨)을 폐지하도록 청원하여 이것을 승인받았다.

▷ 악(惡)의 상승 작용

폭군의 전형이라고 하는 은(殷)의 주왕(紂王)에 대하여「사기」는 앞에서 말한「주 본기(周本記)」와는 달리「은 본기(殷本記)」에 이렇게 기록했다.

제주(帝紂)는 태어날 때부터 말재주가 좋고 머리도 잘 돌았으며 게다가 맹수를 맨손으로 때려잡는 무서운 힘을 가진 사람이기도 했다. 머리가 좋아서 신하의 서툰 충고 같은 것은 하나도 효과가 없었으며, 이론이 서기 때문에 어떤 잘못일지라도 정당화시키고 말았으며 천하에 자기 이상은 없다고 큰소리를 치며 신하를 무능하다고 평하고 오로지 자기의 위세만을 자랑했다.

또한 술을 좋아하여 술에 빠질 정도로 마셨으며 여자에게도 푹 빠졌다. 더욱이 달기(妲己)라고 하는 미녀를 총애(寵愛)하여 그녀의 말이라면 어떤 것이든지 들었다. 달기가 시키는 대로 악사(樂士) 사연(師涓)에게 명령해서 '북리(北里)의 춤'과 '미미(靡靡)의 악'이라는 관능적(官能的)인 음악을 만들게 했다.

한편, 가혹한 세금을 과해서 재화를 축적하고 거교의 창고에 식량을 가득 채웠다. 왕궁에는 진귀한 품종의 개와 말과 그밖의 멋진 보화가 많이 쌓여졌다. 또한 사구(沙丘)의 이궁(離宮)을 확장해서 정원과 누각을 만들고 온갖 종류의 새를 놓아 길렀다.

처음부터 신(神)을 위한다는 생각은 하나도 없이 많은 신하를 이궁에 모아놓고 노는데 미쳤다. 연못에 술을 채우고 주위의 나무에 고기를 매달고 그 사이를 남녀가 알몸으로 뒤쫓게 했다. 이런 주지육림(酒池肉林)의 연회가 밤낮없이 계속되었다.

이쯤되면 당연히 폭정을 비난하는 백성의 소리가 높아지면서 배신하는 제후가 생기기 마련이다. 그러면 주왕은 도리어 가혹한 형벌을 주었고 포락이라는 잔학한 형벌까지도 행했다.

그 당시 가장 중요한 자리인 삼공(三公)에는 서백(西伯) 창(昌)·구후(九侯)·악후(鄂侯) 등 세 사람이 있었다. 구후에게는 아름다운 딸이 있었는데 주왕에게 소실로 보내게 되었다. 그런데 구후의 딸은 주왕의 말을 좀체로 듣지 않았다. 화가 난 주왕은 그녀를 죽이고 또 구후까지도 죽여 소금에 절였다. 너무 지나친 처사에 악후가 심한 말로 충언하자 이번에는 악후를 죽여 고기포를 만들어 버렸다. 서백 창은 이 소식을 듣고 남몰래 한숨을 내쉬었다. 그런데 숭후 호의 밀고로 서백은 유리(羑里)에 유폐되고 말았다.

▷ 악의 역할

'덕(德)'이 있는 군주야말로 천하의 왕이 된다. 덕은 승패의 요인인 것이다. 그러나 성왕(聖王)이 출현하기 위해서는 무도한 왕도가 출현하지 않으면 안 된다. '부덕(不德)'도 또한 세상을 움직이는 것이다.

▷ 의사(義士)의 운명(運命)

미자(微子) 계(啓 : 開)는 은나라 제을(帝乙)의 큰아들이며 주왕(紂王)의 이복형이다. 주왕이 즉위한 뒤에 지나치게 이성을 잃고 무도한 정치를 했기 때문에 미자(微子)는 몇 번이나 충고를 했으나 한 번도 들은 때가 없었다.

그당시 주(周)의 서백 창은 신망을 얻어 기(耆)나라를 멸망시키고 차츰 그 세력을 펴나가고 있었는데 그것을 본 조이(祖伊)는 이대로 가면 곧 은나라의 위험이 될 것이라고 주왕에게 경고를 했다.

그러나 주왕은 듣지 않았다.

"나는 천명(天命)을 받고 이 세상에 있는 몸이다. 서백 같은 것이 무엇을 할 수 있겠느냐?"

이렇게 되자 미자는 마침내 주왕을 단념하고 말았다. 죽음으로 항의를 할 것이냐, 아니면 나라를 떠나야 하느냐 망설이다가 그는 궁정(宮廷)의 악관(樂官)에게 물었다.

"은나라의 정치는 극단에 이르렀고 천하의 인심을 잃었다. 그 옛날 시조 탕왕(湯王)이 애써 이룩한 기반도 주왕이 주색에 빠져 제 정신을 잃었기 때문에 마침내 무(無)로 돌아가 버렸다. 지금이야말로 은나라의 조정은 흔들리고 문란하다. 모범이 되어야 할 경대부(卿大夫)까지도 다투어 법도를 어기고 부끄러워하는 기색까지 없다. 이것을 따라 백성들은 서로 적대시하여 싸울 뿐 벌써 은나라 고래의 미풍은 이 땅에서 사라졌다. 이제 강을 건너려 해도 배가 없고 멸망의 날은 눈앞에 다가왔다. 나는 지금 곧 나라를 떠나 가족을 멸망에서 구하려 하는데 그것이 잘못된 것일까. 서슴지 말고 이야기해 달라. 내가 옳은 길을 가기 위해서는 어떻게 하면 좋겠는가?"

악관의 장(長)은 이렇게 대답했다.

"지금은 하늘이 은나라에게 재앙을 내려 은나라를 멸망시키려고 합니다. 그런데도 주왕은 하늘을 두려워하지 않고 장로(長老)의 말에 귀를 기울이지 않습니다. 더구나 백성들은 신(神)의 제사를 경멸하고 있습니다. 이런 현상을 바로잡는다면 가령 목숨을 버린대도 후회되지 않을 것입니다. 하지만 그것을 기대할 수 없다면 나라를 떠날 수밖에 별 도리가 없습니다."

이 말대로 미자는 은나라를 떠날 길을 택한 것이다.

주왕에게는 기자(箕子)라고 하는 숙부가 있었다. 주왕이 상아(象牙) 젓가락을 주문할 적에 기자가 한숨을 쉬며 이렇게 말했다.

"상아 젓가락 다음엔 옥으로 만든 술잔을 구할 것이며 그 다음은 보다 더 좋은 진귀한 보물을 탐내게 될 것이다. 나아가서는 타고 다니는 것을 장식하고 궁전을 꾸미는 등 그칠 새가 없을 것이다."

주왕의 방탕은 기자의 예상대로 날이 갈수록 더 심해갔다. 기자의 충언 같은 것에 귀를 기울이려고도 하지 않았다.

차라리 나라를 떠나도록 권하는 사람도 있었다. 하지만 기자는 다음과 같이 말하는 것이었다.

"내 의견을 들어주지 않는다고 해서 나라를 떠나버린다면 신하로서 주군(主君)의 부끄러움을 천하에 알리는 것뿐만 아니라 책임을 회피하는 것도 되니 나로서는 도저히 그럴 수는 없다."

기자가 택한 길은 광인의 옷차림을 한 뒤 노예의 신분으로 전락해버리는 것이었다. 마침내 그는 은둔생활을 하며 거문고로 남모르는 슬픔을 달랬고 후세의 사람은 이 가락을 기자조(箕子操)라고 불렀다.

그리고 왕자 비간(比干)도 주왕의 숙부였다. 기자의 충고가 받아들여지지 않고 노예의 몸으로 전락한 것을 보면서 비간은 이렇게 말했다.

"주군에게 잘못이 있을 때 죽음을 무릅쓰고 진언하는 것이 우리의 할 일이며, 그렇지 못하다면 어찌 군신의 도리라고 하겠습니까?"

비간은 바른 말로 주왕에게 간했다. 주왕은 화를 내며 말했다.

"네가 성인이냐, 성인의 심장에는 일곱 개의 구멍이 있는 것 같다. 사실인지 아닌지를 보여달라."

결국은 비간을 그 자리에서 죽이고 심장을 도려냈다.

미자는 더 참을 수가 없었다.

"아버지와 아들 사이는 골육(骨肉)의 정(情)으로 묶여져 있다. 아버지에게 잘못이 있지만 아무리 말을 해도 소용이 없을 경우는 아들의 입장으로서 눈물을 머금고 아버지를 따라야 한다. 이에 반해 주군과 신하는 의(義)로 묶여 있는 것, 신하로서 아무리 진언을 해도 그것이 받아들여지지 않는다면 주군을 돌보지 않는 것도 허용이 된다."

그래서 미자는 악관들의 의사대로 은나라를 떠나고야 말았다.

▷ 성(聖)과 악(惡)

이야기는 다시 문왕(文王)으로 돌아간다. 주왕(紂王)과는 대조적으로 문왕은 선(善)의 상징으로 나타나 있다.

서백「文王」은 밖으로 나타나지 않게 덕행을 계속했다. 언제나 제후들은 분쟁이 있을 때는 서백에게 그 판정을 구하곤 했다. 때마침 우(虞)와 예(芮) 두 나라 사이에 다툼이 일어났는데 좀체로 해결이 나지 않아 그 판결을 주(周)에게서 얻기로 했다. 그래서 두 나라의 군주가 주나라를 방문했다. 정작 주나라의 땅에 들어가 보니 백성들의 기풍은, 농민은 논두렁을 서로 양보하고 연장자(年長者)에 양보하는 것으로 넘쳐 있었다.

두 군주는 자기 자신이 부끄러워졌다.

"우리의 싸움 같은 것은 이 나라에서는 웃음거리다. 이래서는 스스로 창피를 당하러 가는 것이 아닌가."

두 군주는 곧바로 되돌아서며 서로 양보하고 화해한 뒤 자기 나라로 돌아갔는데 이 이야기가 전해지자,

"서백이야말로 천하의 왕이며 천명(天命)을 받은 인물이다."

제후들 사이에서 서백의 명성이 높아질 뿐이었다.

다음 해 서백은 견융(犬戎)을 토벌했고 그 이듬해는 밀수국을 토벌하고 다시 그 기국(耆國)을 쳤다.

서백의 활약은 은나라에게 있어서는 위험이었고 이것을 염려한 신하 조이(祖伊)가 경계하도록 왕에게 말했지만 주왕은,

"내 지위는 천명으로 정해져 있다. 서백 같은 것이 어쩔 것이냐?"하며 전연 받아들이지 않았다.

서백은 계속해서 다음 해에 우국(邘國)을, 그 다음 해에는 숭국(崇國)을 토벌하여 풍읍(豊邑)을 건설한 뒤 도읍을 기산(岐山)의 산기슭에서 풍읍으로 옮겼다.

서백이 세상을 떠난 것은 도읍을 옮긴 뒤의 해이다. 서백의 태자인 발(發)이 뒤를 이었는데 이 사람이 바로 무왕(武王)이다.

▷ 천명(天命)의 상징

무왕(武王)은 즉위하자 군사(軍師)에는 태공망(太公望)을, 왕의 보좌역에는 동생 주공(周公) 단(旦)을 임명하고, 소공(召公)과 필공(畢公)에게는 군무를 담당케 하여 모두 함께 문왕(文王)의 뒤를 계승하는데 힘썼다.

즉위한 지 9년에 무왕은 문왕을 모신 필(畢) 땅에 가서 그 영(靈)을 빌었다. 그 뒤 무위(武威)를 떨쳐 진로를 동으로 잡고 맹진(盟津)까지 행진했다.

그때 무왕은 사령관이 위치하는 중군(中軍)에 문왕의 위패(位牌)를 안치하고 스스로 태자 발(太子發)이라고 칭했다.

결국 이번 출정은 문왕의 뜻이지 결코 자신의 독단이 아니라는 것을 보여 준 것이다. 출발에 앞서 무왕은 사마(司馬)·사도(司徒)·사공(司空) 그리고 그밖의 여러 관원들을 모아놓고 이렇게 말했다.

"잘 들어라. 나는 미숙한 몸이면서 선군(先君)의 유덕을 입어 그 유업을 이어받게 되었다. 그대들은 나와 같이 힘이 미치는 한 선(善)을 권장해서 악을 없애고 선군의 공업(功業)을 대성시킬 것을 맹세하라."

드디어 출정할 때가 되자 태공망(太公望) 여상(呂尙)이 지휘를 맡고 산하의 대장들에게 명령을 내렸다.

"그대들의 장병과 선박 모두를 이끌고 출정하라. 늦는 자는 목을 베리라."

황하를 건널 때였다. 강 중간쯤 와서 무왕의 배에 흰고기가 날아들었다. 무왕은 이 고기를 잡아 신에게 바쳤다. 상륙한 뒤에 이번에는 하류 쪽에서 붉은 구슬 같은 것이 날아들었다. 한 번 지나가고 나서 다시 방향을 바꾸어 무왕이 앉은 가까이에 멎었다. 그것을 보니 몸이 새빨간 까마귀였다. 그 우는 소리는 정말 유창했다.

사전에 약속은 없었지만 차례로 맹진으로 달려와 뵙는 제후가 8백에 달했다. 이들은 모두 입을 모아,

"지금이야말로 주왕을 칠 때입니다." 하고 무왕에게 간했다.

"서두르지 말라. 천명은 아직 은나라를 떠나지 않았다." 하고 무왕은 일단 철군하고 말았다.

▷ 집단행동의 원리

집단행동을 이끌어가기 위해서는 자발적인 동기를 만들고 상징적인 것을 조작할 필요도 있다. 그리고 에너지를 축적하여 그것을 단번에 폭발시킬 수 있는 폭발 장치도 필요하다. 문왕의 위패며 흰고기, 새빨간 까마귀, 병사를 철군시킨 조치, 이런 것들은 한결같이 의지의 통일을 위해 꼭 있어야 하는 준비라고 해도 좋을 것이다.

▷ 목야(牧野)의 맹세

그후 2년이 지났지만 주왕(紂王)의 난폭과 탈선은 끝이 없었다. 숙부인 비간(比干)을 죽이고 충신 기자(箕子)를 유폐시

컸다. 은나라의 악관(樂官)들도 제사 때 쓰는 악기를 가지고 주나라로 달아나 버렸다. 사태가 이쯤 되자 무왕(武王)은 드디어 제후를 향해 선언을 하고 궐기를 재촉했다.

"이제 주왕의 죄는 용서할 수가 없다. 토벌만이 있을 뿐이다."

그래서 무왕은 문왕(文王)의 위패를 받들고 병거 3백 대, 사관(士官) 3천 명, 무장한 병사 5천 명을 이끌고 동쪽으로 출발했다. 무왕 11년 12월 무오(戊午) 날, 전군이 맹진(盟津)으로 나아갔다. 제후들도 모두 모여 저마다의 의견을 바쳤다.

"이번만은 용서해서는 안됩니다."

무왕은 제후의 의견에 따라 「태서(太誓 : 서경(書經)의 태서를 말하는 듯함)」의 1편을 만들어 전군에 포고했다.

"은나라 왕인 주왕은 달기(妲己)에게 빠져 천명을 어긴 채 법도를 짓밟고 혈연을 멀리하기에 이르렀다. 더욱이 조종(祖宗) 때부터 이어오는 음악을 버리고 음란한 음악을 만들어 세속을 타락시키면서까지 달기에게 아첨하고 있다. 이제 나는 천명을 받들어 천벌을 단행하리라. 제군의 분투를 빈다. 기회는 두 번 다시 없다는 것을 명심하라."

2월 갑자(甲子) 날, 이른 아침에 무왕은 은나라 수도의 상교(商郊) 목야에 병사를 모이게 하고 다시 한 번 결의를 환기시켰다. 무왕은 왼손에 황금으로 만든 도끼를 들고 오른손에는 흰 쇠고리를 장식한 기를 들고 장병들을 호령했다.

"서방의 장병들아! 먼 길에 수고들 했다.

친애하는 제후여! 사도(司徒)·사마(司馬)·사공(司空)·

아려(亞旅)·사씨(師氏)·천부장(千夫長)·백부장(百夫長)이여! 용(庸)·촉(蜀)·강(羌)·무(髳)·미(微)·노(纑)·팽(彭)·복(濮 : 모두 이민족의 나라)에서 와 준 장병들이여, 자 창을 들고 방패를 갖추거라. 나는 여기에서 엄숙히 선언한다. 옛 사람들도 이렇게 말했다. 암탉이 울어서는 안 된다. 암탉이 울면 집안이 망한다고. 그런데도 은나라의 주왕은 달기의 말만을 받아들여 선조의 제사까지 잊었으며 제후를 무시하며 혈연을 멀리하고 여러 나라에서 도망해 온 악한 자들만 믿고 등용해서 백성을 괴롭히며 나라를 위태롭게 했다. 이제 나는 하늘의 명을 받들어 천벌을 단행한다. 오늘의 싸움에 있어서는 이(利)를 좇아 깊이 들어가지 말라. 조급히 서둘러 대오를 이탈하지 말라. 호랑이와 같이 용맹하게 여기 이 목야에서 싸워라. 도망하는 적은 죽이지 말고 살려서 우리나라의 일꾼으로 만들고 분투 노력하라. 게을리 하는 일이 있으면 엄벌이 내려질 것을 명심하라."

명령이 끝나자 모여든 제후들의 전차 4천 대를 중심으로 전 병력은 목야에 진을 쳤다.

▷ **주왕의 최후**

무왕(武王)이 쳐들어왔다는 소식을 듣고 은나라의 주왕은 70만의 대군을 이끌고 나왔다. 무왕은 먼저 태공망(太公望)에게 명령하여 용사 백 명으로 선제 공격을 시켰다. 이렇게 해서 전군의 사기를 높인 뒤에 근위병을 이끌고 단번에 주왕의 군으로 밀어닥쳤다. 주왕의 군은 숫적으로는 많았지만 싸울 의사는 하나도 없었다.

오히려 무왕이 쳐 오기를 기다리고 있을 정도였기 때문에 일제히 반란을 일으켜 무왕을 맞아들였다. 무왕의 군이 쳐들어가자, 은나라의 병사들도 주왕을 버리고 모두 흩어져 달아났다. 왕궁으로 도망쳐 간 주왕은 녹대에 올라가 주옥(珠玉)을 몸에 걸치고 스스로 분신 자살하고 말았다.

무왕은 대백기를 흔들어 제후들을 모았다. 제후는 모두 신하의 예를 갖춰 무왕의 승리를 축하하고 무왕도 왕자다운 인사로 여기에 답했다. 그 뒤 무왕은 전군을 거느리고 은나라의 수도 조가(朝歌)에 입성했다. 은나라 군신(群臣)이 모두 밖에까지 나와 맞아들였다. 무왕은 신하를 통해 이렇게 말했다.

"지금이야말로 하늘이 은혜를 내리시리라."

은나라의 군신은 다같이 머리를 숙여 공손히 감사를 표했다. 무왕은 주왕이 죽은 장소에 가서 먼저 그 시체에 화살 3개를 꽂고 마차에서 내려 다시 칼로 치고 황금으로 만든 도끼로 주왕의 목을 잘라 대백기의 끝에 꽂았다. 그 뒤에 주왕이 사랑하던 두 첩을 찾았지만 이미 목을 매 죽은 뒤였다. 무왕은 여기서도 시체에 3개의 화살을 쏘고 칼로 친 뒤에 이번에는 쇠로 만든 도끼로 목을 떨어뜨린 다음 소백기 끝에 걸었다.

이렇게 성패를 가리고 나서 무왕은 군중으로 돌아갔다.

2. 의식(儀式)의 효용
— 주왕조(周王祖)의 성립 —

▷ 신체제(新體制)에의 어필

다음 날 무왕은 도로와 은의 조묘를 깨끗이 치우고 은나라의 궁전에 들어가 즉위식을 올렸다. 그 날의 상황은 이랬다. 먼저 정해진 시간에 백 명의 전사(戰士)가 한기(罕旗)를 메고 앞장선 뒤 그 뒤를 무왕의 동생 숙진탁(叔振鐸)이 의장차(儀仗車)를 인솔하고 따랐다.

무왕을 중심으로 주공(周公), 단이 대월(큰 도끼)을, 필공(畢公)은 소월(작은 도끼)을 손에 들고 나가며 다시 산의생(散宜生)·태전·굉요 등의 중신들은 손에 칼을 들고 무왕을 호위했다. 무왕은 호위 장군을 대동하고 은나라의 조묘 남쪽에 섰다. 모숙정(毛叔鄭)이 명수(明水 : 제사 때 쓰는 물)를 들고 섰고 강숙봉(康叔封)은 깔개를 폈다. 예물을 받쳐 든 것은 소공(召公) 석(奭)이고 제물을 끌고 온 것은 태공망(太公望)이다. 곧 이어 윤일(尹佚)이 나와 제문을 읽었다.

"은나라의 마지막 손(孫)인 주왕(紂王)은 선왕(先王)의 명덕(明德)을 헛되게 했고 신기(神祇)를 모독하고 섬기지 않았으며 백성을 괴롭히던 악업이 많았음은 이미 천제(天帝)께서 알고 계시는 바다."

여기서 무왕이 공손하게 머리를 숙여 절하자 윤일은 계속한다.

"여기에 천명(天命)이 새로워졌다. 그대는 은나라의 폭정을 고치고 하늘의 은명(恩命)을 받으라."

무왕은 다시 두 번 배례하고 그곳을 나갔다.

무왕은 주왕의 아들 녹보(祿父)를 봉해서 은나라의 유민을 다스리도록 했다. 하지만 싸움이 끝났을 뿐이고 아직 은나라의 국정은 안정되어 있지 않았다. 그래서 동생인 숙선(叔鮮)과 숙도(叔度), 이 두 사람에게 명령하여 녹보를 보좌하도록 했고 이어서 소공(召公)에게 명령하여 옥에 갇혀 있던 은나라의 충신 기자(箕子)를 석방시켰다.

그리고 필공에게 일러서 갇혀 있던 군신들을 석방시켰다. 또한 주왕을 충고하다 연금되어 있던 충신 상용(商容)을 고향으로 돌려보냈고, 남궁괄(南宮括)에 명하여 은나라가 저장하고 있던 녹대(鹿臺)의 재화와 거교의 식량을 방출하여 빈민을 구제토록 했다.

한편, 남궁괄과 사일(史佚)에게 명하여 은나라의 구정(九鼎)과 조묘의 소중한 보물을 점검시켰고 굉요에게 명하여 주왕에게 죽은 비간(比干)의 묘를 수복시켰다. 그리고 신관(神官)에게 일러서 군중에서 제사를 지내도록 했다. 이렇게 무왕은 겨우 전시 태세를 벗어났다.

주(周)로 돌아가는 길에 무왕은 여러 땅을 순행하면서 은왕조의 치적을 기록하고 〈무성(武成)〉을 만들었고 제후를 봉하고서 조묘의 제사 술을 분배했다.

또한 고대 성왕(聖王)의 치적을 추모하여 그 덕에 보답하는 뜻에서 신농(神農)의 자손을 초(焦)에, 황제(黃帝)의 자손을 축(祝)에, 제요(帝堯)의 자손을 계(薊)에, 제순(帝舜)의 자손을 진(陳)에, 또한 대우(大禹)의 자손을 기(杞)에 각각 봉했다.

그 뒤는 공신(功臣)들에 대한 행상(行賞)이다. 먼저 태공망(太公望)을 영구(營丘)에 봉하고 제(齊)라고 했으며 동생인 주공 단을 곡부(曲阜)에 봉하고 노(魯)라고 했다. 또한 소공 석은 연(燕)에, 동생인 숙선(叔鮮)은 관(管)에, 마찬가지로 동생 숙도(叔度)를 채(蔡)에 봉하고, 그밖에 각자의 공적에 따라 봉지(封地)를 주고 제후로 삼았다.

▷ 치자(治者)의 불안

논공 행상이 끝나자 무왕은 9주(九州 : 고대엔 중국을 9개 주로 생각했음)의 장관을 소집하고 빈(豳)의 언덕에 올라 멀리 은나라의 수도 조가(朝歌)를 바라보며 천하에 원하는 결의를 새롭게 했다.

그런데 주나라의 수도에 돌아와서도 무왕은 뜬 눈으로 밤을 새우며 무엇인가를 생각하기만 했다. 주공(周公) 단(旦)은 무왕의 건강을 걱정했다.

"쉬지 않으시면 건강에 해롭습니다."

"자, 들어보라. 하늘이 은나라의 제사를 받지 않게 된 것은 내가 태어나기 전의 일이다. 그 후 60년 동안 교외에는 사슴이 날뛰고 논밭에는 벌레가 가득찼으며 천하가 어지러워졌다. 그러므로 주는 은나라를 대신하여 이루어진 것이다.

하늘이 은나라에 왕업을 명했을 때 은나라에는 어진 신하가 3백60명이나 있었다. 그들의 이름을 명확히 나타내지 않고 묻어버렸기 때문에 은나라는 오늘의 파국을 가져왔다. 우리 주나라에 있어서도 은나라를 멸망시킨 하늘의 가호가 아직은 정해졌다고 할 수가 없다. 그것을 생각하니 잠을 이룰 수가 없구나."

무왕은 이야기를 계속했다.

"이 때에 하늘의 가호를 명확한 것으로 하기 위해서는 하늘이 주신 왕성이라고 해야 할 땅에 도읍을 정하고 악인들은 용서없이 잡아서 주왕의 뒤를 따르게 하자. 또한 주야로 우리 주나라의 안정에 힘쓰며 우리 사업을 세상에 밝혀 나가자. 그리고 낙수(洛水)에서 이수(伊水)까지의 일대는 넓디넓은 평야며 이전에 하(夏)나라가 서울을 정했었다. 여기에 서면 남으로는 삼도(三途 : 낙양 남쪽의 산)를 바라보며 북으로는 태행산(太行山)과 그 기슭의 마을까지 바라볼 수가 있으며 배편에 의한 운송도 좋다. 이 땅이야말로 하늘이 주신 왕성이 아니겠느냐."

무왕은 낙읍(洛邑)에 주나라의 도읍을 정했다. 다시 서(西)로 돌아간 무왕은 군마(軍馬)를 화산(華山)의 남쪽에 풀어주고 소(牛)를 도림(桃林)의 빈터에 놓아 주었고 무기를 거두고 병사를 복원시켰다. 이것은 두 번 다시 무력을 행사하지 않는다는 결의를 천하에 보인 것이다.

　은나라를 멸망시킨 지 2년이 지난 어느 날 무왕은 기자(箕子)를 불러 은나라가 망한 이유를 물은 일이 있다. 이전에 은왕(殷王)을 섬긴 일이 있는 기자로서는 직접 은의 악정을 지적할 마음이 생기지 않았다. 그래서 나라의 존망이라고 하는 일반론으로 대답했다. 무왕은 곧 자신의 생각이 부족했다는 것을 느끼고 급히 천도(天道)에 관한 질문으로 바꾸었다.

　얼마 안가서 무왕이 병석에 누웠다. 천하가 아직 안정되지 않았기 때문에 중신들은 염려 끝에 길흉을 점치려고 했다.

　그때 주공(周公)은 목욕 재계하고, 무왕의 회복을 빌었으며 무왕의 병이 나았다.

　그 뒤 무왕이 세상을 떠나자 태자인 송(誦)이 뒤를 이었는데 이이가 성왕(成王)이다.

은나라 시대의 코끼리 모양의 술그릇

3. 만남의 의미
― 군학(軍學)의 시조와 주왕조(周王朝)―

'나는 제나라를 편력했으나…… 그 고장 백성들은 활달하였
으며 그중에 슬기를 지닌 사람도 많았다.', '제나라는 양양하
며 실로 대국(大國)의 기풍을 갖추고 있다.' 위정자들의 위대
한 개성이 정치에도 반영되어 이러한 대국의 기풍을 키우게 된
것이다.

▷ 태공망(太公望)과 문왕(文王)

주 왕조(周王朝)의 그 뒤의 성쇠를 더듬기 전에 공신들의 사적
을 찾아보자. 먼저 태공망(太公望) 여상(呂尙)을 살펴보자. 그는
주(周)나라 창업의 일등 공신이다. 태공망 여상은 동쪽 끝 해안
지대의 사람으로 선조는 하(夏)의 사악(四嶽 : 상고 시대의 사방의
제후를 통괄하는 벼슬이었다고 한다) 중의 한 사람이었다.

그는 우(禹)를 보필해서 치수에 큰 공을 세워 우가순(舜)으
로부터 천하를 이어받았을 때 여(呂)와 신(申)에 봉해졌다.
성은 강씨(姜氏)인데 하나라가 망하고 은나라가 일어났을
때 신과 여의 강씨의 자손 가운데에는 방계(傍系)이면서 영지
(領地)에 봉해진 자가 있는가 하면 적계(嫡系)이면서 서민이

된 자도 있었다.

상(尙)은 그 후자의 마지막 자손이었는데 본래의 성은 강씨였으나 선조가 봉해진 여의 성을 따라 여상(呂尙)이라 불렀다.

여상은 노년에 이르기까지 지독하게 가난한 생활을 한 것 같으며 낚시질을 인연으로 주(周)의 서백(西伯 : 문왕)과 가까워졌다.

어느 날 서백이 사냥을 가려고 점을 쳤을 때,

"얻을 것은 용(龍)도 아니고 도룡용(蛇)도 아니고 호랑이도 아니고 큰 곰(熊)도 아니겠으나 얻을 것은 패왕(覇王)을 보필할 신하인 것이다"라는 대답이 나왔다.

사냥을 나갔을 때 과연 위수(渭水)의 북쪽 가에서 낚시꾼 한 사람을 만났는데 그가 여상이다. 서백은 여상과 이야기를 나눈 뒤 아주 마음에 들었다.

"선군(先君)인 태공 때부터 불원간 성인이 나타나서 주를 융성하게 끌어갈 것이라는 말이 전해져오고 있었는데 당신이야말로 그 사람에 틀림없습니다. 당신이 오시기를 아버님께서는 기다리고 계셨던 것입니다."

이렇게 말하고 서백은 여상에게 '태공망(太公望 : 太公이 고대하던 인물이라는 뜻)'이라는 호(號)를 주고 수레에 같이 타고 돌아온 뒤 그를 군사(軍師)에 임명한 것이다.

▷ 군사(軍師)의 본령

서백(西伯) 창(昌)은 유리(羑里)로부터 별탈없이 귀국하자 제후에게 덕을 베풀고 은(殷)의 천하를 뒤엎을 것을 태공망과 밀의했다.

태공망이 내놓은 계책은 주로 군사를 일으키는 것과 모략이다. 후세 사람들이 병법이며 주(周)의 권모 술수에 대해 말할 때 태공망이 그 시조(始祖)라고 드는 것도 그 때문이다.

서백의 정치는 공정했다.

서백이 우(虞)와 예(芮)의 다툼을 원만하게 평정했을 때 시인(詩人)은 서백이야말로 천명을 받을 군주라고 칭송하여 다음과 같은 시를 읊었다.

문왕(文王)은
숭(崇)·밀수(密須)·견이(犬夷)를 무찌르고
위대한 도시 풍읍(豊邑)을 이루었나니
천하를 셋으로 나누어 그 둘은
주(周)에게 돌아왔노라

문왕의 이러한 업적은 어떤 태공망의 계략에 큰 힘을 입은 것이었다.

문왕이 세상을 떠나자 무왕(武王)이 즉위했다. 즉위한 지 9년, 무왕은 문왕의 뜻을 이어받아 은(殷)을 토벌할 뜻을 굳게 마음먹었고, 그래서 먼저 동쪽으로 쳐들어가서 과연 제후들이 자기에게 모여드는지 그 여부를 알아보려고 했다. 출진(出陣)하게 되자 태공망은 왼손에다 황금으로 장식한 큰 도끼를 들고, 오른손에는 흰 쇠꼬리를 그린 기(旗)를 잡고, 모여선 대장들에게 호령했다.

"푸른 용(龍)인 그대들 선장(船長)들아, 그대들의 장병과 선박을 모두 다 이끌고 출진하라! 뒤지는 자는 목을 치리라!"

무왕의 군사들은 맹진(盟津)에 도착했다. 사전에 약속이 없었는 데도 불구하고 이때 맹진에 모여든 제후는 모두 8백여 명에 달했다.

그들은 이구동성으로 말했다.

"지금이야말로 주(紂)를 쳐부술 시기입니다."

그러나 무왕은,

"아직 그 시기가 아니노라" 하고 군사들을 모두 돌려보냈고 또한 태공망과 더불어 「태서(太誓)」를 지었던 것이다.

그로부터 2년, 은에서는 주왕이 숙부인 비간(比干)을 살해했고, 충신인 기자(箕子)를 유폐시켰다. 결국 무왕은 주왕을 토벌코자 결심했으나 이윽고 출진하게 되었을 때, 구갑(거북 껍질을 태워 점치는 것)의 점괘가 흉(凶)하다고 나왔다. 과연 심한 폭풍우가 닥쳐왔다. 제후들은 겁을 먹고 출진을 두려워했으나 단 한 사람인 태공망만이 무왕에게 출정을 권유하여 격려하였기 때문에 무왕은 마침내 토벌을 결행했다.

11년 1월 갑자(甲子) 길일에 무왕은 목야(牧野)에서 은나라를 토벌할 것을 명하고 군사를 이끌고 나아감으로써 은나라 군사들을 산산이 무찔렀다. 무왕은 다시금 녹대까지 달아난 주왕을 추격하여 끝내 목을 잘랐다.

이튿날 무왕은 은나라 지신에게 제사를 지냈다. 중신들은 제사용의 물인 명수(明水)를 받쳐들고 섰으며 위(衛)의 강숙봉

(康叔封)은 아름답게 물감을 들인 자리를 깔고, 태공망이 제물을 올리는 시간에 사일(史佚)은 제문을 읽으며 주(周)의 죄를 책망하고 그를 토벌한 연유를 신에게 고했다.

이 뒤에 무왕은 은나라가 저장하고 있던 녹대의 재화와 거교의 식량을 빈민들에게 나누어 주었으며, 비간(比干)의 무덤을 수축하고, 기자(箕子)를 유폐된 곳에서 구출해 주었다. 또한 은나라의 구정(九鼎)을 주나라 종묘로 옮겨, 신하를 다스리는 데 합당하도록 주나라의 정치를 전면적으로 쇄신했다.

이러한 업적의 이면에는 태공망의 헌책이 크게 작용한 것이다.

▷ 때란 얻기 힘드나 잃기는 쉽다

무왕은 은나라를 평정하고 천하의 왕이 되자 태공망에게 제(齊)의 영구(營丘)땅을 다스리는 제후로 봉했다. 태공망은 동방의 영지로 가는 길에 조금 가다가는 여관에 숙박하는 등 먼 길을 편안하게 가지 못했다. 그것을 보자 한 여관 주인이 말했다.

"때란 얻기는 어려우나 잃기는 쉽다고 말합니다. 이렇게 늑장만 부리시다니 큰 일을 하러 나선 사람 같지가 않군요."

태공망은 주인의 말을 듣자 한밤중인 데도 즉시 부하들에게 출발 명령을 내리고 길을 빨리 달려가도록 했다. 날이 샐 무렵, 태공망 일행이 영구 땅에 닿을까말까 하는데, 느닷없이 내후(萊候)의 군사들이 공격을 해왔다. 그래서 영구 땅의 장악

문제로 격심한 공방전이 벌어졌는데 내(萊)란 영구 땅 주변에 사는 만족(灣族)들이다.

그들이 태공망과 영지문제 때문에 다투게 된 것은 그 당시 주(周)나라가 다만 은(殷)나라를 평정했을 뿐이지, 아직도 멀리 떨어진 지역까지는 통치권이 미치지 못했기 때문이었다.

태공망은 부임한 영구 땅에서 정치 제도를 가다듬는데 있어, 그 고장의 풍습을 귀이 여겼고 예절을 간소화시켰다.

또한 상공업을 장려하여 그 고장 특산물인 소금과 생선으로 상업을 크게 일으켰다.

그 때문에 제나라를 동경하고 수많은 백성들이 자꾸 모여들어 제는 결국 강국으로 뻗어 나갔다.

주나라 성왕(成王)이 아직 어렸을 때이다. 관(菅)·채(蔡)에 곁들여 회이(淮夷)까지도 주나라에 반기를 들자 성왕은 소강공(召康公)을 통해서 태공망에게 명령을 내렸다.

"동쪽 동해로부터 서쪽 황하까지, 남쪽 목릉(穆陵)으로부터 북의 무태에까지 이 모든 지역의 제후들은 각자의 소신대로 반란군을 정벌해도 좋다."

이 명령을 받자, 제는 주변의 무리들을 정복하게 되었고 마침내 대국이 되어 영구에 도읍을 정하였다.

태공망이 죽었을 때, 그의 나이는 이미 1백 세가 넘어 있었다.

4. 보좌하는 자

— 주공의 섭정(攝政) —

▷ 주공과 무왕

주(周)나라 창건의 숨은 공로자인 주공(周公)의 전기는 보좌역이라는 존재의 전형을 보여준다.

주공(周公) 단(旦)은 무왕의 아우인데 그의 효심(孝心)은 아주 두텁도 자애심(慈愛心)도 깊어서 아버지인 문왕(文王)이 살아있을 때부터 딴 형제들보다 그 존재가 뚜렷했다. 무왕이 즉위한 뒤에는 여전히 그의 한 팔이 되어 정치의 요직에 참여했다. 무왕이 즉위한 지 9년, 동쪽의 맹진까지 원정했을 때도 주공은 자문격으로 무왕을 보좌했다.

한편 그로부터 2년만에 은왕(殷王)인 주(紂)를 정벌하기 위해서 목야(牧野)로 진군했을 때는 무왕을 도와서 목서(牧誓 : 書經의 1편)를 기초한 바 있다.

은나라 군사들을 쳐부시고 왕궁에 입성하여 주(紂)를 살해한 뒤에 주공은 큰 도끼를 들고, 소공(召公)은 작은 도끼를 들고 서로 좌우에서 무왕의 옆에 서서 제물을 바치며 지신(地神)

에게 제사를 올렸다. 그 자리에서 주공은 주를 정벌하지 않으면 안되었던 이유를 상제(上帝)에게 보고했고, 은나라 백성들에게도 그 뜻을 선포했다.

이어서 그는 유폐되어 있던 기자(箕子)를 구원해 주었고, 무왕의 아우 관숙(管叔)과 채숙(蔡叔)을 무경녹보의 보좌역으로 하여 조상의 제사를 잘 받들도록 했다.

주공 단은 무왕의 논공행상에 따라서 황제(黃帝)의 아들 소호(少昊)가 서울로 정했다고 하는 전설의 땅인 곡부(曲阜)를 다스리도록 분부를 받아 노공(魯公)이 되었다.

하지만 그는 자기의 영지로 가지 않고 주나라의 도읍에만 머문 채 무왕의 보좌를 계속할 따름이었다.

▷ 희생적 정신

은나라를 쓰러뜨린 지 2년만이었다. 아직 천하의 평정을 보지 못하고 있었는데 무왕이 병으로 쓰러지고 말았다. 신하들 사이에는 동요하는 자들이 많았다. 그때 태공(太公)과 소공(召公)은 무왕이 병에서 무사히 회복될 것인지 점을 치려고 했다.

하지만 주공(周公)은,

"종묘에서 그러한 점괘를 치다니, 선왕의 거룩하신 영혼을 괴롭혀드리는 것이니 안되오"하며 우선 자기 자신의 몸을 제물로 바쳐 무왕이 쾌유하기를 기원했다. 제단은 세 개를 차렸으며 주공은 보옥을 몸에 지닌 채 제단 앞에서 북쪽을 향해 섰다.

그리고는 무왕에 앞선 3대의 조상인 태왕(太王)·왕계(王季)·문왕(文王)의 영혼에게 빌었다. 곁에서 사관은 제문을 읽어 내려갔다.

　"3대의 왕이시여, 거룩하신 여러분의 뒤를 이으신 임금 발(무왕의 이름)은 너무도 힘든 끝에 병으로 누워 있습니다. 하늘에 계시면서 자손을 지키실 책임을 지고 계신다면 기꺼이 저 단(旦)은 임금 발을 대신하여 몸을 바치겠습니다. 저 단은 다재다능하여 하늘나라에 가더라도 충족하게 여러분을 모실 수 있다고 여기오나, 임금 발은 재주도 없을 뿐 아니라 이렇다 할 봉사도 하지 못할 것입니다. 하지만 임금 발은 사방에 길을 펴 내야 할 상제(上帝)의 명을 받은 몸으로서, 훌륭하게 주 왕실을 안정시키고 천하 만민의 존경을 모으고 있나이다.

　이제 만약 여러분이 임금 발을 병으로부터 구원해 주시고, 저희들의 임금에게 내리신 천명을 해치시지 않고 지켜 주신다면 종묘에 계신 거룩하신 영혼이 영원토록 평안하신 터전을 마련하게 되겠나이다.

　저는 지금부터 거북의 껍질을 태워 여러분의 거룩하신 뜻을 여쭙고자 하나이다. 저의 소원을 들어주신다면 저는 이 보옥을 가지고 돌아가 어명을 내리실 것을 기다리겠나이다.

　만약 저희 뜻을 받아 주시지 않으신다면 이 보옥도 영원히 소용없는 것이라 생각하고 버리고 말겠나이다."

　제문을 모두 읽고 나자 주공은 3왕에게 각기 점괘를 물었다. 복관(卜官)들은 모두가,

　"길(吉)이라고 나왔습니다"하고 말했다.

주공은 기뻐하면서 조심스럽게 깊이 간직하고 있던 「점조서
(占兆書)」를 꺼내 맞춰 보았더니 그 결과는 꼭 길(吉)이라고
나왔다.

"천자(天子)의 재화는 사라졌노라. 내가 새로이 3왕의 명을
받았으므로 이제 천자께서는 앞으로 이 주나라를 거느리시리
라. 종묘의 신령들께서는 우리의 군주를 수호하고 계시노라."

주공은 제문을 상자 속에 다시 넣고 단단히 자물쇠를 잠근
뒤에 그 보관 책임자에게 잘 간수하도록 일렀다. 과연 그 이튿
날 무왕의 병환은 나았다.

▷ 섭정(攝政)이 된 본심

그후 무왕은 세상을 떠났다. 그때 태자인 성왕(成王)은 아직
나이가 어려서 무왕이 승하했다는 소문이 퍼지면 반란이 일어
날지도 모른다고 주공은 그것을 염려했다. 때문에 스스로 성왕
을 대신해서 섭정이 되어 국사를 맡아 했다. 그러자 관숙(管
叔)을 비롯해서 무왕의 아우들은 주공이 성왕의 왕위를 찬탈
하는 노릇이라고 모략을 퍼뜨렸다. 때문에 주공은 태공망(太
公望)과 소공(召公) 석(奭) 두 사람을 불러 자기의 생각을 모
두 밝혔다.

"내가 굳이 천자(天子)의 직무를 대신하고 있는 것은 제후들
이 주왕실에 반란을 일으킬 것을 걱정했기 때문이오. 내가 왕
위를 빼앗는 사태를 일으킨다고 한다면 태왕(太王)·왕계(王
季)·문왕(文王)의 거룩하신 영혼 앞에 무슨 말씀을 여쭐 수

있으리까. 3왕께서 긴 세월을 애쓰신 결과가 이제야 겨우 열매를 맺었으나 벌써 무왕은 세상을 떠나셨고, 남으신 성왕은 어리시오. 우리 나라의 기반을 공고히 하기 위해서라면, 하고 나는 감히 섭정의 자리에 앉은 것이오."

이리하여 주공은 결국 주나라 도읍에 머물면서 성왕을 보좌하였고, 자신의 영지(領地)인 노(魯)나라에는 아들인 백금(伯禽)을 보냈다.

백금을 보내면서 주공은 다시 말했다.

"나는 문왕의 아들이며 무왕의 아우이고 성왕의 숙부이다. 제후들 중에서는 귀한 존재로 인식되고 있는 몸이나 그러한 나일지라도 남이 나를 찾아온다면 머리를 감든가 식사를 하다가도 그것을 그치고 만났으며 결코 예의에 어그러짐이 없도록 노력하고 있다. 그러면서도 한편 내가 미흡한 점이 없는가, 우수한 인재를 놓치고 있지 않나 걱정하고 있다. 너도 이제 노나라에 가면 비록 나라를 다스린다 하여 결코 교만한 티를 내서는 안된다는 것을 명심하라."

주공이 왕위에 대한 야망이 있다고 떠벌리던 관숙 · 채숙 · 무경(武庚) 등의 일당은 마침내 동쪽의 만족인 회이를 이끌고 반란을 일으켰다. 주공은 성왕의 명을 받들어 동쪽으로 반란군을 진압할 군사들을 보내고 대고(大誥 : 書經의 편이름)를 지었다.

반란군을 소탕한 후에 주공은 관숙과 무경을 무찔러 죽였고 채숙은 먼 고장으로 추방했다. 또한 그들의 통치를 받고 있던 은나라 유민들을 둘로 나누었다. 그래서 아우인 강숙을 위의 제후로 삼고, 주의 이복 형인 미자(微子)를 송나라 제후로 봉하여 은나라의 제사를 계속 받들도록 했다.

주공이 회이와 동방의 여러 나라를 2년 동안에 완전히 평정함으로써 제후들은 한결같이 주나라를 종주국으로 받들게 되었다.

▷ 성왕(成王)의 의혹

여기에 이르자 하늘에서 상서로운 징조가 나타났다. 그것이란 바로 성왕의 아우인 당숙(唐叔)이, 줄기는 2개이나 열매가 1개라고 하는 즉, 일심이체를 상징하는 조 이삭과 줄기를 구하여 왕에게 바쳤다. 성왕은 현재 동쪽에 정벌을 나가 있는 주공에게 이 사실을 알리라고 당숙에게 명하고「궤화(饋禾 : 책이름)」를 지었다.

주공은 천자(天子)의 은혜에 보답해서「가화(嘉禾 : 책이름)를 지어 자신의 감격스러운 뜻을 나타냈다. 주공은 지역을 평정한 뒤에 귀국하자 자기 마음 속에 담긴 뜻을 또 시(詩)로 읊어서 왕에게 올렸다.

그것이 바로 치효(시경의 편명)라는 제목의 시였다. 하지만 왕은 주공에 대한 경계심을 풀지 못했다.

이윽고 성왕은 스스로 정사에 임할 나이가 되었다.

주공은 당장 성왕에게 정치의 대권을 돌려 주었고 그로부터 성왕은 문무 백관을 거느리게 되었다. 주공이 섭정을 했을 당시에는 옥좌(玉座)에 앉아서 왕의 격식을 갖추고 제후들의 배알을 받았던 것이다. 하지만 그 자리에서 7년이 지난 뒤, 이제 성왕이 정치의 대권을 돌려받게 되자, 주공은 다시 신하의 자리로 내려가서 신하의 예절을 갖추며 왕을 섬겼다.

애기는 거슬러 올라간다. 성왕이 아직 어렸을 적에 심한 병에 걸린 일이 있었다. 그때 주공은 자기 손톱을 잘라 황하(黃河) 물속에 넣고 수신에게 기원했다.

"임금은 아직 어려서 분별을 갖추고 있지 못하나이다. 어쩌면 신의 뜻을 거역했다면 그것은 똑같이 다 저의 책임이나이다. 그 죄는 제가 지게 해 주시옵소서."

이 제문 역시 서고에다 집어넣고 남의 눈에 띄지 않게 했고 성왕의 병은 회복됐다.

그런데도 성왕이 성장하여 정사를 담당하기에 이르자, 주공에 대해 터무니 없는 이야기를 지껄이는 자들이 있어서 왕의 시기심을 불지르게 했다. 결국 주공은 초나라로 피신했다. 그 뒤 성왕은 서고를 열고 기록들을 검토하다가 주공이 넣어둔 제문을 발견했고 성왕은 울면서 자기의 어리석음을 뉘우치고 곧 주공을 다시 돌아오도록 불렀던 것이다.

▶ 시기심(猜忌心)
정상(頂上)에 있는 사람은 고독하기 때문이기도 하거니와 시기심이 싹트기 쉽다. 군주를 받드는 자는 결국 그에게서 신망을 받는다 하더라도 한 번 의심을 받으면 그것으로 끝장이 난다.

그와 같은 것을 미리 알아차린 주공은 자기의 성실성이 어떻다는 것을 보여주었던 것이다. 신뢰에 대한 관계를 그르치지 않기 위해서는 이러한 예방 조치를 미리 연구해 둘 필요성이 있음을 사마천은 강조하고 있는 듯하다.

▷ 정치와 개성

주공은 돌아왔다. 하지만 근심스런 것은 성왕(成王)이 혈기만 믿고 폭주하는 일이었다. 그곳에서 성왕에 대해 스스로를 엄하게 다스리며 하나도 안이하게 구는 일이 없도록 시키는 한편, 관제(官制)를 정비하여 기능적으로 조직화시켰다. 이윽고 주공은 풍읍(豐邑)에서 병으로 쓰러졌다.

숨을 거두면서 주공은 이렇게 유언을 했다.

"내 유체(遺體)는 반드시 국도인 성주(成周)에다 묻어주오. 나는 언제까지고 성왕의 옆을 떠나지 않을 생각이오."

이렇게 말하고 주공은 세상을 떠났다. 하지만 성왕은 그 유언을 받아들이기를 꺼려했다.

주공의 유해는 문왕의 묘지가 있는 필(畢) 땅에 매장되어 문왕의 옆에 묻히게 되었다.

미숙한 존재인 자신이 주공을 신하로 취급할 수는 없었다. 성왕은 그러한 뜻을 표시한 셈이다.

주공이 세상을 떠난 뒤 추수하기 전인데 갑자기 폭풍이 닥쳐오고 뇌우가 몹시 퍼붓는 바람에 그만 조와 수수 등 곡식이 모두 땅에 쓰러졌고 큰 나무까지 둥치가 빠지게 되었다. 백성들은 공포에 떨었다. 성왕은 그 대책을 세우는 방편을 옛 기록에서 알아보고자 대부(大夫)와 더불어 예복으로 갈아입은 뒤에 문서들을 보관한 상자를 열어 보았다. 그때 상자 속에 주공이 지난 날 보관해 두었던 제문이 들어 있지 않은가. 주공이 자기 자신의 몸을 제물로 바쳐 무왕을 구해내고자 했던 것을 읽게 되었다. 태공망·소공(召公)과 함께 성왕은 사관(史官)과 관계자들에게 물어 보았다.

"이게 사실인가?"

"틀림없이 그대로입니다. 하지만 주공께서는 절대로 남에게 말하지 말라고 하셨습니다."

성왕은 그 제문을 손에 들고 울었다.

"천재 지변이 일어난 것은 이것으로 확실해졌다. 굳이 점괘까지 쳐 볼 필요는 없다. 전에 주공께서는 왕실을 위해서 그와 같이 애쓰셨음에도 과인은 어린 탓으로 그것을 알아차리지 못했노라. 이제 하늘은 주공의 덕을 나타내시느라고 이와같은 위세를 보여주시고 있는 것이다. 그런즉 우리는 삼가 주공의 영혼을 맞이해야 할 것이다. 그리하여 덕망이 높았던 분에 대한 예우를 갖추기로 해야 하겠다."

성왕은 교외로 나가서 하늘에 제사를 올렸다. 그러자 머지않아 비가 내리고 바람의 방향이 바뀌더니 조와 수수가 함께 다시 일어섰다. 태공망과 소공(召公)은 바로 사람들에게 명하여 쓰러진 큰 나무들을 일으켜 세우고 뿌리를 단단히 묻어 주었다. 이리하여 그 해는 큰 풍년이 들었다.

이런 일이 있은 뒤, 성왕은 주공의 후예인 노(魯)나라에 대하여 교외에서 하늘에다 제사를 지낼 수 있는 천자(天子)만의 예(禮)를 하게 허락함으로써 문왕에게 제사를 지내도록 했다.

노나라에서 오래도록 천자의 예악(禮樂)이 전해지고 있는 것은 주 왕실(周王室)이 주공의 덕을 높이 판단했기 때문인 것이다.

주공의 생존시에 벌써 그의 아들인 백금(伯禽)은 노나라 제후로 임명받아 노공(魯公)이 되어 있었다. 백금은 자기 임지인 노나라에 부임한 지 3년만에야 주공에게 정사(政事)를 보고했다.

주공은,

"매우 늦었구나." 하였다.

백금이 대답했다.

"옛부터 전해 내려오는 그 고장 풍속을 바로 고쳐 규범을 정비하고 3년상(三年喪)을 지키도록 지도하고 있었기 때문에 이처럼 늦게 되었습니다."

한편, 태공망 여상(呂尚)은 제나라 제후로 임명받아 부임한 뒤 불과 5개월만에 주공에게 시정 보고를 했다.

"매우 빠르구면" 하고 주공이 말하자 태공망은 이렇게 대답했다.

"저는 군신의 예를 간소화시키고 백성들의 풍습을 존중하며 정사를 베풀었기 때문이옵니다."

그렇기 때문에 백금의 보고가 늦은 이유를 들었을 때 주공은 자신도 모르게 큰 한숨을 내쉬었던 것이다.

"대체로 나라의 명령이 번잡하면 백성은 달갑게 여기지 않는다. 속박을 느끼게 하지 않고 백성 스스로가 따라오도록 하는 것이 모름지기 정치의 제일 중요한 진리라 말할 수 있는데……. 슬프도다. 우리 노나라는 언젠가는 제(齊)나라의 속국(屬國)이 되고 말 것이다!"

5. 천도(天道) 옳으냐, 그르냐
— 백이(伯夷)·숙제(叔齊)의 비극(悲劇) —

▷ 수양산(首陽山)의 고사리

무왕에 의한 주(紂) 토벌은 하늘의 뜻을 받든 정의에 입각한 행동이었다. 주 왕조는 성덕을 갖춘 사람들에 의하여 세워졌고 백성들은 그 은혜를 입었다. 하지만 그런 성대(聖代)에도 비판자는 있었다. 그래서 비판자는 정의에 의한 의지를 관철함으로써 비극적인 생애를 보내지 않을 수 없었다.

백이(伯夷)·숙제(叔齊)의 운명에서 사마천은 자신의 명을 보았을 것이다. 그리고 깊은 공감과 공분(公憤)을 지니며 두 사람의 생애를 엮은 것이리라.

공자(孔子)의 생각은 이렇다.

"백이·숙제 형제는 구악을 생각지 않았기 때문에 전혀 남의 원망은 사지 않았다. 그들은 인(仁)을 목적으로 하여 그것을 달성했기 때문에 한편 원망해야 할 것이 없었을 것이다."

하지만 나(사마천)는 백이·숙제의 마음속을 생각하자면 괴로워서 견딜 수 없다. 그들이 남겼다고 하는 시를 읽어 보면 공자의 말씀이 인정되질 않는다. 그들 형제에 대해서는 이렇게 전해지고 있다.

백이·숙제 두 사람은 고죽국(孤竹國) 군주의 아들이다. 아버지는 셋째아들인 숙제에게 대통을 이어줄 작정이었다. 하지만 아버지가 세상을 떠나자 숙제는 맏형인 백이에게 양위를 하려 했다.

그러자 백이는,

"네가 대통을 잇는 것이 상왕의 유지시다. 내가 이어받을 까닭이 없다."하고 떠나가 버렸고 숙제도 끝까지 즉위할 것을 거절하다 떠나가 버렸다. 결국은 어쩔 수 없이 왕위가 차남에게 돌아갔다.

세월은 흘러 이제 늙게 된 그들은 주나라의 서백(西伯) 창(昌)이 노인을 후대한다는 말을 듣게 되자 그곳으로 찾아갔다. 그러나 막상 주나라에 가 본즉 이미 서백은 죽었고 뒤를 이어받은 무왕은 서백을 문왕이라고 칭호하며 그 위패를 차에 싣고 은나라 주(紂)를 토벌하기 위해 동쪽으로 정벌(征伐)을 마악 떠나려는 참이었다. 이러자 두 사람은 무왕의 마차에 달려가서 말고삐를 잡고 무왕에게 간언했다.

"선왕의 장례도 마치지 않고 전쟁터로 떠난다고 하시오니 그것을 어찌 효도라고 하겠나이까? 신하의 몸으로 군주를 시살(弑殺)하려 하니 그것도 인(仁)이라고 하겠나이까?"

이 말을 듣고 있던 무왕의 종자(從者)가 두 형제의 목을 치려고 했다. 그러자 곁에 있던 태공망이 소리쳤다.

"의인이니 살려 주어라."

결국 백이·숙제는 화를 면하고 그 자리에서 떠나게 되었다.

무왕이 은나라를 멸망시킨 뒤에 천하에서는 모두 다 주의 왕실을 종주(宗主)로 섬겼으나 백이·숙제 형제만은 무왕의 처사를 허락치 않았다.

"주나라를 섬긴다니 수치로다. 의(義)로써 주나라의 좁쌀을 먹을 수는 없노라."

이렇게 결심한 형제는 수양산(首陽山)에 숨어 살면서 오로지 고사리만을 캐 먹으며 목숨을 부지했다. 하지만 머지않아 기아에 시달리게 되어 죽게 되었다. 두 사람은 다음과 같은 노래를 지었다.

저 서산에 올라 우리는 고사리로 연명했노라.
폭력에는 폭력으로 대해 오는 것을 무왕은 모른다.
신농(新農)·순(舜)·우(禹)·성왕(聖王)의 길을 잃은
오늘 우린 어디로 갈 것인가.
아, 우리는 죽어갈 길뿐. 우리의 명(命)은 이제 끝났노라.

이리하여 두 사람은 수양산 속에서 굶어 죽었다.

이상의 절기에서 생각하면 두 사람은 결코 공자가 말하는 것처럼 원망한 일이 없었던 것일까.

"천도(天道)는 공평 무사하며 항상 선인(善人)의 편이다."라고 한다면 백이·숙제는 선인인가, 아니면 악인인가? 그토록 인(仁)을 지켰고, 행위를 몸소 삼가면서까지 끝내는 굶어죽고 말았다는 사실을 어떻게 해석하면 좋을 것인가.

▷ 정의(正義)를 지켜 재액(災厄)을 입는다

백이·숙제의 예뿐만 아니다. 70명이나 되는 공자의 제자들 중에서 학문을 숭상하는 선비로 꼽힌 가장 특출한 인물은 안회(顏回) 한 사람뿐이었다. 하지만 그 안회는 매우 궁핍하여 쌀겨조차도 흡족하게 먹지 못하여 결국 젊어서 요절하고 말지 않았던가. 하늘은 선인에게 선을 베푼다고 하는데 이것은 대체 어찌 된 노릇인가.

그런 반면에 악명 높은 도적은 매일같이 죄 없는 사람들을 죽여 사람의 간(肝)을 회로 먹는 등 포악의 극에 달했고 수천의 부하를 거느리고 천하에서 난동했는데도 불구하고 결국 천수를 누리지 않았던가. 도대체 도적은 어떤 덕을 쌓았다는 것인가.

이 두 가지가 무엇보다도 전형적인 실례이다.

근래에 와서도 마찬가지다. 질서를 벗어나서 악만을 거듭 행하며 그 생애에 온갖 향락만을 누리면서도 대를 이어 부귀 영화를 이어가는 자가 있다.

그런 반면에 자기 자신을 엄하게 다스리며 모든 행동을 조심스럽게 하며, 꼭 해야만 할 말만을 하며, 항상 대도를 택하고, 정의에 관한 경우가 아니고는 노기를 띄우지 않는, 그녀 생활 태도를 취하면서도 재액을 입은 사람이 수없이 많다. 그것을 생각하자면 나(사마천)는 깊은 절망감에 빠지고 마는 것이다.

과연 천도(天道)라는 것은 존재하는 것인가.

6. 멸망의 본보기

― 주왕조(周王朝)의 쇠퇴 ―

▷ 인사권(人事權)의 남용

성왕(成王) · 강왕(康王) · 소왕(召王)에 이어서 국위를 떨친 주왕조도 조금씩 국운이 기울어진다. 형벌이 무거워지고 무력에 의한 침략을 자주 함으로써 무리를 거듭한다.

그리하여 여왕(厲王)의 시대를 맞았다.

여왕이 즉위한 지 30년이 되었을 때 여왕은 영(榮)나라의 이공(夷公)을 자기 측근자로 삼으려고 했는데 그것은 이익을 앞세운 인사조치였다. 대부(大夫)인 예양부(芮良夫)가 간언했다.

"그래서는 왕실(王室)의 앞길이 걱정스럽습니다. 대체로 영공은 눈앞의 이익만을 꾀하려는 사람입니다. 저 혼자만 이익을 취하려 하는 일은 얼마나 가공스러운 일을 가져오는가를 전혀 모르고 있습니다. 아무쪼록 이익이라는 것은 천지 만물을 창조해 내는 것인즉, 이익만을 탐한다면 그 폐단과 피해는 너무나 엄청난 것이 됩니다. 천지의 재보란 만백성이 함께 지니는 것인즉, 혼자서만 그것을 차지하려는 것은 할 일이 아닙니다. 그런데도 영공은 수많은 사람의 분노를 사고 있으면서도 그것을 전혀 알아차리지 못하는 모양인데 그런 사람을 주위에 부르심은 왕위를 버리는 것이나 마찬가지입니다. 모름지기 왕위란 상하를 가리지 않고 이익을 베풀어야 할 자립니다.

만인을 모두 한결같이 잘 대우해 주어야 하며 또한 소홀함이 없는가, 남의 원망을 사는 일은 없는가, 밤마다 자기 자신에게 스스로 물어보지 않으면 안되는 것입니다. 그러기에 곧 「시경」의 〈주송(周頌)〉에도,

> 덕(德)이 큰 후직(后稷)은
> 천심을 잘 따랐고
> 내 백성의 생업의 길
> 모두 다 그대의 올바름에 의하노라
>
> 「사문(思文)」

하였고, 〈대아(大雅)〉에는,

> 널리 백성에게서 이익을 가져오게 함으로써
> 나라의 기틀을 굳건히 하노라
>
> 「문왕(文王)」

이렇게 읊고 있는 것입니다. 실로 후직이나 문왕께서도 이익을 널리 가져오게 하면서 또한 큰 어려움이 일어나지 않을까

문왕

걱정하고 있지 않았습니까. 이러한 보살핌이 있었으므로 주(周)나라가 오늘에 이른 것입니다.

그럼에도 불구하고 이제 성상께서는 이익을 독점하는데 흥미를 가지려 하신다니, 그렇게 하셔도 무방하다고 생각하십니까? 필부(匹夫)가 저 하나만의 이익을 차지하는 일조차도 도둑이라고 말합니다.

하물며 왕이 그렇게 하신다면 민심이 떨어져 나갈 것은 자명한 노릇입니다. 그럼에도 영공을 등용하신다면 어찌 주나라의 멸망을 생각하지 않을 수 있겠습니까.”

하지만 여왕은 그 간언을 귀에 담지도 않았을 뿐 아니라 마침내 영공을 경사(卿士 : 집정)로 중용했다.

7. 언론(言論) 통제

그것은 단지 입을 막아버린 것에 지나지 않습니다. 그러나 백성들의 입을 봉하는 일은 흐르는 강물을 막아놓는 일 이상으로 위험한 일입니다. 물이 제방을 터뜨리는 날에는 반드시 수많은 사상자를 내게 되는 것입니다. 백성들의 입도 그 경우와 똑같습니다.

여왕(厲王)은 폭정을 자행했으며, 사치와 오만 불손이 극에 달했다. 백성들의 불평 불만이 나라 안에 팽창했다. 소공(召公)이 세상의 여론을 듣고 그 사실을 여왕에게 간언했다.

"이제 백성들은 성상의 명령에 참지 못하여 따르지 않게 되었습니다."

그러자 여왕은 그 말을 듣고 벌컥 화를 냈다. 그는 위(衛)나라에서 무당을 불러들여 비방하는 자들을 감시시켰고 욕을 하는 사람을 찾아내면 닥치는 대로 처형했다. 결국 비방하는 사람들은 없어졌으나 그 반면에 제후들의 발걸음은 차츰 끊어지고 종주국으로 생각하지 않게 되었음은 물론 사신의 왕래까지도 없어지고 말았다.

여왕은 즉위한 지 34년에 한결 백성들을 엄하게 다스렸다. 사람들은 자연 서로 말하기를 꺼려했으며 길에서 만나도 서로 눈치를 살폈다.

비로소 기분이 좋아진 여왕은 소공(召公)에게 자랑하듯이 말했다.

"어떻소? 내가 억압하니 어떤 소리도 못하잖소."

소공의 대답은 이러했다.

"그것은 단지 입을 막아버린 것에 지나지 않습니다. 그러나 백성들의 입을 봉하는 일은 흐르는 강물을 막아놓는 일 이상으로 위험한 일입니다. 물이 제방을 터뜨리는 날에는 반드시 수많은 사상자를 내게 되는 것입니다. 백성들의 입도 그 경우와 똑같습니다.

그러므로 물을 다스리려고 하는 사람은 수로(水路)를 만들어 물이 잘 흐르게 해야 하고, 백성을 다스리려는 사람은 모름지기 백성들이 입을 열어서 말하도록 해야 할 것입니다.

왕도(王道) 정치란 아래로부터 비판의 소리를 듣기 위하여 문무(文武) 백관들에게 시(詩)를 지어 바치게 하고, 악사(樂師)에게는 곡(曲)을, 사관(史官)에게는 기록을, 제악장(祭樂長)에게는 잠언(箴言)을 바치게 해서 명인으로 하여금 그것을 노래하고 이야기하게 하는 것입니다. 하잘것 없는 기술자나 서민(庶民)의 소리도 소홀히 여겨서는 안되는 것입니다. 가까운 신하나 친족(親族)은 바른 말을 하며, 악사(樂師)나 사관(史官)은 은근히 간언을 하며, 중신(重臣)들이 논의를 한 뒤에 임금 스스로가 그것의 취사 선택을 하는 것입니다. 그렇게 함으로써 정사를 대과없이 치루는 것입니다.

모름지기 정치에 대한 백성들의 소리는, 국토로 비유하면 산천(山川) · 논밭 · 소택(沼澤 : 늪과 연못)의 구실을 하는 것입니다. 산천 · 논밭 · 소택이 있음으로써 나라 안에서는 재물(財物)이 생겨나고, 의식(衣食)을 마련하는 것입니다. 마찬가지로 그들의 발언이 있음으로써 정치의 선악이 명백해지는 것입니다. 그것을 참작해서 선을 행하고 악을 고친다면, 생산은 보다 원활하게 이루어지고 생활은 한결 향상될 것입니다. 바로 이러한 점에 기대하는 것입니다.

그러한 백성들의 입을 봉해 보았댔자 과연 언제까지나 입을 봉해 둘 수가 있겠습니까?"

하지만 여왕은 생각을 고쳐먹지 않고 결국 언론을 완전히 봉쇄하고야 말았다. 그런 상태가 3년이나 계속되었다. 하지만 결국 백성들은 봉기하여 여왕을 공격하기에 이르렀다. 그러자 여왕은 체(彘)로 도망쳤다.

이때 여왕의 태자인 정(靜)은 소공(召公)의 저택에 숨었다. 백성들은 소공의 저택을 에워싸고 태자를 넘겨달라고 아우성쳤다. 이때 소공은 탄식하면서,

"그래서 내가 그만큼이나 간언을 했는데도 성상께서 듣지 않으셔서 이런 상태를 빚은 것이다. 그렇다고 해서 태자를 죽이게 한다면 성상께서는 나를 얼마나 원망하며 노여워할 것인가.

일단 성상에게 충성을 다하기로 작정한 몸이고 보면 개인의 사정을 떠나 몸을 바치는 것이 신하된 자의 도리가 아니겠느냐. 군주가 바로 천자(天子)이고 보면 더 말할 나위조차 없는 일이로다.

이렇게 이야기한 소공은 자기 친아들을 태자 대신으로 내놓아서 태자의 목숨을 구해줬던 것이다.

그 뒤에는 왕이 없는 채로 소공과 주공(周公)의 두 대신이 나라의 정사를 도맡았으니 이런 형태를 가리켜 '공화(共和)'라고 불렀다. 공화 14년에 여왕은 체(彘)에서 그대로 죽고 말았다. 태자인 정은 소공의 저택에서 커가고 있었으므로 두 대신은 그를 왕으로 내세웠는데 그가 바로 선왕(宣王)이다.

▷ 주(周)는 망(亡)한다

선왕(宣王)은 여왕이 실패한 사정을 구체적으로 보았다. 그는 이민족(異民族) 토벌을 위한 군사를 양성하고 제정 제도를 개혁하는 등 적극적이어서 주(周)나라를 중흥시킨 조상이 된 것처럼 보였다. 하지만 이미 기울어진 왕실을 다시 일으켜 세울 수는 없었다. 선왕의 아들인 유왕(幽王)이 즉위한 지 2년 뒤에는 큰 지진이 일어났고 삼근(三筋)의 대하(大河)엔 물이 말랐고 주왕실의 신(神)을 모신 기산(岐山)까지 무너졌다.

그 이듬해…….

유왕(幽王)은 포사(褒姒)라고 하는 여자를 총애했다. 포사가 사내아이인 백복(伯腹)을 출산하자 유왕은 이미 결정되어 있던 태자를 패하고 싶어졌다. 태자의 생모는 신후(申侯)의 딸로 태어나 유왕의 왕후가 된 여자였다. 그런데 유왕은 포사에게 빠진 나머지 태자인 의구(宜臼)뿐만 아니라, 왕비마저도 내

칠 생각을 했다.

　때마침 사관(史官)인 백양(伯陽)은 옛 기록을 읽고 있다가
탄식했다.

　"아! 주나라의 운명도 이제는 여기까지 뿐이던가."

　포사라는 여자에 대해서는 다음과 같이 기록되어 있었던 것
이다.

　― 옛날, 하(夏)나라 왕조가 몰락하기 시작했을 무렵에 왕궁
의 정원에 두 마리의 용(龍)이 와서 이야기하기를,

　"우리들은 포(褒)의 두 군주(君主)의 망령이다."고 했다.

　이것을 죽일 것인가, 쫓아버릴 것인가. 그렇지 않으면 그대
로 버려두어야 할 것인가에 대해 왕이 점괘로 알아 보아도 아
무래도 불길하다고 나왔다.

　이때 용이 토해낸 거품을 얻어가지고 기원한다면 어떨까 생
각하고 점을 쳐보자 이번에는 길(吉)하다고 나왔다. 거기서 제
물을 올리고 그 뜻을 종이에 적어 가지고서 용에게 보인즉, 용
은 거품을 남기고 사라져 버렸으므로 그 거품을 상자에 담아
밀봉했다. 그 상자는 하(夏)나라가 망하자 은(殷)나라에 전해
졌고 다시금 주(周)나라에 인계된 것이었으나 그동안 누구도
그것을 열어 보려 하지를 않았다.

　그런데 주나라 여왕(厲王)은 왕위를 잃게 된 그 해에 이것을
열어 본 것이다. 그러자 상자 속의 거품이 정원으로 넘쳐 흘러
뒷처리를 할 수 없었다. 여왕은 여관(女官)들에게 벌거벗고 거
품을 향하여 떠들어대라고 명령을 내렸다. 그러자 거품은 도마
뱀으로 변하여 왕의 후궁으로 들어갔다. 후궁에서 지내던 한

동첩(童妾)이 우연히 도마뱀을 만났다. 그 동첩은 그때 겨우 이를 간 어린 나이였으나 7, 8년이 지나고 비녀를 낄 나이가 되면서 숫처녀인데도 배가 불렀으니 실로 해괴한 노릇이었다.

그 무렵은 선왕(宣王)의 시대였는데 세상에는 기묘한 동요(童謠)가 전해졌다.

산 뽕나무의 활, 기(箕 : 풀의 일종)의 전통(箭筒 : 화살을 넣는 통)
주(周)의 멸망은 이것 때문이야

이런 노래를 듣고 선왕(宣王)의 마음이 상해 있을 무렵에 우연히 이 두 가지 물건을 파는 행상인 부부가 왔다고 한다. 선왕은 당장 그들을 잡아서 죽이려고 신하를 보냈으나 결국 잡지 못하고 놓쳐 버렸다.

행상인 부부는 도망가던 길목에서 후궁인 여자가 버린 아기를 발견했고 우는 소리가 애처롭기 그지없어서 아기를 주워가지고 포(褒)나라로 피신해 갔다. 그래서 그 아기는 포나라에서 성장했던 것이다. 뒷날 포나라 포군(褒君)은 주왕에게 죄를 지었기 때문에 미녀를 바치고 용서를 빌었다.

그 미녀(美女)가 바로 후궁이었던 여자가 내버린 아기로 사성(姒姓) 의나라 포에서 자라난 탓으로 그 이름을 포사라고 부르게 되었던 것이다.

유왕(幽王)이 즉위한 지 3년째에 그는 어쩌다 후궁에서 이 포사를 잠깐 보고는 완전히 넋을 빼앗기고 말았다. 그리하여 그녀와의 사이에서 백복(伯腹)이 태어나기에 이른 것이며, 신후(申后)와 태자마저 폐하고 포사를 왕후로 삼고, 백복을 태자로 봉하게 되었던 것이다.

이러한 경위를 안 사관(史官) 백양(伯陽)은 다만 탄식할 따름이었다.

"이젠 손도 쓸 수 없게 되었구나. 화(禍)가 미친다는 것은 정해진 길이다."

▷ 포사가 웃다

포사(褒姒)라는 여자는 항상 웃지를 않았다. 유왕(幽王)은 어떻게든지 웃겨보려고 온갖 수단을 다해 보았으나 도무지 웃지를 않았다. 그런데 그 포사가 결국은 웃었다. 그것은 아주 우연한 상태였다. 외적의 침입이 있을 때에만 긴급을 알리느라고 봉화와 큰 북을 울리도록 준비가 되어 있었는데, 무슨 연유에서인지 봉화가 타올랐다.

제후들이 당장에 달려왔다. 하지만 아무 일도 없어서 모두들 어리둥절해 했다. 그 모습이 우스워서 포사는 깔깔 웃어댔다.

그러자 유왕의 기쁨은 실로 크나큰 것이었다. 그로부터 유왕은 자주 봉화를 올려서 포사의 기분을 맞춰 주었다. 하지만 그렇게 하는 동안에 제후들은 아무도 봉화의 신호를 믿지 않게 되었다.

그러던 유왕은 괵석보(虢石父)를 대신으로 등용해서 정치를 담당시키고 있었다. 그런데 석보는 뱃속이 시커먼 데다가 간사하고 아부를 잘했고, 제 이익을 채우는 그런 인간이었기 때문에 온 나라 안의 미움을 사고 있었다. 유왕은 그런 고약한 자를 등용시켰던 것이다. 또한 신후(申后)와 태자 의구를 폐하게 되자 그녀의 아버지 신후(申后)는 크게 노하여 서쪽의 견융(犬戎)과 손잡고 주나라 도읍을 공격했다.

유왕은 다급하여 봉화를 올려서 신호를 했지만 단 한 사람의 군사도 달려오지를 않았다. 결국 유왕은 여산 기슭에서 살해당했고 포사는 사로잡혔으며, 주 왕실의 재물은 모두 약탈당하고 말았다. 일이 여기에 이르자, 제후들은 신후(申侯)의 뜻을 따라서 본래의 태자인 의구를 즉위시키고 주나라의 왕통을 계승시켰다. 그가 바로 평왕(平王)이다. 평왕은 왕위에 오르자 만족(蠻族)의 침입을 피해서 도읍을 동쪽의 낙읍(洛邑)으로 옮겼다.

무왕(武王)으로부터 12대만에 주나라는 동쪽으로 옮긴 것이다. 유왕(幽王)의 말로는 주 왕실의 운명을 암시하고 있는데, 여왕(厲王)은 욕심에 눈이 어두웠고, 유왕(幽王)은 여자에 홀려 버렸다. 조상의 업적을 자손이 파괴한 격인데 그 화근이란 여색(女色)과 물욕으로 멸망의 본보기란 나라이건, 집안이건 거의가 똑같다고 하겠다.

춘추오패(春秋五霸)

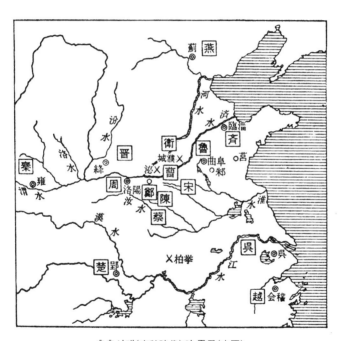

춘추시대(春秋時代)의 중국(中國)

1. 패자(覇者)를 낳는 토양(土壤)
— 제(齊)의 환공(桓公) —

유왕(幽王)이 견융(犬戎)에게 살해당하자 주나라는 서울을 낙양(洛陽)으로 옮겼다. 주나라는 이미 왕으로서의 지배력을 잃었고 사실상 일개의 소국에 지나지 않았다. 그대신 제후들이 서로 세력을 다투게 되었다.

그리하여 영웅이 쟁패하는 시대가 전개된다.

최초에 패자로 등장한 것이 제(齊)의 환공이다. 제나라는 태공망(太公望)을 시조로 하는 유명한 존재이다. 바다를 끼고 있는, 산물이 풍부한 큰 나라였다. 작위가 후작인 환공이 재위(在位)한 것이 기원전 685년~642년이라고 하는 40여 년의 긴 세월에 이른다. 이러한 장기집권은 어떻게 이루어졌을까?

그런데 환공에 앞서는 양공(襄公)은 사리에 적당치 않은 행위가 많았고 함부로 행동하는 일이 많아서 신하들의 신망을 얻지 못했다. 사촌인 공손무지(公孫無知)가 반란까지 일으켜 양공을 살해하고 자리를 빼앗는다.

하지만 이 인간도 대단한 인물인 것 같지는 않아서…….

▷ 폭군(暴君)이 살해당할 때

무지(無知)가 양공(襄公)을 살해하고는 제군(齊君)임을 스스로 자랑했다. 그 이듬해 환공(桓公) 원년 봄, 무지는 옹림(雍林)으로 행차했는데, 이 옹림에는 오래전부터 무지에게 앙심을 가진 자가 있었다. 그 사나이는 절호의 기회라 대기하고 있다가 무지를 암살해버렸고 제(齊)나라 대부(大夫)에게 다음과 같이 이야기했다.

"무지는 군주이신 양공을 시살(弑殺)하고 군주의 자리를 찬탈한 역적입니다. 소신은 역적을 무찔렀습니다. 이제야말로 전 군주이셨던 양공의 공자(公子)들 중에서 훌륭한 인물을 찾아서 나라를 다시 일으키게 하십시오. 저는 만사를 군주가 명하시는 바 그대로 따르겠습니다."

본래 선대의 양공은 대단한 폭군이었다. 노(魯)나라 환공(桓公)이 제나라를 방문했을 때 술에 취하게 하여 죽여버렸다. 왜 그러냐하면 자기가 환공의 부인과 내통하고 있다는 것을 환공이 알아차렸기 때문이다.

한편 무고한 신하들을 얼마나 죽였던가. 여자라고 하여 손을 뻗치고 대신들에게 무안을 준 일도 한두 번이 아니었다. 그런 식으로 포악하게 굴었기에 양공의 동생들은 겁에 질려 부들부들 떨고 있었다. 곁에 있다가 무슨 일을 당할지 모를 노릇이다. 그래서 우선 바로 손아래 동생인 규(糾)가 어머니의 고향인 노(魯)나라로 망명했다. 그때 관중과 소홀(召忽) 두 사람이 시종(侍從)으로서 따라갔다. 다음에 이어서 그 다음 동생인 소백(小白)이 거(莒)나라로 망명했는데 소백의 시종으로는 포숙(鮑叔)이 따라갔다.

그때 제나라에서는 무지(無知)가 옹림에서 살해당한 뒤에 누구를 새로운 군주로 세우느냐 하는 의논이 시작됐다. 소백파(小白派)와 규파(糾派)가 서로 다투게 되었다.

소백의 어머니는 위(衛)나라 출신으로서 전 전대(前前代)의 군주인 이공(釐公)의 총애를 받고 있었다. 또한 소백은 소년 때부터 대부(大夫)인 고혜(高傒)와 친숙했다. 그래서 대부 고씨와 국씨(國氏)가 소백을 몰래 거나라에서 다시 불러오려고 했다.

이와 반대로 노나라의 규파 쪽에서는 무지가 살해당했다는 보고를 듣자 호위군을 딸려서 공자인 규를 제나라로 보내는 한편, 따로 관중에게 군사 일대(一隊)를 딸려 주어 거에서 돌아올 소백을 숨어서 기다리게 했다.

▶ 관중과 포숙
이 두 사람은 친구다. 이른바 '관포지교(管鮑之交)'로 유명하다.

▷ 적(敵)의 허(虛)를 찌르다

매복한 관중(管仲)은 소백(小白) 일행이 오는 길목을 지키다가 화살을 날렸다. 화살은 소백을 명중시켰다. 하지만 실상 화살을 맞은 곳은 바로 허리띠의 쇠장식이었다. 소백은 일부러 죽은 척했다. 소백을 죽인 줄로만 안 관중은 곧 노나라로 사자

(使者)를 달려가게 하여 소백을 살해했다는 경위를 보고케 했다. 안심한 규의 일행은 어슬렁거리면서 6일간이나 걸려서야 제나라에 도착했다. 하지만 이미 그때는 소백이 도읍에 돌아와 있었으니, 그는 고혜의 시중을 받고 있었던 것이다. 이 새로운 제나라 군주가 환공(桓公)이다.

화살을 맞았을 때 소백이 죽은 척하여서 관중을 속였고, 그대로 죽음을 가장하여 영구차를 만들어서 길을 서둘러 제나라로 돌아온 것이다. 이러한 계략이 제대로 들어맞은 데다가 고씨와 국씨 두 대부가 국내에서 공작을 멋들어지게 함으로써 소백(환공)은 규보다도 일찍 귀국하여 군주의 자리에 오를 수 있었던 것이다. 환공은 즉위하자 대뜸 출병하여 규의 일행을 쫓아버렸다.

▷ 원수를 부하로 만들다

그해 가을, 제나라는 노나라와 건시(乾時)에서 싸웠다.

노군이 달아나게 되자 제군은 재빨리 앞을 가로막고 퇴로를 차단해 버렸다. 이렇듯 노군을 궁지에 빠뜨린 뒤에 환공은 편지를 보냈다.

"규는 내 형제이므로 내 손으로 죽일 수 없다. 노나라쪽에서 처치해 주기 바란다. 소홀(召忽)·관중(管仲) 양자는 우리 제나라의 반역도다. 그들을 죽여 소금에 절이지 않는다면 내 직성이 풀리지 않는다. 신병을 인도하기 바란다. 어쩌다 거부한다면 당장에 노나라를 포위할 것이다."

노나라는 완전히 포위당하고, 드디어 규를 생독(笙瀆)이란 곳에서 살해했다. 소홀은 자살을 했지만 관중은 자기의 신병(身柄)을 제나라에 인도해 달라고 했다.

그리고 환공이 즉위하자 당장 노나라를 공격한 당초의 뜻은 관중을 죽이자는데 있었다. 하지만 관중을 다루는데 대해서 시종 포숙(鮑叔)이 의견을 말했다.

"저는 다행스럽게도 저의 군주를 따를 수가 있었고, 지금은 우리 군주께서 제나라 군주의 자리에 오르셨습니다. 그런데도 불구하고 이제부터 군주를 모시기에 힘이 부치게 되었습니다.

우리 군주께서 제나라 하나만을 거느리실 생각이시라면 고해와 저 숙아(叔牙) 두 사람의 보좌로써도 충분하리라고 생각합니다. 하지만 천하를 모두 거느리시는 패자(覇者)가 되시고자 한다면 관이오(管夷吾 : 관중) 말고는 그밖에 어디 적임자가 또 있겠나이까? 이오를 등용시키는 나라는 꼭 천하를 다스리게 될 것이옵니다. 제발 이오를 잃지 않아야 될 줄 알고 있습니다."

환공도 그 의견에 따르고야 말았다. 때문에 소금에 절이겠으니 관중을 보내라고 한 것은 실상 구실에 지나지 않았고, 내용인즉 관중을 불러서 중용시킬 작정이었다. 그러한 눈치를 알아차린 관중이었기에 그 자신도 제나라에 신병을 인계시켜달라고 했던 것이다.

환공의 청을 들었을 때 노나라에서는 혜공(惠公)의 손자인 시백(施伯)이 진언한 바 있다.

"제나라에서는 관중을 죽이려는 것이 아니고 등용시키고자

하고 있습니다. 만약 그게 실현이 되는 때는 우리 노나라로서는 화근이 될 것입니다. 이 시기를 놓치지 말고 관중을 죽여서 시체를 보내는 것이 상책입니다."

그러나 장공(莊公)은 그 진언을 받아들이지 않고 관중을 잡자 그대로 제나라에 신병을 인도하고 말았다.

포숙아가 영접해 나가 관중의 신병을 인수했다. 그리하여 그들이 제나라 도읍 근처인 당부(堂阜)까지 이르자 포숙아는 관중의 손과 발을 묶은 쇠고랑을 풀어 줌으로써 죄인의 더러움에서 벗어나게 해주었다. 또한 도읍에 들어가게 되자 환공을 만나게 했다.

환공은 관중에게 정중한 예우를 하고 그에게 대부(大夫) 벼슬을 주어 정사를 하게 했다.

환공은 관중을 막료로 맞이하자 포숙아 · 습붕(隰朋) · 고혜 등과 함께 정치를 개혁하기에 이르렀다. 병제(兵制)를 새로이 다듬었고 경제 정책을 세웠으며, 어업과 제염업을 장려했고, 빈민들의 생활을 안정시키고 유능한 인재들을 많이 등용시켰다. 이러한 새로운 정사는 제나라 백성들에게 큰 환심을 사기에 흡족했다.

▷ 맹약(盟約)을 중히 여기라

환공 2년 제나라는 담(郯)나라를 공격하여 멸망시켰다.

담나라 군주는 거(莒)나라로 망명했다. 전날 환공이 거나라로 망명하던 길에 담나라를 통과한 일이 있었는데 그때 그 나라는 환공을 무례하게 대했던 것이다. 그래서 환공은 어느 때고 그 보복을 하리라고 벼르던 터였다. 말하자면 그 보복을 한 것이다.

환공 5년에는 노(魯)나라를 공략해서 승리를 거뒀다. 노나라 장공(莊公)은 자기 나라 수읍(遂邑) 땅을 진상하겠노라고 하여 화의를 제의해 왔다. 환공은 그것을 응락하고 장공과 가(柯)땅에서 서로 회맹(會盟)하기로 했다.

그런데 바로 그 회맹의 석상에서 노나라 장공이 환공에게 수읍을 진상하고 화의를 맺겠노라고 맹세하려 할 때였다. 그때 마침 노나라의 장군(將軍)인 조말(曹沫)이 단상으로 뛰어 오르면서 느닷없이 비수를 환공의 가슴에 들이대고 위협하는 것이었다.

그는 무예에 뛰어나고 용감한 군인이었다. 장공은 그 인물의 됨됨을 높이 평가하여 발탁한 것이었다. 무(武)를 좋아했던 장공으로서 그처럼 용기있고 무예에 뛰어난 조말을 장군으로 기용한다는 것은 당연한 일이었다.

그러나 장군으로서의 조말은 세 차례나 제나라와 싸웠으나 싸울 때마다 패배하고야 말았다.

세 차례의 패배로 기가 죽은 장공은 이제야 어쩔 수 없이 수읍을 제나라 환공에게 바칠 것을 이유로 제나라와 화친을 맺자고 제의했던 것이다. 비록 조말이 패전만을 거듭해 왔으나 장공은 결코 그를 이유로 하지 않고 그대로 장군의 지위에 머물러 있게 해 주었다.

"빼앗은 영토(수읍)를 다시 돌려 주시오!" 하고 조말은 배수를 들이댄 채 환공을 위협했다.

"좋다, 알았소"하고 환공은 응락해 버렸다.

이런 대답을 듣자 조말은 그때야 비수를 내던지고 신하의 자리로 돌아갔다.

환공은 일단 승낙했지만 분함을 금할 길이 없었다. 그래서 조말을 죽여버리고 약속을 뒤엎으리라고 생각했다.

그러나 관중(菅仲)이 이렇게 간언했다.

"환공께서는 그 자에게 협박을 당해서 어쩔 수 없었다고는 하겠습니다마는 어디까지나 약속은 약속인 줄 압니다. 그것을 묵살하고 상대방을 죽인다면 신의를 배반하는 일이 됩니다.

그건다만 보잘것 없는 기분풀이에 지나지 않습니다. 더구나 그러한 결과가 제후들의 믿음을 배반하는 결과로 천하로부터 따돌림을 받게 될 것으로 생각합니다. 백 가지 해는 있을지언정 터럭 만큼도 이익이 없다 하지 않을 수 없습니다."

결국 환공은 조말을 상대로 세 번씩이나 전쟁을 하여 그 대가로 얻었던 땅을 다시 노나라에 되돌려 주고 만 것이다.

이러한 결과는 제후들에게 높이 평가되었는데 누구나 다 환공의 신의에 감복했고, 또한 제나라와 손을 잡으려 했다. 이리하여 환공 7년에 제후들은 환공을 맹주로 추앙하여 견(甄) 땅에서 회맹(會盟)을 가진 뒤 환공은 비로소 패자가 되었던 것이다.

그로부터 7년 뒤인 환공 14년에 진나라 여공(厲公)의 아들이 제나라로 망명해 왔다. 그의 이름은 완(完), 호(號)는 경중(敬仲)이다. 환공은 그를 맞이하여 경(卿)의 자리에 앉히려고 했다.

하지만 아무리 해도 그가 그 벼슬 자리에 오르기를 마다하므로 할 수 없이 환공은 그를 공정(工正 : 기술자들의 총책임자) 자리에 임명했다. 바로 이 완의 자손이 전성자상(田成子常)으로 군주인 간공(簡公)을 살해하고 제나라의 실권을 장악했다.

환공 23년에 북방의 만족인 산융(山戎)이 연나라를 침공하게 되자 연(燕)나라는 곧 제나라에 구원을 요청해 왔고 그것을 응락한 환공은 연나라에 출병하여 멀리 만족을 고죽(孤竹) 땅까지 몰아내 버리고 군사를 돌려 보냈다. 그런데 연나라를 구원해 주고 환공이 귀국하는 길이었다.

감격한 연나라 장공(莊公) 일행은 환공을 전송하느라고 따라나섰다가 어느 때인가 제나라 영토 속까지 들어서게 되었다. 그것을 알아차린 환공이,

"제후끼리의 전송에 있어서는 국경을 넘어서지 않는 것이 관례다. 내가 천자도 아니거늘 어떻게 국경을 넘어서까지 전송을 받을 수 있겠는가. 연나라에 대하여 이러한 무례를 범할 수는 없다"하고는 당장 그 자리에서 그 곳을 거점으로 삼아 국경의 도랑을 파게 했다. 즉, 장공이 전송하러 따라온 지점까지의 제나라 영토를 환공은 서슴없이 연나라에 할양해 주었던 것이다.

그와 때를 같이하여 환공은 장공에게 연나라 시조인 소공(召公)처럼 백성들에게 선정을 다시 베풀라 하였고, 다른 성왕(成王)과 강왕(康王) 시대와 마찬가지로 주실(周室)에 대하여 공물을 바치도록 하라고 했다. 이와 같은 일은 다시 제후들 사

이에서 큰 환심을 샀고, 한결 더 명성이 높아졌다.

▷ 누이동생을 죽이다

그런데 환공에게는 누이동생이 있었다. 이름은 애강(哀姜)
이라고 했는데, 노나라 장공(莊公)의 부인이며, 당시의 군주
민공(湣公)의 외숙모에 해당된다. 애강은 장공의 아우, 즉 자
기 시동생인 경보(慶父)와 불의의 관계를 거듭하고 있었다.

제나라 환공 27년 경보는 민공을 살해했다. 그때 애강은 애
인인 경보를 군주의 자리에 앉히려고 했지만, 그 계획은 허사
로 돌아갔고, 새로운 군주로서 민공의 아우인 희공(僖公)이 즉
위했다. 그러한 사정을 알게 된 환공은 바로 누이동생 애강을
제나라로 불러다가 살해했다.

이듬해인 환공 28년, 북방의 만족인 적(狄)이 위(衛)나라에
쳐들어오자 위나라 문공(文公)은 제나라에 구원을 청했다. 환
공은 제후들을 거느리고 출전하여 위나라 초구(楚丘)에 성을
쌓고 문공을 도와 주었다.

▷ 뱃놀이, 나라를 망치다

이어서 환공 29년의 일이다. 어느 날 환공은 부인인 채희(蔡
姬)를 데리고 뱃놀이를 했다. 물에 제일 익숙한 채희가 환공을
놀리느라고 배를 마구 흔드니 환공은 겁을 집어먹었다. 환공이
그러지 말라고 아무리 말려도 채희는 도무지 그치질 않았다.

환공은 몹시 화가 나서 배에서 내리자, 바로 채희를 그녀의 친정인 채나라로 돌려 보내고 말았다.

환공으로서는 그녀와 인연을 끊을 생각은 아니었다. 그런데 채나라에서는 그 처사에 화를 내고 그만 채희를 딴 데로 시집보내고 말았다.

환공의 분노는 폭발했고 그는 바로 채나라 토벌을 위해 군사를 몰아 세웠다.

새해가 밝은 환공 30년의 봄이었다. 환공은 제후들의 군사를 거느리고 채나라를 공격했고 채나라는 여지없이 멸망했다.

▷ 강물에게나 물어보라

이어서 환공은 초(楚)나라의 공략에 착수했다. 초나라 성왕(成王)도 이에 대비해서 병력을 투입했다.

"무엇 때문에 우리 초나라에 침입하는 것이오?"

초나라에서 사자가 찾아와서 항의했고 제나라 쪽에서는 관중(管仲)이 응대했다.

"옛날 주나라 초에 소강공(召康公 : 연나라 시조)께서 우리 제나라 시조이신 태공께 대하여, 제후들에게 옳지 못한 일이 있을 때는 그대들 판단대로 정벌하여 주실(周室)을 도우라고 명령하신 바 있으셨고 또한 관장해야만 할 영역을 태공께 지시한 것이다. 즉 동은 동해로부터 서는 황하, 남은 목릉(穆陵)에서, 북은 무태(無棣)에 이르기까지 이 안에 포함된 모든 땅인 것이다. 이번 행동이야말로 그 임무에 기인하는 것이다. 이제 대답을 받아야 할 것이 있다. 오늘에 이르러 초나라는 주실(周室)에 대하여 포아(包芽 : 제사용의 술을 거르는데 쓰는 식물의 일종)의 공납을 게을리함으로써 그 때문에 주실에서는 제사를 올리는데 지장을 가져오고 있는 형편이다. 이건 도대체 어찌된 연유인가? 또한 전날의 주나라 제4대의 소왕(昭王)께서는 남쪽으로 떠나신 뒤인 채 돌아오시지 않으시고 계시다. 꼭 그 소식을 알고 싶다. 그 때문에 우리 제나라는 군사를 일으킨 것이다."

초나라 성왕은 사자를 통해서 그것에 반론을 폈다.

"공물을 바치기를 게을리한 것은 그 이유가 여하간에 이쪽의 실수였다.

금후로는 결코 상납을 소홀함이 없도록 하겠다. 그렇지만 소왕에 관한 일은 전혀 아는 일이 없는 것이다. 한수(漢水)의 강물에 물어 보는 것이 좋을 줄로 안다."

제나라 군사들은 진군하여 형(陘) 땅에다 진을 쳤고 곧 여름이 되었다. 초나라에서는 굴완(屈完)이 명을 받아 군사들을 이끌고 제나라 군사들을 맞아 싸웠으며 제군(齊軍)은 소릉(召陵)까지 진을 후퇴시켜 양군이 대치했다.

이때 환공과 굴완 사이에는 이런 방법이 취해졌다. 우선 환공이 아군의 우세를 자랑삼으며 항복하라고 위협했고, 이에 대해 굴완은 이렇게 응수했다.

"그쪽의 행동이 사리에 맞는다고 한다면 받아들이겠소. 그러나 도리에 어긋난다면 일보도 물러설 수 없소. 방성산을 성(城)으로 삼고, 장강(長江)·한수(漢水)를 호(濠)로 삼아 상대

해 주겠소. 제아무리 제군(齊君)이라 할지라도 그리 호락호락
쳐들어 오도록 하지는 않을 것이오."

이러한 기백에 굴복당하고만 환공은 굴완과 맹약을 맺고 군
사를 돌려 세웠다.

돌아오는 길에 제나라 군사들은 진(陳)의 국토 안을 통과하
려고 했다. 그러자 진나라 대부인 원도도(袁濤塗)가 거짓말을
꾸며대서 제나라 군사들을 동쪽으로 우회시키려고 했다. 하지
만 환공은 즉각 그 저의를 알아차렸다. 그것이 근원이 되어 그
해 가을 제나라는 진나라를 공격하기에 이르렀으며, 이 해에
진(晉)나라에서는 태자인 신생(申生)이 살해당했다.

▷ 패자(覇者)의 교만

그로부터 5년, 환공 35년 여름, 환공은 규구(葵丘) 땅에서
제후들과 모였다. 그 자리에는 주나라 양왕(襄王)으로부터 재
공(宰孔)을 사자로 하여 환공에게 하사품을 보내 왔다. 즉, 문
왕(文王)·무왕(武王)의 조(胙 : 제단에 올리는 고기), 붉은 칠을
한 활과 화살, 참조용의 수레였다. 재공은 환공에게 이야기하
기를 양왕이 신하의 예를 갖출 것 없이 그냥 받아두라고 했다
는 뜻을 전했다. 그래서 환공은 재공의 말대로 그냥 받으려고
했다.

"그건 당치도 않으신 일인 줄 압니다"하고 이야기하며 관중
은 곁에서 환공을 만류하였다. 그래서 환공은 예법대로 땅에
엎드린 채 하사품을 받았다.

그 해 가을에 환공은 또다시 규구의 땅에서 제후들과 회맹했다. 환공은 먼젓번보다 한결 더 교만한 빛을 띄우고 있었다. 주실(周室)에서는 먼젓번처럼 재공(宰孔)이 참석했다. 하지만 제후들 중에는 제나라에 대하여 반감을 갖는 자들이 속출했다. 진나라 헌공(獻公)도 그 중 한 사람이었다. 헌공은 우연한 병 때문에 뒤늦게야 찾아나오게 되었는데 도중에 재공을 만났다.

"제후(齊侯)의 우쭐대는 꼴이란 눈을 뜨고 볼 수 없소. 참석은 그만두는 편이 나을 것 같소."하고 재공(宰孔)이 이야기하자 헌공은 참석을 포기하고 되돌아가고 말았다.

▷ 관중(管仲)의 근심

얼마 뒤 진(晉)나라의 헌공(獻公)이 세상을 떠났다. 그 뒤에 대부(大夫)인 이극(里克)이 공자(公子)인 해제(奚齊)와 탁자(卓子)를 살해했다. 하지만 곧 진(秦)나라의 목공(繆公)은 자기 부인이 진(晉)나라 헌공의 딸(公子 이오의 누이)인 관계로, 이때에 양(梁)나라에 있던 이오(夷吾)를 진군(晉君)으로 받들려 했다.

환공으로서도 모르는 척하고 눈감아 버리기에는 제후들의 우두머리로서의 체면이 서질 않았다. 재빨리 진(晉)의 내란을 평정하겠노라고 말하고는 진나라 땅인 고량(高梁)까지 출병했다. 그는 대부인 습붕에게 명하여 진(秦)나라와도 상담한 뒤에 이오를 진군(晉君)의 자리에 오르게 하고 돌아왔다.

이 무렵, 주실(周室)의 위세는 매우 쇠락하고 있었다. 강국이라고 한다면 제(齊)·초(楚)·진(秦)·진(晉) 등 네 나라가 뛰어났다. 그 중에서 진(晉)은 먼저 회맹(會盟)에 참가하고 있었으나, 헌공(獻公)이 죽은 뒤 국내가 혼란해서 회맹같은 것에 신경을 쓸 겨를이 없었다. 서쪽의 지도자인 진(秦)나라 목공(繆公)은 나라가 먼 벽지에 떨어져 있었기에 중원(中原) 여러 나라들이 모이는 회맹(會盟)에는 참가하질 않았다. 또한 남쪽의 지도자인 초(楚)나라의 성왕(成王)은 원래 초나라가 형만(荊蠻) 땅을 차지해 가지고 이룩한 나라였기 때문에 자기는 만족(蠻族)이라고 겸손해 하면서 처음부터 회맹에 참가하지 않았다.

그런 이유로 중원 여러 나라들의 회맹의 중심이 되는 것은 자연 제(齊)나라 이외에는 없었다. 또한 환공이 널리 은혜로운 정치를 베풀었기 때문에 제후들이 그 산하에 모여들었던 것이다.

하지만 환공은 점점 교만해졌고, 마침내 이런 야망을 품게 되었다.

"나는 이미 남으로 소능(召陵)까지 원정하여 웅산(態山)을 보았고, 북으로는 산융(山戎)·이지(離枝)·고죽(孤竹)까지 토벌했다. 서쪽으로는 대하(大夏)를 토벌코자 사막을 넘어간 일도 있었다. 그동안 제후들은 아무도 내게 배반은 고사하고 도전할 생각도 하지 않았다. 오늘에 이르기까지 전시에 회맹을 열기는 세 차례, 평시에 회맹하기는 여섯 차례, 도합 아홉 번이나 제후들의 회맹을 성립함으로써 천하의 난리를 평정했다. 저 옛날 하(夏)·은(殷)·주(周) 세 나라 성왕(成王)께서 천명을 받은 바 있거니와 나에게도 그런 자격이 충분히 있다. 이제 나는 태산(泰山)과 양보(梁父)에 올라가 봉선(封禪)의 제(祭)를 올리려 한다.

관중(管仲)이 생각지도 말아야 할 일이라고 간언을 했으나 환공은 듣지 않았다. 그래서 관중은 먼 곳으로부터 진수 괴물(珍獸怪物)이 모여들지 않고는 봉선의 제를 올릴 수 없다면서 최선을 다해 겨우 환공의 뜻을 꺾을 수가 있었다.

그 뒤 3년이 지난 환공 38년 주(周)나라에서는 양왕(襄王)의 아우인 대(帶)가 변경 지대의 만족(蠻族)인 융(戎) 및 책(翟)과 동맹하여 주실(周室)에 공격을 했다. 환공은 당장 관중을 파견하여 주나라 영토에 쳐들어 온 만족을 평정시켰다. 주실에서는 관중의 큰 공로에 보답하기 위하여 관중에게 상경(上卿)의 예우(禮遇)를 하려고 했다. 하지만 관중은 머리를 숙이고 굳이 사양했다.

"소신은 왕실(王室)에 있어서 한낱 배신(陪臣)에 불과합니다. 하지만 그러한 과분한 처분을 어찌 받아들일 수가 있겠습니까?"

관중은 이렇게 말하며 굳이 세 번씩이나 사양하고 하경(下卿)으로서의 예우를 받고 왕을 알현했다.

이듬해인 환공 39년에 접어들어 주나라 양왕을 배반한 아우인 대(帶)가 제나라로 망명해 왔는데 거기서 환공은 중손(仲孫)을 주나라에 파견하여 대를 대신하여 사죄시켰지만 왕의 분노는 풀리지 않아 중재는 받아들여지지 않고 말았다.

▷ 이름난 재상이 죽은 뒤

환공 41년에는 진(秦)나라 목공(繆公)이 진(晉)나라 혜공(惠公)을 잡았다가 곧 석방한 사건이 있었다. 또한 제(齊)나라에서는 관중이 병으로 쓰러졌을 때 환공은 일부러 찾아와서 관중에게 금후의 일을 이야기했다.

"그대에게 만약 무슨 일이 생긴다면 신하들 중에서 누구를 재상으로 삼는 것이 좋겠소?"

"그것은 군주께서 더 잘 아실 줄로 아옵는데……."

그러자 환공은 자기 마음의 사람들을 들었다.

"역아(易牙)가 어떻겠소?"

"역아는 자기 아들을 죽여서 군주의 환심을 샀습니다. 그리고 그것은 인간의 정의(情誼)를 배반한 처사입니다. 그러한 인물을 재상자리에 오르게 하면 안됩니다."

"그럼, 개방(開方)은 어떠신지 말해 보오."

"개방은 본래 위(衛)나라 공자이면서도 저희 군주의 환심을 사기 위하여 친족(親族)을 버렸습니다. 그것 또한 인간의 정의를 저버린 처사입니다. 가까이 하시지 않음이 합당한 줄 압니다."

"그렇다면 수조(竪刁)는 어떻겠소?"

"수조는 스스로 자진해서 거세(去勢)하여 군주의 환심을 샀으므로 그 사람 또한 인간의 정의를 벗어난 처사입니다. 그를 신임하셔서는 안됩니다."

그런데도 관중이 세상을 떠난 뒤에 환공은 그의 충고를 무시하고 그 세 사람을 측근에 중용시켰다. 그 결과 이 세 사람은 권력을 제 마음대로 휘둘러댔던 것이다.

▷ 6명의 애첩

이듬해인 환공 42년에 융(戎)은 또다시 주(周)나라를 공격했고 주나라는 제(齊)나라에 구원을 청해 왔다. 환공은 제후들에게 지시를 내리고 주나라를 지키기 위해 군사를 동원시켰다. 이 해에 진(晉)나라의 공자인 중이(重耳)가 제나라에 찾아왔다. 환공은 중이에게 아내를 마련해 주었다.

그런데 환공에게는 3명의 부인이 있었다. 즉, 왕희(王姬)·서희(徐姬)·채희(蔡姬) 셋이다. 이 세 여자는 똑같이 자식을 낳지 못했다. 환공은 여자를 좋아했으므로 많은 애첩을 거느리고 있었다. 그 중에서도 부인이나 다름없는 대접을 받는 여자들이 6명이나 있었는데 그들은 모두 다 자식을 낳았다.

즉, 장위희(長衛姬)는 무궤(無詭)를 낳았고, 소위희(少衛姬)가 뒷날의 혜공(惠公) 원(元)을 낳았으며 정희(鄭姬)는 뒷날의 효공(孝公) 소(昭)를 낳았다. 또한 갈영(葛嬴)은 뒷날의 소공(昭公) 반(潘)을 낳았고 밀희(密姬)는 뒷날의 의공(懿公) 상인(商人)을 낳았으며, 송화자(宋華子)는 공자(公子) 옹(雍)을 낳았다. 환공은 관중과 상의한 뒤에 정희의 아들 소(昭)를 태자(太子)로 봉하고 송나라 양공(襄公)에게 그 뒤를 부탁했다.

그런데 일은 예정한 대로 되지 않았다. 역아(易牙)가 미리부터 장위희(長衛姬)의 마음에 들고 있었다. 또한 항상 환관(宦官)인 수조(竪刁)를 통하여 끊임없이 선물을 바쳤기 때문에 환공의 환심도 사고 있었다. 그 역아가 환공을 작용시켜 장위희의 아들인 무궤(無詭)를 태자로 내세우도록 일을 취한 것이었다.

관중이 세상을 떠나자 다섯 명의 공자들은 일제히 자기가 태자가 되려고 운동을 했다. 환공 43년의 겨울인 10월 을해(乙亥) 날에 환공이 세상을 떠났다. 그때 역아는 곧 궁안에 들어가서 수조와 손을 잡고 환공의 애첩들의 인도를 받아 수많은 대부(大夫)들을 살해한 뒤 공자 무궤를 즉위시켰고 태자 소는 송(宋)나라로 망명의 길을 떠나고 말았다.

▷ 패자(覇者)의 말로

무궤(無詭)를 비롯해서 다섯 명의 공자는 환공이 병환 중에 있을 때 제 나름대로 파벌을 만들어 자리 싸움을 시작했으나, 막상 환공이 세상을 떠나자 마침내 무력 투쟁으로 발전했던 것이다. 궁안에는 사람이라곤 하나도 없는 것과 같은 상태가 되었다. 이러니 환공의 입관(入棺)은 문제가 되지 않았다. 환공의 유해는 침실에 그대로 놓아둔 채였다.

그해 12월 을해날에 무궤가 즉위하고 난 뒤에야 겨우 관을 하고 상(喪)을 치렀다. 결국 환공을 매장한 것은 12월 신사(辛巳) 날의 밤이었다. 그가 죽은 지 67일째의 일이다. 시체에서는 구데기가 끓어 방 밖으로까지 마구 기어나올 정도였다.

환공에게는 10명 이상의 아들이 있었다. 그 중에서 다섯 명이 왕위를 다투었던 것이다. 무궤가 즉위는 했지만 3개월만에 죽었으며 시호(諡號)가 주어지질 않았다. 그의 뒤를 이어 효공(孝公)·소공(昭公)·의공(懿公)·혜공(惠公)의 순서로 계속된다.

효공 원년(元年) 3월, 송나라 양공(襄公)은 제나라에서 망명해온 태자인 소(昭)를 제(齊)나라로 보내기 위해 제후들의 군사를 이끌고 쳐들어 왔다. 제나라에서는 겁을 집어먹어 군주인 무궤를 죽였고, 태자인 소를 새로운 군주로 세우려 했다. 이때 소 이외의 4명의 공자(公子) 일당이 소를 죽이려고 공격을 해왔기 때문에 태자 소는 다시금 송나라로 도망쳤다.

이 결과, 송나라와 제나라의 네 공자 사이에는 전쟁이 벌어졌고, 5월에 송나라는 제나라의 4공자(公子) 연합 세력을 무찌르고 태자 소를 제나라 군주로 즉위시켰다. 효공이란 이 새 군주를 말하는데, 송나라 양공이 출병한 것은 환공과 관중에게서 태자의 뒤를 돌봐달라는 부탁을 받았기 때문이었다.

이와같이 제나라에서는 국내의 혼란이 계속되었기 때문에 환공의 장례식도 자꾸 뒤로 미루다가 8월이 돼서야 겨우 거행되었던 것이다.

▷ 관포지교(管鮑之交)

환공의 사후는 그의 생존 때의 영화에 비해서 너무나 비참한 것이었다. 또한 뒤에 남은 공자들은 군주의 자리를 노리고 내분을 일삼다가 각기 비참한 꼴을 겪어야 했다. 이 모든 것은 환공이 관중(管仲)의 의견을 무시한 때문이었다.

그렇다면 도대체 관중이란 어떤 인물이란 말인가? 여기서 관중에 대해 잠깐 살펴본다.

관중〔夷吾〕은 영수(潁水) 부근에서 태어났는데, 포숙(鮑叔)과는 어릴 때부터 친구로서, 그들은 무엇을 하든 행동을 같이 했다.

이미 그때부터 포숙은 관중에게 뛰어난 재능이 있음을 알아차리고 있었다. 관중의 집은 가난했고, 그 때문에 곧잘 포숙을 속였다.

그러나 포숙은 그러한 괴로움을 내색하지 않고 끝까지 우정을 버리지 않았다.

이윽고 포숙은 제나라의 소백(小白)을 보필하게 되었고, 관중은 공자 규(糾)의 보좌를 하게 되었다. 그리하여 소백이 즉위하여 환공(桓公)이 된 결과, 군주의 자리 다툼으로 규(糾)는 살해당했고, 관중은 갇히는 몸이 되었던 것이다.

그러자 포숙은 관중을 등용하자고 환공에게 간언했다. 관중을 재상으로 맞이한 사실이 환공을 패자(霸者)로 군림할 수 있게 했던 것이다. 환공이 제후들을 규합해서 천하를 하나로 뭉치게 할 수 있었던 것은 모두가 관중의 수완에 의했던 것이다.

뒷날, 관중은 이렇게 회상하여 말하였다.

"나는 옛날 가난했을 무렵에 포숙과 함께 장사를 한 일이 있었다. 서로 이익을 나눌 때에는 내가 더 많은 몫을 가졌지만 그는 나를 욕하지 않았다. 내가 가난한 것을 알고 있었기 때문이다. 또한 그를 위해서 일을 해 주리라고 했던 노릇이 오히려 그를 궁지에 빠뜨리는 결과를 빚었으니 그는 어리석은 자라고 욕하지 않았다. 세상 만사가 잘되는 경우와 잘 안되는 사정이 있다는 것을 알고 있었기 때문이다.

한편 나는 세 번이나 사관(仕官)했다가 그때마다 자리에서 쫓겨났으나 그는 나를 무능하다고 이야기하지 않았다. 내가 때를 잘 만나지 못했음을 잘 알고 있었기 때문이다.

또한 나는 싸움터에 나갔을 때 도망쳐 왔으나 그는 나를 겁쟁이라고 이야기하지 않았다. 내게는 연로하신 어머니가 계시다는 것을 알고 있었기 때문이다. 공자 규가 후계자 계승 문제로 다투다가 패했을 때 동지였던 소홀(召忽)은 순사(殉死)했음에도 불구하고 나는 목숨을 부지하여 결박당하는 수치를 받았으나 그는 나를 보고 파렴치하다고 하지 않았다. 내가 눈앞의 명예에만 성급하고 천하에 공명을 떨치지 못하는 것이야말로 수치라고 생각하고 있던 것을 알았기 때문이다. 나를 낳아주신 것은 어버이이나, 나를 알아준 것은 포숙이었다."

포숙은 관중을 환공에게 추천한 뒤에 자기는 관중보다도 아랫자리에서 환공을 받들었다. 그 자손은 대대로 제나라에 봉사했고, 명문(名門)의 대부로서 10여 대에 걸쳐 후한 대접을 받았다.

이러한 일로 하여 세상 사람들은 관중이 현명했던 것을 칭찬하기보다는 포숙이 사람을 잘 알아보았던 능력을 더 높이 평가했다.

▷ 주는 것이 곧 얻는 것

그래서 관중은 재상으로서 정무를 살펴보게 되었다. 본래부터 제(齊)나라는 바다에 면한 약소국가였으나, 경제 진흥과 부국 강병에 힘써서 시민들의 뜻을 좇아 정책을 베풀어 갔다. 그것에 대해 관중은 이렇게 이야기하였다.

"그날그날 먹고 살기도 어려운 사람에게 예절을 부르짖은들 무슨 소용이 있겠는가. 생활에 여유가 생긴다고 하면 도덕 의식은 스스로 높아지기 마련이다. 군주가 재정상의 무리를 하지 않는 것이 곧 민생 안정의 근본이다. 그 뒤에 예·의·염·치(禮義廉恥)의 네 가지의 기본이 되는 바탕을 굳게 할 필요가 있다. 그것을 하지 않기 때문에 나라가 망하는 것이다.

마치 물은 낮은 곳으로 흐르듯이 끊임없이 백성들의 뜻에 따라 적절히 조치한다는 것이 바로 관중의 시정 방침이었다. 그러므로 정책을 논의할 때에는 실행할 수 있는 것이냐에 주안점을 두고, 백성들이 무엇을 바라고 있는가를 항상 염두에 두고 그것을 정책면에 반영시키도록 했다.

실정(失政)을 저지르더라도 거기서 하나의 새로운 교훈을 성공으로 이끌고, 또한 언제나 균형을 유지시키도록 배려하여 시행 착오가 없도록 한다는 것이 관중이 베푼 정치의 특성이었다.

이를테면 환공은 부인인 채희(蔡姬)의 처사로 화를 낸 채 괴로움을 풀어보고자 채나라를 공격했다. 그러자 관중은 뒤이어서 포모(包茅)가 조공(朝貢)을 게을리 한다는 것을 구실 삼아서 초(楚)나라를 공격했다. 또한 환공은 북쪽의 만족인 산융(山戎)을 정벌했다. 그러자 관중은 그 기회에 연(燕)나라 군주에게 명해서 소공(召公)의 집권을 부활시켰다. 그리고 환공이 하(河) 땅의 회맹(會盟)에서 조말(曹沫)에게 약속한 것을 번복하라는 것을 관중은 환공에게 신의를 지키도록 간언했다. 이처럼 관중은 항상 대의 명분을 생각했기 때문에 제후들은 제(齊)나라를 맹주로 받들게 된 것이었다.

또한 관중은 이렇게 말하였다.

"얻으려고 한다면 먼저 주라. 그것이 정치의 진리이다."

관중의 재산은 제나라 공실(公室)과도 견줄만 했고, 분수에 넘치는 사치도 했지만 끝내 비난은 받지 않았다.

관중이 죽은 후에도 제나라는 그 정책을 그대로 이어 나갔으며 그의 정책을 지킴으로써 항상 제후들보다도 우위를 유지할 수 있었다.

▶ 분수에 넘치는 사치

원문은 삼귀(三歸). 삼귀란 세 군데에 집을 짓고 있다는 것. 반점이란 제후들이 회의하여 술잔을 주고 받기를 마친 후에 잔을 돌려 놓는 받침(臺)으로 신하가 가질 물건이 못된다. 균형감각으로 끊임없이 전체를 생각해서 사물을 처리하는, 즉 현대적으로 말한다면 토탈(total) 사고를 관중이 지니고 있었다. 그것이 환공 40년의 '장기 집권'을 가능하게 했다.

2. 치자(治者)의 기량(器量)
— 진(秦)의 목공(繆公) —

　　제가 아는 사람 중에 건숙(蹇叔)이라는 사람이 있습니다. 그
는 제가 감히 따르지 못할 기량(器量)을 가진 인물입니다마는
아직 그의 재능이 알려지지 않고 있습니다. 제가 옛날에 제
(齊)나라를 편력했을 때 매우 궁핍하여 걸식하는 몸이나 다름
없었는데 그는 저를 도와 주었습니다. 그후에 제가 제군(齊君)
무지(無知)를 받들려고 하자 그가 말렸습니다. 그 덕분에 저는
제나라의 내란에 휘말리지 않게 되었습니다.

　진(秦)의 등장은 늦다. 주(周)나라가 동쪽으로 천도(遷都)할 때,
견융(犬戎)과 싸워 주 왕실을 보호하는데 세운 공로로, 처음으로
제후(諸侯)의 일원으로 참가하게 되었다. 서쪽의 변경에 위치하
여 오히려 서융(西戎) 땅에 가까이 있던 후진국이다. 작위는 백
작(伯爵), 제후로 임명받은 지 9대째인 목공(繆公)에 와서야 중
원(中原) 여러 나라들과 가까이 하게 되었고, 서북 지방의 지도
자로서 확고한 기반을 닦아 나갔다.

　또한 그 후에 진(秦)은 차츰 세력을 뻗쳐서 기원전 3세기에 진
왕(秦王), 즉 시황제(始皇帝)에 의해 천하를 통일했다.

▷ 다섯 마리 양으로 산 현재(賢才)

목공(繆公) 원년에 공은 손수 군사를 이끌고 모진(茅津) 지방의 만족인 융(戎)과 싸워서 승리를 거두었다.

목공 4년에 목공은 진(晋)나라 공주(公主)를 아내로 맞이했는데 바로 진나라 태자 신생(申生)의 누이다. 이 해에 제(齊)나라의 환공이 초(楚)나라에 출병해서 소릉(召陵)까지 진격하는 사건이 있었다.

이듬해인 5년, 진(晋)나라 헌공(獻公)은 괵(虢)과 우(虞)의 두 나라를 함락하고 우군(虞君)과 그의 대부(大夫)인 백리혜(百里傒)를 사로잡았다.

진(晋)나라의 매수책(買收策)에 말려들어서 어리석게도 진군(晋君)의 국내 통과를 허락한 것이 그만 목숨을 빼앗기는 결과를 가져온 것이었다.

그런데 진(晋)나라에서는 백리혜를 진(秦)나라로 시집간 공주(목공아내)의 하인으로 삼아 진(秦)나라로 보냈다. 그는 도중에서 도망을 쳐서 초나라의 완(宛)이라는 곳에 은신했으나 그 곳에서 억류당하고 말았다. 한편 진(秦)의 목공은 그동안에 백리혜의 소문을 전해 듣고 이 인물을 되찾을 생각을 했다.

많은 돈을 써도 아깝지가 않았지만 그렇게 하면 오히려 완(宛) 사람들이 응해주지 않을까 두려웠다. 그래서 한 가지 방법을 강구하고 사자를 보내 이렇게 요청하게 되었다.

"하인 백리혜가 귀국 땅에서 억류되어 있다고 들었는데, 다섯 마리의 검은 암양의 가죽을 줄테니 그의 몸을 인도해 주기 바라오."

상대방에서는 그 조건을 기꺼이 받아들여 백리혜를 돌려보내 주었다. 이때 백리혜의 나이 이미 70여 세였다. 목공은 그의 노예의 신분을 벗겨준 뒤에 국사를 논의하는데 기용하려 했다.

"저는 망국(亡國)의 신하로서, 결코 그런 자격이 없습니다."

"우나라가 망한 것은, 우군이 그대의 의견에 따르지 않았기 때문이오. 그대의 책임은 아니오."

목공은 완강하게 거절하는 그를 끈덕지게 설득하며 서로 이야기 나누기를 사흘이나 했다. 목공은 그에게 깊이 빠져서 어떻게 하든지 국정을 맡겨야겠다고 생각했다. 검은 암양 다섯 마리를 주고 그를 돌려받았기 때문에 오고 대부(五羖大夫)라 불렀다.

백리혜는 겸손하게 자기 대신 다른 사람을 천거했다.

"제가 아는 사람 중에 건숙(蹇叔)이라는 사람이 있습니다. 그는 제가 감히 따르지 못할 기량(器量)을 가진 인물입니다마는 아직 그의 재능이 알려지지 않고 있습니다. 제가 옛날에 제(齊)나라를 편력했을 때 매우 궁핍하여 걸식하는 몸이나 다름없었는데 그는 저를 도와주었습니다.

그후에 제가 제군(齊君) 무지(無知)를 받들려고 하자 그가 말렸습니다. 그 덕분에 저는 제나라의 내란에 휘말리지 않게 되었습니다. 후에 주(周)나라에 가서 왕자(王子)인 퇴(頹)가 소를 좋아했으므로 소 치는 품을 팔며 그에게 봉사하려고 했습니다. 그래서 이윽고 퇴가 저를 받아들일 단계가 되었는데 그

때 건숙이 또다시 말렸습니다. 그 덕분에 저는 주나라를 떠나
고 퇴의 죄 때문에 죽음을 면했습니다. 우군(虞君)을 받들 때
에도 그는 말렸습니다.

하지만 우군께서 제 의견을 받아들이지 않으리라고는 알고
있었습니다만 벼슬의 유혹을 완강하게 뿌리치지 못하고 저는
봉사하게 되었던 것입니다.

이렇게 두 번은 그의 의견을 따랐기 때문에 화를 면했습니다
만 최후에는 그의 의견을 따르지 않은 탓으로 이렇듯 우군의
사건에 말려들고 만 것이옵니다.

이상 말씀 올린 것으로도 그가 어떤 인물인지 아실 줄 믿습
니다."

그러자 목공은 당장 사자를 보내, 후한 선물을 하고 건숙을
불러들여 상대부(上大夫)에 임명했다.

▷ 배신(背信)

그 해 가을, 목공(繆公)은 손수 군사를 이끌고 진(晋)나라를
쳐 하곡(河曲)에서 싸웠다. 이유는 진군(晋君)의 애첩인 이희
(驪姬)가 낳은 해제를 태자로 세우고자 태자인 신생을 자살케
한 음모에 의해서 목공의 의제가 되는 진(晋)나라 태자 신생
(申生)이 신성(新城)에서 자살했고, 그리고 공자 중이(重耳)
와 이오(夷吾) 두 사람도 다른 나라로 망명하는 사건이 일어났
기 때문이다.

목공 9년에, 제(齊)의 환공은 규구(葵丘)에서 회맹(會盟)을

열었다. 진(晉)에서는 헌공(獻公)이 죽고 이 이희의 아들 해제가 군주의 자리에 올랐지만 대부 이극(里克)의 손에 죽고 말았다. 헌공으로부터 뒷일을 부탁받은 재상 순식(荀息)이 부득이 해제의 동생 탁자(卓子)를 계승시켰다.

그러나 이극은 또다시 탁자마저 죽였고 순식마저 죽여 버렸다. 먼저 진(晉)나라에서 탈출해 있던 공자 이오(夷吾)의 사자가 진(秦)나라로 왔다. 이오가 귀국할 수 있도록 도와달라고 부탁하는 것이었다. 목공은 그 청을 받아들여 백리혜에게 명해서 군사와 함께 이오가 돌아갈 수 있게 하였다. 이오는 감사해서 이렇게 말했다.

"다행히 진군(晉君)이 되는 때는 하서(河西)의 여덟 성을 귀국에 바치겠습니다."

머지않아 이오는 진군(晉君)의 자리에 올라 혜공, 비정(丕鄭)을 사자로 삼아 진(秦)나라에 감사의 뜻을 전했다. 하지만 영지를 떼어 주겠다던 약속은 전혀 무시했고, 한편 이희 일파를 쓰러뜨린 공로자인 이극(里克)을 죽여버리고 말았다. 이극을 죽였다고 하는 소식이 아직 진나라에 머물고 있던 사자인 비정의 귀에까지 들렸고 내일이면 나도 어찌될지 모른다고 겁을 먹은 비정은 목공에게 이렇게 이야기했다.

"이오의 여론은 매우 나쁩니다. 인망이 있는 것은 오히려 중이(重耳)쪽입니다. 군주께 대한 약속을 어긴 것도, 이극을 살해한 것도 모두 여생(呂甥)과 극애(郤芮)가 획책한 것입니다. 이 두 자가 이오를 받들고 있습니다. 청컨대 감언이설로써 두 사람을 곧 불러다가 여기에 붙잡아 두고 그 동안에 중이를 진군(晉君)으로 세운다면 만사는 잘될 것입니다."

목공은 끄덕이면서 귀국하는 비정에게 사자를 딸려 보내 여와 극 두 사람을 소환했다. 과연 이 두 사람은 조심성이 컸다. 비정이 무언가 공작을 했다고 의심하고 이오에게 진언하고는 비정을 죽여 버렸다.

비정의 아들 비표(丕豹)는 진(秦)나라로 피신하여 목공에게 호소했다.

"진군(晉君)은 무법자이며 백성들에게는 인망이 없습니다. 무찌르셔야 합니다."

그러나 목공은 받아들이려 하지 않았다.

"백성들에게 신뢰를 받지 못하고 있는 군주라면 어째서 중신을 죽일 수 있겠는가? 그것이 가능하다는 것은 곧 인심을 얻고 있다는 증거가 아닌가?"

이렇게 말하면서 장래에 대비해서 몰래 비표를 신하로 등용했다.

목공 12년, 제나라의 관중과 습붕 두 사람이 죽었다. 그 해 진(秦)나라에서는 가뭄이 들어서 곡식을 수확하지 못하여 진나라로 양식을 얻으려고 청해 왔다. 그러자 비표가 목공에게 말했다.

"주어서는 안됩니다. 오히려 이 기회를 틈타서 쳐부셔야 할 시기라고 봅니다."

목공은 공손지(公孫支)의 의견을 들어 보았다.

"기근과 풍작이란 번갈아 돌아오는 것이니 곡식을 주는 게 좋겠습니다."

다시 백리혜의 의견을 들어 보았다. 그는 말하기를,

"이오는 은혜를 원수로 갚은 고약한 자입니다. 하지만 백성들에게는 죄가 없습니다."라고 했다.

결국 백리혜와 공손지의 의견을 좇아 식량을 주기로 했다. 진(秦)나라 도읍인 옹(雍)으로부터 진(秦)나라 도읍 강(絳)에 이르기까지 강에는 배들이, 육지에는 수레들이 끊임없이 이어져 나갔다.

목공 14년에 이르자 이번에는 진(秦)나라에 기근이 심해서 진(晉)나라에게 식량을 요청했다. 혜공(惠公 : 夷吾)이 신하들과 모의한 즉 괵야(虢射)가 나섰다.

"지금이야말로 진(秦)나라를 쳐부술 때, 대승리가 틀림없습니다."

혜공은 이 생각에 따라 이듬해인 목공 15년에 군사를 일으켜 진(秦)나라로 쳐들어 갔다. 목공은 이에 맞서 비표(丕豹)를 장군으로 임명하여 군사를 이끄는 한편 목공 자신도 출전했다.

▷ 명마(名馬)를 잡아먹은 용사들

9월 임술(壬戌) 날에, 한원(韓原) 땅에서 목공은 진(晉)나라의 혜공 이오와 싸웠다. 혜공은 단숨에 승부를 가리겠다고 나섰다. 그러나 싸움터를 달리며 돌고 있던 사이에 그만 진흙탕에 말의 발이 빠져서 몸을 움직이기가 어려워지고 말았다. 때를 놓칠세라 목공은 부하들을 이끌고 육박해 왔다. 하지만 아무리 노력해도 혜공을 사로잡을 수가 없었다. 오히려 그와 반대로 진군(晉軍) 측에 포위당함으로써 목공 자신이 상처를 입게 되었다. 이때 목공을 구원하기 위해 용감하게 진(晉)군의 포위망을 뚫고 달려온 일단의 용사들이 있었다. 그들 덕에 위기를 면했을 뿐 아니라 오히려 반격을 가하여 상대인 혜공을 생포할 수 있었다.

목공을 구원하게 된 데에는 이러한 경위가 있었다. 예전에 목공의 명마가 도망친 일이 있었다. 그때 기산(岐山) 기슭에 있던 무법자의 무리 3백여 명이 그 명마를 잡아먹고 말았다. 그 명마를 수색하고 있던 관리가 그 사실을 알아내고 그들을 처벌하려고 했다.

"군자는 짐승을 죽였다고 해서 사람을 해치는 일 따위는 않는다. 그보다는 명마의 고기를 먹었을 때는 술을 마시지 않으면 오히려 몸에 해롭다고 않더냐?"하고는, 목공은 도리어 그들 일당에게 술을 먹이고 전원 석방했다. 이 3백여 명의 사나이들은 목공이 진(晉)나라를 친다는 소식을 듣자 모두 다 목공의 편에 종군할 것을 지원했다. 그리고 목공이 궁지에 빠진 것을 보자 죽음을 무릅쓰고 돌격하여 은혜에 보답했던 것이다.

▷ 우는 아내와 천자(天子)에게는

목공은 진(晉)나라 혜공(惠公)을 생포한 뒤 자랑스럽게 도읍에 개선하자 나라 안에다 선포했다.

"온 백성은 몸을 깨끗이 하라. 과인은 진군(晉君)을 제물(祭物)로 하여 상제(上帝)께 제사를 올릴 것이다."

주(周)나라 천자(天子)가 그 소식을 듣자,

"진(晉)나라의 근본을 따진다면 우리 주(周)나라와 한 핏줄이다."하고, 진군(晉君)의 목숨을 살려 주라고 청했다. 목공의 부인은 이오(夷吾 : 혜공)의 누이였기 때문에 그녀 또한 상복을 입고 산발하고 목공에게 호소했다.

"제가 동생의 잘못을 바로잡아 주지 못했다 해서 이렇게 되고 말다니……."

목공은 곰곰이 생각했다.

"모처럼 진군을 사로잡아서 기뻐하고 있던 차에 천자께선 구명을 청하시고, 아내는 애걸하고 있지 않은가? 아무래도 형편이 난처하게 되었구나……."

목공은 할 수 없이 혜공과 화의(和議)를 한 뒤 그를 놓아 주기로 했다. 또한 숙소나 식사도 한 나라의 군주로서의 대우로 바뀌었으며 11월에 혜공을 귀국시켰다. 그래서 혜공은 하서(河西) 땅을 목공에게 바치고, 태자 자어를 인질로 하여 진(秦)나라에 보냈다. 목공은 자기 집안의 처녀를 그의 아내로 삼아 주었다.

그리하여 진(秦)나라의 세력은 동쪽으로는 용문강(龍門江)까지 뻗쳤다.

목공 18년, 제(齊)나라의 환공(桓公)이 세상을 떠났으며 20년에는 진(秦)나라가 양(梁)·예(芮) 두 나라를 멸망시켰다.

▷ 진(晉)이 강해지면 진(秦)은 걱정된다.

목공 22년에 인질이 되어 있던 자어(子圉)에게 그의 아버지 혜공이 병상에 누워 있다는 소식이 전해졌다.

"진(秦)은 내 어머니가 태어나신 나라인 양(梁)나라를, 나를 생각에 두지도 않고 멸망시키고 말았다. 그러한 진(秦)나라이고 보면 내 아버님이 돌아가시더라도 나를 고국에 보내줄 리는 없다. 내게는 형제가 많지만 난 이대로 무시당한 채 있게 되겠고, 그래서 진(晉)나라는 딴 형제의 것이 되고 말 것이다."

이렇게 말한 뒤 진(晉)나라로 도망쳐 돌아갔다.

이듬해인 목공 23년에 진군(晉君)인 이오(夷吾)가 죽었고 자어가 이어 즉위했다. 목공은 자어가 도망친 사건 때문에 자어를 미워하고 있었다. 그 뒤 혜공 이오의 형인 중이(重耳)를 망명하고 있던 초(楚)나라에서 불러다가 자어의 아내였던 여자와 결혼시켰다.

중이는 먼저 결혼하기를 거절했으나, 거듭 간청하기 때문에 이윽고 승낙하고 말았다. 그 뒤로부터 목공은 중이를 더욱더 우대했다. 그래서 이듬해 봄에는 진(晉)나라 중신에게 사자를 보냈고, 중이를 맞이하여 군주로 앉히라고 통고했다. 중신들이 그 뜻을 받아들였기 때문에 목공은 군대를 수행시켜 중이를 진(晉)나라로 보냈다. 그해 2월에 중이는 진군(晉君)이 되었다. 그가 바로 문공(文公)이다.

문공은 부하를 시켜서 자어를 살해했다. 그리고 자어에게는 회공(懷公)이라 시호를 주었다.

그해 가을에 주(周)나라에서는 양왕(襄王)의 아우인 대(帶)가 책(翟)의 힘을 얻어 반란을 일으켰다. 그 때문에 양왕은 피신하여 정(鄭)나라로 망명했고, 그는 이듬해인 목공 25년에 진(晉)과 진(秦) 두 나라에 사자를 파견하고 구원을 요청했다. 목공은 손수 군사를 이끌고 문공과 협력하여 양왕을 입국시켰고, 양왕의 아우 대를 살해했다.

목공 28년, 진(晉)나라 문공은 성복(城濮)에서 초군을 대파했다. 30년에 목공은 진(晉)나라 문공과 협력하여 정나라를 포위했다. 정군(鄭君)은 몰래 사자를 목공에게 보내어 전갈을 했다.

"우리 정나라를 치면 득을 보는 것은 진(晉)의 문공이며, 귀국은 아무런 이익이 없습니다. 진(晉)나라가 강해진다는 것은 오히려 진(秦)나라에 있어서는 화가 미칠 근원이 될 것입니다."

이 의견에 수긍이 간 목공이 군사를 거두어 귀국해 버렸기 때문에 진(晉)나라도 어쩔 수 없이 작전을 멈추고 말았다.

▷ 명신(名臣)의 이세(二世)들

목공 32년 겨울에 진(晉)나라 문공이 죽었다.

그때 정(鄭)나라 백성으로 자기 나라를 진(秦)나라에 팔아넘기려는 자가 나타났다.

"정나라 도읍의 성문은 제가 관리하고 있으니 제가 손만 쓴다면 쳐들어가는 것은 간단합니다."

목공은 곧 건숙(蹇叔)과 백리혜(百里傒) 등 신하를 불러 의논했다.

그러자 두 사람은,

"정나라에 가자면 딴 나라 땅을 여러 곳 통과해야만 합니다. 그렇게 먼 나라에 쳐들어가서 승리를 거둔 예는 없습니다. 더구나 정나라에 그런 매국노가 있는 이상, 우리 나라에도 그런 자와 닮은 놈이 없으란 법도 없습니다. 그것은 그만두는 편이 좋을 것입니다."하며 반대하는 데도 목공은 초조하게 서둘렀다.

"그것은 모르는 소리오, 나는 이미 결심했소."

이렇게 말한 목공은 백리혜의 아들 맹명시(孟明視)와 건숙의 아들 서걸술(西乞術), 그리고 백을병(白乙丙) 셋을 곧 원정군의 장수로 임명했다.

목공 33년 봄에 진군(秦軍)은 동쪽으로 정벌을 나섰다. 그때, 애당초의 예정을 변경하여 진(晋)나라 영토 안을 통과하지 않고 주도(周都)의 북문을 통과했다. 진군(秦軍)이 북문을 지나는 것을 본 주나라의 왕손만(王孫滿)은 말했다.

"천자가 계신 거성(居城)의 문을 지나다니 무례하기 그지 없도다. 이래 가지고는 싸움에 이길 수가 없을 것이다."

머지않아 진군은 소국인 활(滑)나라에 닿았는데 우연히 정(鄭)나라의 현고(弦高)라는 상인이 소 열두 마리를 끌고 주(周)나라로 팔러가던 길에 진군(秦軍)을 만났다. 이 사람은 군사들에게 잡혀서 죽느니 자기가 자진해서 소를 바치면서 이렇게 말했다.

"귀국에서 정나라를 치러 온다는 말을 듣고 정군(鄭君)은 조심스럽게 방비를 갖추고 있습니다. 여기에 소 열두 마리를 바치는 것은 원정하는 진(秦)나라 군사를 위로케 하라는 정군의 분부이십니다."

그 말을 듣고 진군의 세 장수가 이마를 맞대고 의논했다.

"아무래도 정나라는 우리의 계획을 알아차린 모양이오. 우리가 공격을 하더라도 실패할 것만 같소."

그래서 급히 방침을 바꾸고, 활(滑)나라를 공격하여 멸망시키고 말았는데 활나라는 진(晋)나라에 인접한 보잘것 없는 작은 나라였다.

▷ 패전(敗戰)의 책임(責任)

이때의 진(秦)나라는 문공(文公)의 상중인 데다가 아직 매장도 하지 못했다. 태자 양공(襄公)이 버럭 성을 냈다.

"진(秦)나라 놈들이 나를 멸시하다니! 상중의 기회를 엿보아 내 속국을 공격하다니!"

양공은 상복을 검게 물들여 입고 진군에 출동 명령을 내렸다. 그리고는 효산 골짜기에 진군(晋軍)을 매복시키고 진군(秦軍)이 나타나자 깡그리 쳐부셨고, 무사히 살아남은 자는 하나도 없었으며 세 사람의 장군도 생포당했다.

그런데 문공의 부인이 진(秦)나라의 공주였기 때문에, 생포된 세장군의 목숨을 구하려고 양공에게 다음과 같이 말했다.

"명령을 거역하고 활나라를 친 이 장군들을 저희 아버님께서는 뼛속에 맺히도록 원망하고 계실 것입니다. 그러니 이 자들을 다시 돌려보내서 아버님께서 응징하게 해 주셔요."

양공은 청을 받아들여 세 장군을 진(秦)으로 돌려보냈고 목공은 상복을 입고 세 장군을 도읍의 교외에까지 나아가 마중하며 손을 잡고 말했다.

"내가 백리혜와 건숙의 이야기를 따르지 않음으로써 그대들에게 수치를 끼치게 하였소. 나에게는 그대들을 처벌할 자격이 없소. 이제부터는 모두같이 수치를 벗어나도록 전념해 주기 바랄 뿐이오."

세 장군은 다시금 자기 지위에 돌려 앉혀졌고, 전보다도 더 후한 대접을 받았다.

목공 34년, 초(楚)나라 태자인 상신(商臣)은 아버지인 성왕(成王)을 살해한 뒤 왕위를 빼앗았고 또다시 맹명시 등을 장군에 임명하여 진(晋)나라를 치게 했다.

두 나라 군사는 팽아(彭衙) 땅에서 대전했으나 오히려 진군(秦軍) 쪽이 타격을 받고 철수했다.

▷ 융(戎)을 속이다.

어느 때인가, 만족(蠻族)인 융(戎)나라 왕이 유여(由余)라는 자를 진(秦)나라에 보내왔다. 본래 유여의 선조는 진(晋)나라의 망명자였으므로 유여도 중원의 말을 알아들을 수 있었다. 그런 관계로 목공의 명군(名君)다운 모습에 대해 전해들은 융왕(戎王)은 유여를 진(秦)나라에 보내 시찰토록 한 것이다.

목공은 의기 양양해서 궁중에 모아둔 금은 보화를 꺼내 보였다. 그러자 유여는 이렇게 말했다.

"귀신이 이런 것을 만들었다고 한다면 귀신도 지쳤을 것입니다. 백성들이 만들었다면 백성들도 고통을 겪었을 것입니다."

목공은 그 말뜻을 알아차렸기 때문에 이렇게 물었다.

"우리 중원 각국에서는 시서(詩書)·예악(禮樂)·법도(法度)에 따라서 나라를 다스리고 있소. 그러나 소란은 그치지 않소. 그런데 귀국(貴國)에는 별로 이렇다 할 무슨 기준이 없는 것 같군요. 무엇을 기준으로 삼아 나라를 다스리고 있소? 그런 기준이 없으면 틀림없이 어려울 것 같은데……."

그 말을 듣자 유여가 웃으면서 말했다.

"애초부터 중원 각국이 어지럽다고 하는 것은 그런 것들이 있기 때문입니다. 과연 예악이나 법도의 제정은 고대 성왕(聖王)이신 황제(黃帝) 이후부터의 일이지만, 그 당시는 황제께서 솔선하여 법도를 따르셨기 때문에 이럭저럭 나라를 다스릴 수 있었던 것입니다.

그런데 후세에 이르자 위정자들은 날로 교만해지고 법도까지 문란해져서 백성들만 책망하게 되었습니다. 착취 때문에 시달리는 백성은 인의(仁義)를 방패로 하여 위정자에게 원한을 품으려고 합니다. 때문에 위정자와 백성들의 다툼이 왕위를 찬탈하게 하고, 다시금 종족(宗族)의 멸망으로까지 발전하게 되는 것입니다. 이 모든 것이 법도의 위력만을 믿은 결과입니다.

하지만 저의 나라는 다릅니다. 위정자는 유순한 덕성(德性)

을 몸 안에 깊이 간직하고 있으며 백성들은 마음에서 우러나오는 신뢰로 윗사람을 따르고 있습니다. 나라를 다스릴 수 있는 것은 흡사 몸을 키워 나가는 것과 같이 이렇다 할 사유가 없이 다스려지는 것입니다. 그것이야말로 참다운 성인(聖人)의 정치라고 할 수 있을 것입니다."

목공은 내전으로 들어가 내사(內史 : 기록관)인 요(庶)를 불러 상의했다.

"이웃 나라에 성인이 있다는 것은 두통거리라고 말하는데, 오늘 유여와 같은 인물을 보니 나는 불안해서 견딜 수 없소. 무슨 좋은 계책이 없는가?"

"융왕은 벽지에 살고 있으니 우선 여가무단(女歌舞團)을 보내 유혹함으로써, 정치 따위를 제대로 돌보지 않도록 하는 게 좋을 것입니다.

한편으로는 유여가 여기에 머물고 싶어하는 것처럼 꾸며서 그의 귀국을 지연시킬 일입니다. 즉 유여를 가능한 여기다 잡아두고 융왕과의 사이를 떼게 하는 것입니다. 그렇게 되면 융왕은 유여에 대해서 크게 의혹을 품을 것이 틀림없습니다. 군신(君臣)의 이간에 성공한 뒤엔 포로로 만드는 일입니다. 게다가 융왕이 가무에 유혹당하면 자연 정사에 태만해질 게 뻔한 일입니다."

"과연 그거 묘안이야."

목공은 유여를 위해서 잔치를 베풀었고, 연회석에서 함께 나란히 자리를 잡는 그런 파격적인 대우를 했다. 식사를 할 때에는 손수 요리를 권하면서 매우 친근한 것 같은 정을 보임과 함께, 융나라의 지형(地形)이며 군비(軍備) 등을 질문해서 나라 정세의 대부분을 파악했다. 그 뒤에 내사(內史)인 요로 하여금 16인으로 구성된 여가무단을 융왕에게 보내게 했다. 융왕은 완전히 매혹당해서 해가 바뀌어도 여가무단을 진(秦)나라에 돌려 보내지 않았다.

그러한 융왕의 사정을 알게 된 뒤에야 비로소 목공은 유여를 귀국시켰다. 하지만 예상했던 그대로 융왕은 유여가 아무리 간 언해도 이젠 귀를 기울이려고 하지 않았다.

목공은 비밀리에 사람을 보내어 또다시 유여를 초청했다. 이 윽고 유여는 융을 버리고 진(秦)나라를 찾아왔다. 진나라는 그 를 빈객으로 맞이하여 융나라에 대한 대책을 세우는데 고문 노 릇까지 담당하게 했다.

▷ 과오(過誤)를 분명히 밝힌다

제위 36년에 목공은 맹명시(孟明視) 등을 더욱 후대한 뒤 군사를 일으켜 또다시 진(晋)나라를 공략시켰다. 진군(秦軍) 을 단번에 무찌르고 왕관(王官) 및 학(郭) 땅을 뺏음으로써 전 날 효산 골짜기에서 참패한 복수를 하였다. 진군(晋軍)은 성안 에 틀어박혀서 누구 하나 싸우려고 나오지 않았다.

목공은 모진(茅津)에서 황하를 건너 그동안 효산 골짜기에 유기된 장병들의 시체를 매장했고 또한 전장병으로 하여금 사 흘 동안에 걸쳐 호곡케 한 뒤에 이렇게 선언했다.

"그대들 장병들이여, 나의 맹세를 들으라. 우리들의 조상들은 매사에 있어 노인들의 말씀을 항상 따랐었다. 나는 그 계율을 어기고 건숙(蹇叔)과 백리혜(百里傒)의 간언을 무시했기에 수많은 충성스러운 장병을 죽음에 이르게 했도다. 실로 통탄할 일이다. 때문에 난 여기서 새로이 자손들을 위하여 나의 과오를 분명히 밝히는 것이다."

모든 장병은 이 말을 듣자 머리를 숙이며 감격의 눈물을 흘렸다.

"오! 목공이라는 분은 진실로 인간의 존엄성을 소중히 여기시는구나. 때문에 오늘의 승리를 얻은 것이 분명하다."

재위 37년에 목공은 유여가 세운 작전 계획에 따라 서쪽의 만족인 융(戎)을 토벌했다. 융왕 치하의 열두 나라를 함께 차지함으로써 영토를 천 리나 넓히기에 이르렀고, 마침내 융나라를 지배하게 되었다. 천자(天子)는 소공(召公)인 과(過)를 파견하여 목공에게 금고(金鼓)를 하사한 뒤 그 공적을 찬양했다.

▷ 목공(繆公)의 죽음

목공은 재위 39년에 사망하여 옹(雍) 땅에 매장되었다. 그러자 목공을 따라 스스로 목숨을 끊고 순사한 사람이 수백 명에 달했다.

후세 사람들은 목공을 이렇게 평가한다.

— 진나라 목공은 영토를 넓혀 나라를 융성시켰다. 동으로는 강국 진(晋)을 제압했고 서쪽으로는 융이(戎夷)를 지배했다.

그만한 업적을 이루었으면서도 그는 제후들의 맹주가 되지는 못했다. 그것은 당연한 노릇이라고 하겠는데 자기의 죽음에 있어서 후의 일을 잊고, 또한 명신들을 순사시킨 것으로도 그것을 알 수 있다. 역대의 성왕은 서거할 때에도 또한 후세를 위하여 은덕을 베풀어서 그 본을 보였다. 하물며 백성들이 애석해 여기지 않을 수 없는 명신들을 순사시키지는 않았다. 목공이 중원에 진출하지 못했던 것은 그러한 결점이 있었기 때문이다.

상앙의 법개정
상앙이 남문에 나무를 세워놓고 백성들을 시험해 보고 있다

3. 도의냐 타산이냐
― 송(宋)의 양공(襄公) ―

▷ 송양(宋襄)의 인(仁)

송나라는 소국이다. 원래 은(殷)나라의 후예인데 은에 대한 제
사가 끊어지지 않자 봉(封)함을 받은 나라다. 따라서 그 작위만
은 최고위의 공작(公爵)이긴 하지만 당초부터 기반이 약했다.

더구나 지리적으로 남북 양대 세력 사이에서 끊임없이 전화
(戰禍)를 입어 국위를 떨치지 못했다.

이 소국을 배경으로 패자가 되겠다는 허황된 생각을 한 것이
양공(襄公)이다. 재위는 기원전 650~637년. 같은 시기의 제후들
을 살펴 보면 제(齊)에는 환공(桓公)·효공(孝公), 진(晋)은 혜공
(惠公), 진(秦)은 목공(繆公), 초(楚)는 장왕(莊王)이 있었다. 이들
사이에서 양공의 야망이 과연 이루어질 것인가……

송(宋)나라 환공(桓公)은 재위 30년에 병으로 쓰러졌다. 태
자(太子)인 자보(玆甫)는 자기 대신에 이복 형인 목이에게 자
리를 양보하고 싶다고 했다. 하지만 환공은 태자의 생각이 훌
륭하다고 인정을 했으나 그 뜻을 받아들이지 않았다.

이듬해인 31년 봄, 환공이 죽고 태자 자보가 즉위했다. 그가 바로 양공(襄公)인데 양공은 목이를 재상으로 맞이했다. 바로 그때 제(齊)나라 환공이 제후들을 규구(葵丘) 땅에다 모이게 했다. 양공은 아직 선왕의 장례식도 마치지 못한 형편이었으나 그 소집에 응했다.

양공 7년에 송나라에서는 천재지변이 잇달았고 그 이듬해에 제(齊)나라 환공이 죽었다. 그러자 양공은 자기가 환공 대신에 패자(覇者)가 되리라는 야심을 품었다. 4년 뒤(양공 12년)의 어느 봄날에 양공은 자기 영토에 있는 녹상(鹿上) 땅으로 초왕(楚王)을 부르고, 자신이 제후들의 맹주가 될 것에 대하여 이해를 촉구했다. 그러자 초나라 성왕(成王)은 그것을 인정하는 뜻을 표했다.

하지만 송나라 재상인 목이는 이를 반대했다.

"소국은 소국으로서의 갈 바가 있습니다. 맹주가 되고자 한다면 반드시 화를 입을 것입니다."

목이는 간곡하게 양공의 뜻을 만류했지만 양공은 그 말을 받아들이지 않았다. 그리고 그 해 가을에 제후들을 송나라 영토에 있는 우(盂) 땅으로 초청하여 회맹했다.

"아, 졸렬한 노릇이 되고 말았다. 이런 야망이 제후들에게 통할 이치가 없다."

목이의 한탄은 과연 들어맞았다. 초왕은 회맹의 자리에서 양공을 사로잡았고, 때를 같이하여 송나라에 공격을 가해왔다. 같은 해 겨울이 되어 제후들이 박(亳) 땅에서 모였을 때에야 간신히 양공은 석방되었다.

하지만 목이는 여전히 마음이 놓이지 않았다.

"이것으로 모든 것이 끝난 것은 아니리라."

이듬해인 양공 13년 여름, 양공은 초나라 속국인 정(鄭)나라를 공격했고 목이는 절망했다.

"아! 이것으로 송나라도 끝장인가?"

과연 가을이 되자 초나라는 정나라를 구하기 위해 송나라를 공격했으며 양공은 응전하려고 했다.

"하늘은 까마득한 옛날에 우리 상(商)을 내버렸습니다. 아무래도 가망없는 노릇입니다."

목이가 필사적으로 응전을 말했지만 양공은 듣지 않았다.

그해 11월, 양공이 이끄는 송나라 군사들은 초군(楚軍)과 홍수(泓水) 가에서 싸우게 되었다. 그때 포진이 뒤늦은 초군은 겨우 도강(渡江)을 시작했다. 그것을 보자 목이가 진언했다.

"적은 큰 세력이고 아군은 약세입니다. 서로 정면 싸움은 승산이 없습니다. 적군이 강을 미처 건너오지 못한 사이에 공격을 취해야 합니다."

그 말까지 양공은 받아들이지 않았다. 그동안에 초군은 도강을 마치고 진형(陣形)을 정비하기 시작했다. 여기서 다시 먼저 공격을 기해야 한다고 간언했으나 양공은 이 말도 듣지 않았다.

"아니오, 적군의 진형이 다 잡힌 뒤에라야 하오."

하면서 좀처럼 공격 명령을 내리지 않았다. 결국 적군의 작전 준비완료가 되자 그때야 송군은 공격에 나섰다. 그 결과는 참패였다. 양공 자신도 다리에 화살을 맞아 부상하는 결과를 빚었다.

"도대체 양공은 무슨 짓을 하고 있는 거야?"

백성들이 양공을 비난하는 소리는 컸다. 하지만 양공은 잘못을 시인하려 하지 않았다.

"적이 불리할 때 공격하는 따위는 군자의 도리가 아니오. 상대방이 싸울 태세를 갖추기도 전에 어찌 진격 명령을 내릴 수 있겠소?"

목이는 이러한 양공의 사고 방식을 신랄하게 비판했다.

"싸움이란 승리가 목적이지 이 경우에는 예의가 통하질 않습니다. 그러한 생각이시라면 애초부터 싸울 일도 없이 차라리 노예가 되는 것이 좋을 것입니다."

▷ 허무한 최후

정(鄭)나라는 초(楚)나라 원군에 의해서 위기를 벗어났다. 그리하여 정나라는 초나라 성왕(成王)을 정중하게 예우했는데 성왕은 귀국하는 길에 정나라 공주 2명을 첩으로 삼아 데리고 갔다.

그 일로 정나라 대부(大夫) 숙첨(叔瞻)이 얼굴을 붉히면서 화를 냈다.

"야만인 놈들이 그 따위 짓을 하다니 온전하게 죽진 못할거다. 이쪽에서 예절을 지켜서 대우했는데 그게 무슨 수작이냐? 그래 가지고는 패자가 되지 못할 것이다."

이 해에 진나라 공자 중이(重耳)가 망명하던 차에 송나라에 머물렀다. 초나라에게 뼈저린 피해를 본 양공으로서는 장차 진나라의 원조를 받으리라는 생각에서 중이를 융숭하게 대접하며 말 80필을 선사했다.

그러나 2년 뒤의 여름에 양공은 홍수 싸움 때 입은 상처 때문에 덧없이 세상을 떠났다.

▶ 태사공(太史公)의 평

양공은 홍수 싸움에서 졌다. 그럼에도 식자들 간에는 양공을 찬양하는 예가 많다. 왜 그러냐 하면 예의가 저버려지고 있는 정세를 걱정하였기 때문이다. 그런 이유로 보자면 양공의 예의와 양보심은 다분히 칭찬할 가치가 있는 것이다.

▶ 근원적인 삶의 방법

'송양(宋襄)의 인(仁)'이라고 하면, 일반적으로는 '부질없는 인정'을 칭한다. 공리적인 생활 방식에 환한 눈에는 송의 양공이 어리석은 사람으로만 보일 것이다. 그러나 사마천의 양공에 대한 평가는 의외로 높다. 그러한 것이 없고는 인간 존재의 뜻이 없어지는 것 같은 '근원적인 것', 바로 그것을 사마천은 지적하고 있는 것이 아닌가 싶다.

4. 여희(驪姬)의 화(禍)
— 진(晉)의 헌공(獻公) —

백옥(白玉)에 생긴 흠은
갈면 없앨 수가 있다.
하지만 말에 생긴 흠은
지울 수가 없다네

▷ 자식 3형제를 멀리 보내다

진나라 헌공(獻公) 원년에 주(周)나라 왕실에 내란이 일어
나서 혜왕(惠王)이 왕위를 동생에게 빼앗기고 정(鄭)나라 도
읍인 역읍으로 망명했다.

5년에 헌공은 서편의 만족인 이융(驪戎)을 토벌하여 이희와
그녀의 동생을 잡아서 데리고 돌아와 모두 첩으로 삼고 총애했
다.

8년에 대부 사위가 헌공에게 간언했다.

"옛 진실(晉室)의 공자들이 아직 많이 살아 있습니다. 빨리
손을 쓰지 않으면 내란이 일어나고야 말 것입니다."

이런 진언에 따라 옛 진 왕실(晉王室)의 공자들은 거의 다

살해되었다. 그 뒤에 헌공은 취(聚) 땅에다 성벽을 쌓아 이름을 강(絳)이라 고치고 나라의 도읍을 이곳으로 옮겼다.

이듬해에 화를 피한 공자가 괵(虢)으로 망명했다. 괵의 군주는 이것을 구실로 군사를 이끌고 공격해 왔으나 진(晉)나라 군사들은 그들을 격퇴시켰다. 헌공 10년에는 헌공 쪽에서 괵나라를 무찌르려고 했다. 그러나 상대방 쪽에 소란이 일어나는 것을 기다리는 것이 최상이라고 사위가 간언하는 바람에 사태는 더 진전하지 않았다.

헌공 12년에, 이희가 사내아이 해제(奚齊)를 낳았다. 그리고 헌공은 해제를 태자(太子)로 삼으려고 말하는 것이었다.

"곡옥(曲沃)은 종묘(宗廟)의 소재지이며, 포읍(蒲邑)과 굴읍(屈邑)은 원래 국경의 요새이다. 이 세 곳을 꼭 내 아들들이 지키게 하지 않고는 안심이 되지 않는다."

이런 명목을 이유 삼아서 태자 신생(申生)은 곡옥으로, 공자 중이는 포읍으로, 그리고 이오(夷吾)는 굴읍으로 쫓아냈다.

결국 헌공은 도읍지인 강에다 해제를 남긴 것이다. 이 조치는 태자 신생을 태자의 자리에서 몰아내는 것을 뜻하는 것으로 여겨지게 되었다.

그리고 신생의 생모는 제강(齊姜)이라는 여자로서 제(齊)나라 환공의 공주다. 제강은 이때 벌써 죽고 없었다. 또한 같은 배에서 태어난 신생의 누이동생은 훗날 진(秦)나라 목공(繆公)의 부인이 되었다.

▷ 이것으로 만족하라

헌공 16년에 공은 군대를 상하 2군(軍)으로 편제를 바꾸고, 자기는 상군(上軍)을 거느림과 동시에 하군(下軍)의 장(將)으로는 태자인 신생(申生)을 임명했다. 한편 조숙(趙夙)과 필만(畢萬) 두 사람을 발탁하여 각기 자기가 타는 병거(兵車)의 참어(驂御) · 마구종(馬驅從 : 마부의 일종) · 참승(驂乘 : 호위하기 위하여 곁에 탐)으로 임명했다.

이렇듯 준비를 하자 주변에 흩어져 있는 소국들 곽(霍) · 위(魏) · 경(耿) 세 나라를 차례로 멸망시켜 버렸다. 승전하고 귀환한 헌공은 태자를 위해 곡옥(曲沃)에다 성벽을 쌓고 조숙과 필만에게는 각기 경나라와 위나라를 하사했고 또한 두 사람을 대부(大夫)로 임명했다.

이것을 보자 대부인 사위가 태자에게 충고했다.

"부군께서는 당신을 계승시킬 생각이 없습니다. 지금 이렇게 성을 주고 하군(下軍)의 장군으로 임명한 것은 그것만으로 만족하라는 뜻입니다. 더 이상 군주의 자리는 바랄 수 없습니다. 이 시간 어서 딴 나라로 망명하는 편이 좋을 것입니다. 우물쭈물했다가는 위험하기 그지없습니다. 아우에게 자리를 물려 준 오태백(吳太伯)의 고사와 같은 경우가 될 것입니다."

하지만 태자는 그 충고에 귀를 기울이려고 하지 않았다.

그 이듬해에 헌공은 태자에게 동산(東山) 지방의 토벌을 명했다. 그러자 대부 이극(里克)이 헌공에게 충언했다.

"모름지기 태자는 종묘 사직의 제사를 받들며 또한 아침 저

녁으로 국왕의 수라(왕의 식사)를 살펴야만 합니다. 또 흔히 국왕이 원정을 떠나실 때에는 태자가 나라 안에 머물러 있어야 합니다. 태자가 국왕을 따라 출정하는 것은 따로 나라 안에 머물러 있을 수 있는 사람이 있을 때에 한합니다. 그때 태자에게는 무군(撫軍)이라는 직함이 주어지며, 나라 안에 머물게 될 때에는 감국(監國)이라고 칭해집니다. 이것이 고대부터의 제도입니다. 모름지기 군사(軍事)란 독단 전행(獨斷專行)할 필요가 있습니다. 즉, 군대의 지휘는 국왕 또는 재상의 전결 사항이며 태자가 맡을 임무는 아닙니다. 위엄 있는 명령에 의한 통제야말로 지휘의 요점이기 때문입니다. 이것을 태자 한 사람에게 맡긴다고 할 때는 자기 멋대로 명령을 내린다치면 그것은 불효라는 죄를 범하는 것이고, 또 그렇다 하여 하나하나 국왕에게 지시를 요청하게 되면 명령자로서의 위엄이 떨어지기 마련입니다. 어쨌던 태자의 사정은 난처합니다. 그래도 좋다는 말씀이십니까?"

"내게는 자식이 많이 있소. 또한 태자를 정한 바도 아니오."

이런 말을 듣자 이극은 더 간하기를 포기하고 어전에서 물러나오는 길로 곧 태자를 찾아갔다. 태자는 근심스럽게 물었다.

"내가 태자 자리에서 쫓겨나고 마는 것이오?"

"길은 단 하나, 자기 직무 수행에 최선을 다하는 것뿐입니다. 군사의 책임을 부여받은 이상 그 책무에 이바지하는 것뿐입니다. 그렇게 하면 태자를 폐할 구실이 없습니다. 지금 부군의 기분을 언짢게 해서는 안됩니다.

자기 자신의 장래에 대하여 생각해서는 안됩니다. 이쪽에서 틈을 엿보이게 하지 않고 상대방을 비방하지 않는다면 저쪽에서는 손을 쓸 방법이 없어지기 때문입니다."

출진하는 그 날, 헌공은 태자에게 좌우 색깔이 다른 편의(偏衣)를 입히고 옥으로 만든 결(노리개)을 차게 했다. 이극은 신병을 구실삼아 종군을 사양했는데 태자의 동산(東山) 토벌은 이런 경위로서 이루어진 것이다.

▷ 함정에 빠진 태자(太子)

헌공 19년의 일이다.

헌공은 괵(虢)을 토벌할 생각을 했다.

"괵은 우리 전 전대(前前代)의 장공(莊公)과 전대의 무공(武公)이 진(晉)나라의 난리를 평정하려 했던 때부터 한결같이 구 진 왕실(舊晉王室)을 도와 우리를 대항해 왔다. 더구나 최근에는 옛 진 왕실의 망명 공자를 보호하고 있다. 지금 제재를 가하지 않는다면 장차 우리 후세에까지 화근이 될 것이다."

때문에 굴산(屈産)의 양마(良馬)를 선물로 하여 신하인 순식(荀息)을 우(虞)나라에 파견하여 진군(晉軍)이 우나라 영내를 통과하는 것을 양해해 달라고 했다. 그 뜻을 우나라가 받아들였으므로 진군(晉軍)은 괵을 공격하여 괵의 하양(下陽) 땅을 정복하고 개선했다.

언젠가 헌공은 여희(驪姬)에게 은밀히 자기 생각을 밝혔다.

"신생(申生)을 태자 자리에서 폐하고 해제(奚齊)를 태자로 봉하려는데 어떻게 생각하시오?"

이희는 눈물을 흘리면서 헌공에게 충언했다.

"그것은 당치 않은 이야기이십니다. 신생 공자가 태자라는 것은 천하가 다 알고 있는 일이 아닙니까? 그뿐 아니라 태자는 자주 무공을 세워서 백성들로부터 추앙을 받고 있습니다. 저처럼 천한 몸을 위하여 적자를 태자에서 폐하고 서자를 태자로 세우신다면 소첩은 스스로 목숨을 끊겠습니다."

하지만 실상 그것은 이희의 교묘한 연극이었다. 그녀는 겉으로는 신생을 내세우면서 속으로는 계획적으로 태자의 위세를 떨어뜨리고 자기 자식 해제를 태자로 책봉시키려는 것이었다.

그로부터 2년이 지난 어느 날, 이희는 태자 신생에게 이렇게 권했다.

"지난 밤 꿈에 부군의 베갯머리에 태자의 모후께서 나타나셨습니다. 어서 서둘러 종묘에 참배하여 제사를 올린 뒤에, 그 제물을 부군께 갖다 올리시기 바랍니다."

태자는 서둘러 생모 제강(齊姜)의 묘가 있는 곡옥(曲沃)에 가서 제사를 올렸다. 또한 한편 제물로 바쳤던 고기며 술을 헌공에게 가지고 왔다. 하지만 때마침 헌공은 사냥을 나가고 없었기 때문에 태자가 맡긴 제물로 쓴 고기며 술 등을 궁중에 놓아두게 되었다. 이희는 바로 그 제물에다 독약을 섞었던 것이다.

이틀 뒤 사냥에서 돌아온 헌공이 수라상에 차려 온 고기와 술에 젓가락을 대려고 했다. 그때 이희가 곁에서 말했다.

"상당히 먼 곳에서 가져온 것이니 우선 독이라도 들어 있지 않은지 알아보셔야 합니다."

헌공이 술병을 들어 땅 위에다 부어보니 땅이 갑자기 끓어 올랐고 고기를 개에게 던져주니 개가 바로 쓰러졌다. 다시 환관에게 시식시키니 그 자도 곧 쓰러져 죽었다.

이희는 갑자기 울음을 터뜨리며 말했다.

"태자야말로 잔악한 사람! 생부이신 부군(父君)의 목숨까지 죽이려고 하다니 딴 사람에겐 또 무슨 짓을 할 것인가. 더구나 부군께서는 연만하시어 앞으로 사시며 얼마나 더 사실 거라고 그것도 기다리지 못하고 살해하려 하다니!"

다시 이희는 헌공에게 말했다.

"태자가 이런 짓을 하는 것도 소첩과 해제 둘이 있기 때문입니다. 우리 모자가 타국으로 몸을 감추면 되는 일, 그렇지 않다면 바삐 자결을 하겠습니다. 그러는 것이 태자의 손에 죽는 것보다는 낫겠습니다. 군주께서 태자를 바꾸겠다고 하셨을 때 소첩은 그러하지 말라고 간청하였더니, 이제와서 보니 소첩이 어리석어 이 꼴이 되고 말았습니다."

태자는 그 소문을 듣고는 곧 곡옥으로 떠나갔다.

헌공은 격분하여 태자의 시종 두원관(杜原款)을 사형에 처했다.

측근자가 태자에게 이야기했다.

"그 독약 사건은 이희가 꾸며낸 모략이 아닙니까. 어째서 변명을 하시지 않습니까?"

태자는 침통해서 말했다.

"부왕께서는 늙으신 몸, 이희가 없이는 기동도 못하시고, 식사조차 제대로 못하실 것이다. 그런 부왕께서 이 사실을 아신다면 얼마나 충격이 크실까 생각하니 도저히 그럴 수가 없는 것이오."

태자에게 망명을 권유하는 부하까지 있었다.

태자는 그에게 말했다.

"그것도 안될 일이지. 설령 국외로 탈출한다손 치더라도 이런 오명을 뒤집어 쓴 몸을 누가 달갑게 맞아 주겠소? 내게 남은 길이란 자결밖에는 없소."

12월 무신 날, 태자는 스스로 곡옥의 성 안에서 자결하여 목숨을 끊었다.

▶ 파멸형
태자 신생의 비극은 자기 자신에게 주어진 환경에 매어서 결국 파멸하는 외에 딴 도리가 없었던 것이다. 물론 같은 경우에 처하더라도 운명에 맞서서 적극적으로 행동하는 인간형도 있다. 하지만 신생은 주어진 운명을 감수하고 파멸하는 타입이다.

▷ 중이(重耳)와 이오(夷吾)의 망명

그당시 중이와 이오 두 사람의 공자는 마침 도읍에 와 있었다. 그때 이희에게 이런 보고가 들어왔다.

"두 공자는 태자를 죽음으로 몰아간 것이 바로 당신이라고 노리고 복수를 꾀하고 있습니다."

그 말에 이희는 크게 놀라 재빨리 선제 공격에 나서서 헌공에게 고해 바쳤다.

"신생의 독약 사건에는 그 두 공자도 끼어 있습니다."

우물쭈물 하다가는 자기들에게도 위험이 닥쳐올 것을 안 두 공자는 도읍에서 피신했다. 그래서 중이는 포읍(蒲邑)으로, 이오는 굴읍(屈邑)으로 다시 돌아가, 각기 성벽을 굳게 지키기로 했다.

이 두 성곽이란 헌공이 두 공자를 멀리 하기 위해 대부 사위(士蔿)에게 명하여 착공시킨 것이었다. 그런데 사위는 일부러 공사를 지연시키고 있었다. 이오에게서 그런 보고를 받은 헌공이 사위를 불러 힐책했을 때, 사위는 이렇게 변명했다.

"변경에 멀리 떨어진 땅이라서 별로 이용 가치가 없다고 보았기 때문입니다."

어전에서 물러나온 사위는 다음과 같이 시를 읊었다고 한다.

훌륭한 모피도 함께 써서 낡았나니
나라는 하나인데 공자는 세 사람이라
과연 난 누구를 따라야 하겠는가

이러한 과정을 거쳐 겨우 성곽의 완성을 보게 되었는데 태자 신생이 죽은 이제 두 공자는 각기 자기가 거느리는 읍으로 돌아가 방비를 굳게 한 것이었다.

"그 두 놈은 나에게 인사도 하지 않고 도망을 쳤다. 이것이야말로 그 놈들이 음모에 함께 했다는 증거에 틀림없다."

격분한 헌공은 해가 바뀐 22년에 군사들을 포읍으로 몰아 세웠다. 포읍의 환관(宦官)인 이제(履鞮)는 중이에게 자결을 강요했다. 중이는 담장을 뛰어넘어 도망쳤고, 이제가 뒤쫓아가서 칼을 휘둘렀으나 소맷자락만 쳤을 뿐 중이는 그대로 책

(翟)나라로 달아나 버렸다.

뒤쫓는 군사들이 굴읍으로 달려갔으나 이오 일당의 완강한
저항에 부딪쳐 굴읍을 항복시킬 수 없었다.

이듬해 헌공은 가화(賈華)로 하여금 다시 굴읍을 공격케 했
다. 백성들은 함께 도망치고 성 안은 텅 비고 말았다. 어쩔 수
없이 이오가 책(翟)나라로 망명하려고 할 때, 대부 기예(冀芮)
가 반대했다.

"책나라에는 이미 공자 중이께서 몸을 의탁하고 계십니다.
또한 공자도 책나라로 망명하신다면 부군께서는 반드시 군사
를 동원하여 책나라를 치실 것입니다. 그러지 않아도 책나라는
진나라를 겁내는 중인데, 그렇게 되는 날이면 공자께서는 무사
하지 못하실 것입니다. 우선 양(梁)나라로 피하는 것이 상책이
라고 봅니다. 양나라의 이웃인 진(秦)나라는 강국이라 그것을
방패로 삼는다면 부군께서 서거하신 뒤에 쉽게 귀국하실 수 있
을 줄로 압니다."

이오는 결국 양나라로 망명했는데 과연 2년 뒤에 헌공은 책
나라로 군사를 보냈다. 책나라에서도 중이 때문에 군사를 일으
켜 진군(晉軍)을 실상 땅에서 맞아 싸웠고, 끝으로 그들을 격
파하여 몰아냈다.

그 당시 진(晉)나라는 강대했으며, 그 세력의 범위는 서쪽
지방을 영유하여 진(秦)나라와 국경을 접하고 있었으며 북쪽
으로는 만족인 책(翟)나라에까지 뻗쳤고, 동쪽으로는 하내(河
內)에까지 미치고 있었다.

▷ 남아일언 중천금(男兒一言 重千金)

헌공 26년 여름, 제(齊)나라 환공(桓公)이 제후들을 규구(葵丘) 땅에서 모이게 하여 성대한 모임을 거행했다. 그때 헌공은 신병 때문에 뒤늦게 떠났다. 그 길에 주(周)나라 재공을 찾아가 만났다. 그때 재공(宰孔)은 헌공에게 이런 이야기를 했다.

"제나라 환공은 오만이 날로 늘어나는 한편, 패자로서의 덕을 몸에 쌓으려 않고 다만 영토를 확장하는데 혈안이 되고 있습니다. 그 때문에 제후들은 모두 동요하고 있습니다. 헌공께서는 그냥 귀국하시는 것이 좋을 것입니다. 회맹에 참가하지 않았다 해서 귀국을 어쩌지는 못할 일입니다."

헌공은 신병이 재발하기도 하여 바로 다시 돌아오고 말았다. 귀국 뒤에도 헌공의 병은 위독해질 뿐이었다. 헌공은 측근의 순식을 불러 이렇게 말했다.

"내 뒤를 계승할 자는 해제(奚齊)지만 그가 아직 젊은 탓으로 중신들이 잘 따르지 않을 것이다. 또한 반란이 일어날 우려도 있을 것이다. 그렇게 될 때, 그대는 해제를 받들고 나갈 자신이 정말 있겠는가?"

"있습니다."

"그럼 그 증거는?"

"남자는 일구 이언을 하지 않습니다. 이 말씀이 무엇보다도 큰 증거입니다."

이리하여 헌공은 해제의 뒤를 순식에게 부탁했다. 순식은 재상이 되어 국정을 장악했다.

가을인 9월에 헌공이 서거했는데 대부인 이극(里克)과 비정(조鄭) 두 사람은 중이를 군주로 세우기 위해 세 공자에게 마음을 바치고 있던 신하들을 모아서 반기를 들었다.

그들은 우선 순식에게 제의했다.

"세 공자께서는 이제 원한이 폭발하려 하고 있으며, 나라 안의 세론은 물론이요, 진(秦)나라에서도 이를 지지해 주고 있습니다. 재상의 의견이 어떤지 듣고 싶소이다."

"나는 선군이 분부하신 말씀을 저버릴 수 없소."

이것이 순식의 대답이었다.

다음 달에 접어들어 헌공의 장례가 끝나지 않은 사이에 이극 일당은 상중의 궁전에 들이닥쳐서 해제를 살해했다.

순식이 순사(殉死)하려고 했으나,

"지금이야말로 태자 해제의 아우님이신 탁자(卓子)를 군주로 세워 그 뒤를 돌봐주어야 합니다."하는 충언을 받아들였기 때문에 그는 생각을 고쳐먹고, 탁자를 후계시킨 뒤에 헌공의 장례를 거행했다.

다음 달인 11월에는 또다시 이극 일당이 조정에 쳐들어와 탁자도 살해하고야 말았다. 순식은 이때 순사했는데 그 당시 군자들은 순식의 죽음에 대해서 다음과 같이 말했다.

백옥(白玉)에 생긴 흠은
갈면 없앨 수가 있다

하지만 말에 생긴 흠은
지을 수가 없다네

이렇게 시경(詩經)에 노래되고 있듯이 순식이야말로 바로 그것이다. 그는 자기 말에 목숨을 걸었던 것이다. 얘기는 거슬러 올라가는데, 헌공이 이융(驪戎)을 토벌하려고 점을 쳤을 때 "치아(齒牙)가 화를 초래한다."고 하는 점괘가 나왔다. 이희를 손에 넣어 총애했던 일이 바로 피로써 피를 씻는 이런 내란을 가져온 셈이 되었는데 이것이 진(晉)나라를 문란케 한 원인이 되었던 것이다.

5. 유전(流轉)의 공자(公子)
— 진(晉)의 문공(文公) —

"당신은 한 나라의 공자입니다. 지금은 이렇듯 망명의 몸으로 지내고 있으나 당신 나라의 백성들은 모두 당신에게 희망을 걸고 있습니다. 하루라도 빨리 본국에 돌아가 애쓰는 많은 사람들에게 보답해야만 합니다. 그럼에도 나 같은 여자에 대한 일로 정신을 쓰시다니 있을 수 없는 일입니다. 한편 저로서도 괴로운 일입니다. 당신이 그런 뜻이 없으시다면 성공이란 이루지 못할 것입니다."

혜공은 또한 춘추(春秋)의 국제 관계를 장식하는 한 사람이었지만, 이 사람에 대해서는 진나라 목공에 관한 항목에서 적은 대로다. 혜공의 재위는 13년간이고, 그 뒤에 회공(懷公)을 거쳐 문공(文公)의 시대에 이른다.

패자란 스스로 운명을 타개해 나간 사람을 이야기한다. 수많은 춘추시대의 제후들 중에서도 진(晉)나라 문공(文公) 만큼이나 파란만장한 생애를 보낸 인생은 없다. 19년 간에 걸친 망명생활, 더구나 그것도 이 나라에서 저 나라로 늘 유랑하는 세월이었다.

그런 상황에 편승하여 패자가 된 것은, 문공 그 자신의 운명이 강하다는 점도 있거니와 측근에 쓸만한 사람을 얻었기 때문이었다.

▷ 중이(重耳)의 망명(亡命)

진(晉)나라의 문공(文公)인 중이는 헌공(獻公)의 아들이다. 중이는 어렸을 때부터 사람을 아는 눈이 있어서 17세 때에 벌써 5명의 심복을 갖고 있었다. 즉 조쇠(趙衰), 숙부인 구범(咎犯), 가타(賈佗), 선진(先軫), 위무자(魏武子) 등이 그들이다.

중이가 성년이 되었을 때도 아버지인 헌공은 아직 태자의 몸이었다.

아버지가 즉위한 것도 중이가 21세 때의 일이었다.

헌공 13년에 중이는 아버지의 애첩인 여희(驪姬)의 책모 때문에 변경 땅인 포(蒲) 땅으로 밀려 나갔고, 진(秦)나라에 대한 방비를 맡게 되었다.

그로부터 8년만에 부군인 헌공은 이희의 모략을 믿고 태자 신생의 목숨을 끊게 했고 이어서 이희는 중이에게도 모략 중상을 했다.

벌써 도읍에 와 있던 중이는 부군에게 인사도 하지 않은 채 포 땅으로 돌아가고 말았다.

이듬해, 헌공은 중이를 암살하라고 중이의 측근자인 환관 이제(履鞮)에게 명했다. 중이가 담을 넘어 도망가므로 이제가 뒤를 쫓아갔다가 결국 소맷자락만을 칼로 치는데 그치고 말았다.

중이는 생모의 고향인 적(狄)나라로 도망했는데, 이때 이미 중이는 43세였고, 그의 심복 5명 외에는 이름이 알려지지 않은 부하가 수십 명이나 따라갔다.

▷ 처(妻)의 심정

중이가 적(狄)나라에 머무는 동안에 적나라의 군주는 구여(咎如)를 공격하여 구여의 공주 2명을 차지하여 언니 쪽을 중이에게, 동생 쪽을 조쇠(趙衰)에게 시집보냈다. 언니는 중이와의 사이에서 백숙(伯儵)·숙유(叔劉)의 두 아들을 보았고, 동생은 조쇠와의 사이에 아들 돈(盾)을 얻었다.

적나라에 머문 지 5년째에 진(晉)에서는 헌공이 죽었다.

대부 이극(里克)이 그 기회를 타서 중이의 옹립을 꾀하여 태자 해제와 그 아우(卓子)를 살해한 뒤, 중이를 맞이하기 위해 사자를 보내왔다. 멍청하게 꼬임수에 빠져 목숨을 빼앗겨서는 안될 노릇이라 이렇게 생각한 중이는 끝까지 귀국을 거절하였다.

이극 등 일당은 할 수 없이 중이의 아우 이오(夷吾)를 맞이하여 즉위시켰는데 그가 바로 혜공(惠公)이다.

설령 즉위는 했다손 치더라도 혜공으로 말하자면 형 중이의 존재가 마음에 걸렸다. 즉위한 지 7년째에 가서 그는 전날의 환관인 이제에게 자객을 딸려 보내서 중이를 암살토록 명했다. 그것을 재빨리 알아차린 중이는 조쇠 등 심복 부하들을 모아 의논했다.

"내가 이 적(狄)나라에 망명해 온 것도 이곳을 발판으로 삼아 재기하겠다는 심산이 있어서가 아니었다. 단지 지리적으로 진(晉)나라에서 가깝다는 이유 때문에 바로 달려온 것에 불과하였는데, 그 휴식을 너무 오래 끌었다. 때문에 거듭 다른 큰 나라로 옮겨갈 생각으로 있었다. 그런데 제(齊)나라 환공(桓公)으로 치자면 경륜이 풍부한 데다가 패자로서 제후들을 계속 규합시키려 하고 있다.

그런데 들리는 말에 의하면 제나라의 두 기둥인 관중(管仲)과 습붕(隰朋)이 쓰러지고 말았다는 소식이다. 반드시 그들을 대신하여 환공을 보좌할 수 있는 우수한 사람을 찾고 있을 것이 틀림없다. 그러니 제나라야말로 우리가 갈 곳이 아닐까?"

이리하여 중이 일행은 제나라로 옮겨가게 되었다.

출발에 임하여 중이는 아내를 불러 이렇게 말했다.

"반드시 당신을 데리러 온다. 하지만 25년을 기다려도 돌아오지 않는다면 딴 좋은 사람을 만나도록 하라."

그러자 아내는 빙긋 웃으며 이렇게 대답했다.

"25년이 지나간다면 벌써 제 무덤에는 큰 나무가 서 있을 것입니다. 그래도 전 기다리겠습니다."

그리하여 중이는 자기가 체류한 지 12년만에야 적나라를 뒤로 하여 길을 떠난 것이다.

▷ 제국(齊國)을 떠나다

일행은 우선 위(衛)나라에 들렀지만 위나라 문공(文公)이 냉정하게 이야기하므로 그곳을 떠났다. 그들이 오록(五鹿)이라는 마을에 이르렀을 때 너무나 허기진 나머지 농부에게 먹을 것을 좀 달라고 청했다. 그러자 그 농부는 토기에다가 흙을 담아 내주었다. 앞뒤의 생각을 할 겨를도 없이 중이는 무례한 놈이라고 격노하여 소리치려 했으나, 조쇠(趙衰)가 만류했다.

"흙을 받는다는 것은 오래지 않아 영토를 받는다는 길조입니다. 감사의 뜻으로 받아두는 것이 좋을 것입니다."

일행은 제(齊)나라에 도착했다.

제나라 환공은 그들을 크게 환대해 주고, 자기 혈족 중에서 규수 하나를 중이에게 시집보냈다. 그뿐 아니라 말을 80마리나 선사했다. 여기서 중이는 그럭저럭 자리를 잡고 있게 되었으나, 다음 해가 되자 환공이 죽고 수조(竪刁) 일당이 내란을 일으켜 나라 안이 어지러웠다. 효공(孝公)이 뒤를 이었으나 국력의 쇠약을 막을 길은 없고, 각국의 군사들이 종종 침공하기에 이르렀다.

제나라에 머문 지도 어느새 5년째를 맞이했다. 중이는 부인을 매우 사랑하여 이제는 제나라를 떠날 생각마저 잊고 있었다. 어느 날 조쇠(趙衰)와 구범(咎犯)이 뽕나무 밑에서 떠나갈 것을 몰래 의논하고 있는데 우연히도 그 나무 위에 올라가 있던 부인의 시녀가 엿듣고 말았다. 시녀는 당장 그 사실을 부인에게 고해 바쳤다. 하지만 그 부인은 오히려 그 시녀를 죽여 버리고 중이에게 하루라도 빨리 제나라를 떠나라고 권유했다. 하지만 중이는 말을 들으려 않았다.

"평생을 탈 없이 무사하게 지낼 수 있다면 다른 일은 상관이 없소. 나는 이 고장에다 내 뼈를 묻을 작정이오. 딴 곳으로 갈 마음은 아예 없구려."

그러나 부인은 강조했다.

"당신은 한 나라의 공자입니다. 지금은 이렇듯 망명의 몸으로 지내고 있으나 당신 나라의 백성들은 모두 당신에게 희망을 걸고 있습니다. 하루라도 빨리 본국에 돌아가 애쓰는 많은 사람들에게 보답해야만 합니다. 그럼에도 나 같은 여자에 대한 일로 정신을 쓰시다니 있을 수 없는 일입니다. 한편 저로서도 괴로운 일입니다. 당신이 그런 뜻이 없으시다면 성공이란 이루지 못할 것입니다."

그녀는 조쇠 등과 의논하여 중이를 잔뜩 술에 취하게 한 다음에 수레에 태워 떠나게 했다. 술에서 깨어났을 때는 이미 먼 고장에 이르고 있었는데 중이는 미쳐 날뛰며 창을 들어 구범을 찔러 죽이려고 했다.

"저를 죽이시고 대업을 성취하신다면 어서 처분대로 하십시오."

"성공하지 못한다면 숙부의 살을 씹어 먹겠다!"

"그때는 이 범(犯)의 살이 썩어 있을 것인즉, 먹을 수는 없을 것입니다."

이 싸움이 수습되어 일행은 그대로 제나라를 떠났다.

▷ 벽옥(璧玉)을 되돌려 주다

일행은 조(曹)나라에 당도했다.

그런데 조나라 공공(共公)은 그들을 냉정하게 대할 뿐만 아니라 중이의 힘센 장사의 갈빗뼈를 보고 싶다고 내세우는 것이 아닌가. 대부 희부기(釐負羈)가 간언했다.

"공자께서 매우 뛰어나신 분이며 한편 저희 군주와는 동성

(同性)이 아닙니까? 역경에 처해서 우리나라에 들르셨다고 하는데 그와 같이 대해서는 안될 것입니다."

그러나 공공은 들으려고 하지 않았다. 그래서 부기는 남몰래 음식을 보내고 음식 그릇 속에는 벽옥(壁玉)을 넣었다.

중이는 음식만은 감사히 받아들였으나 그 벽옥만은 되돌려 보내고 말았다.

중이 일행은 그 뒤에 송(宋)나라에 머물렀다.

송나라 양공(襄公)은 때마침 초(楚)나라와 싸워 고배를 마신 뒤에 그 자신도 홍수(泓水) 싸움에서 부상을 입고 있었다. 중이의 역량을 알고 있었기 때문에 군주와 동등한 예를 갖추어 일행을 후대했다. 송나라 사마(司馬) 공손고(公孫固)는 예전부터 구범과 격이 없는 사이였다. 그래서 공손고는 친한 사이에 이렇게 충고했다.

"보는 바와 같이 우리나라는 작은 나라인 데다가 지금 난국에 처해 있는 형편이네. 우리로서는 대우하기가 어려운 처지니 어디 큰 나라로 옮겨가는 게 좋겠소."

그래서 일행은 송(宋)나라를 떠나서 정(鄭)나라로 갔지만 정나라 문공(文公)은 그들을 제대로 대접하지 않았다. 대부 숙첨(叔瞻)이 군주에게 간했다.

"진(晋)나라 공자로 말하자면 매우 총명한 데다가 그분의 부하들은 그 누구 할 것 없이 일국의 재상감으로 손색이 없습니다. 그렇지 않더라도 두 나라는 동성(同性) 사이로서, 우리 정나라의 조상은 여왕(厲王)으로부터 나라를 세웠고, 진(晋)나라의 조선은 무왕(武王)으로부터 시작되어 있습니다, 때문에 예의에 벗어나서는 안됩니다."

"하지만 각국의 공자들이 이처럼 찾아오고 있으니 일일이 상대해 줄 수는 없지 않소."

"그러시다면 차라리 죽여버리고 마십시오. 그렇지 않으면 후일 반드시 우리 나라를 위협하는 존재가 될 것입니다."

그러나 문공은 그 말에도 따르지 않았다.

▷ 삼사(三舍)를 피함

중이(重耳)의 일행은 남쪽의 큰 나라인 초(楚)나라로 떠났다. 초나라에서는 성왕(成王)이 제후와 똑같은 예를 갖추어 중이를 환대해 주었다. 분에 넘치는 환대라고 중이는 정중하게 그 예를 사퇴하려 했다. 하지만 곁에 있던 조쇠(趙衰)가 권했다.

"받아들이십시오. 나라를 등진 지 어느덧 10여 년이나 되는 사이에, 대국은 말할 것도 없고 소국에서도 쌀쌀한 대접만 받아왔습니다. 그럼에도 초나라는 대국이면서도 공자를 정중히 맞이해 주고 있습니다. 물러나서는 안됩니다. 이는 곧 하늘의 가호이십니다."

결국 중이는 빈객의 예절을 갖추고 성왕을 알현했다. 성왕은 중이를 후히 대접했는데 중이의 태도가 너무도 겸손하므로 성왕은 농담을 했다.

"그런데 앞으로 뜻한 대로 귀국하게 되면 내게 무슨 선물을 보내주시겠습니까?"

"새의 깃털, 짐승의 모피, 상아(象牙), 옥백(玉帛 : 구슬과 비단) 등은 군왕께서 많이 갖고 계시니 무엇을 바쳐야 할지 모르겠습니다."

"그렇다고는 하더라도 어떤 한 가지쯤은 선물을 받고 싶습니다."

"그러면 이렇게 하시지요. 어쩌다 장래에 할 수 없이 군왕의 군사들과 함께 우리가 들판에서 싸우게 될 때에는 우리 군사가 90리를 후퇴하기로 하겠습니다."

성왕에게서 이 말을 전해 들은 장군 자옥(子玉)은 노발대발했다.

"성상이시여, 성상께서는 상대가 진(晉)나라 공자이기 때문에 너무 넘치는 환대를 하셨습니다. 그런데도 중이라는 자는 도대체 제 분수를 모르고 있습니다. 제발 그 자를 죽이라고 명하십시오."

"안되오. 공자는 오랫동안 국외로 다니며 고생한 뒤에 얻은 체험으로 지금처럼 총명해졌소. 부하들로 말하더라도 모두 다 한 나라의 정승감이오. 이것이야말로 하늘이 정하신 바요, 죽인다는 것은 생각할 수 없는 일이요. 모름지기 지금의 공자의 입장으로 그밖에 어떤 대답을 하겠소?"

초나라에 머문 지 몇 달이 흘러간 무렵에 인질로 있던 진(晉)나라 태자 자어(子圉)가 진(秦)나라에서 탈출한 사건이 일어났다. 진에서는 자어의 배신에 크게 노하는 한편, 중이가 초나라에 머물고 있다는 것을 알자 중이를 초청하려고 사자를 보냈다.

"보는 바와 같이 우리 나라는 중원(中原)에서 멀리 있어서 진(晉)나라로 돌아가자면 많은 나라를 통과해야만 합니다. 그 점에 있어서 진(秦)나라는 이웃이오, 또한 진군(秦君)은 명군(名君)으로 알고 있습니다. 이것을 계기로 꼭 그리 가는 게 좋겠소."

성왕은 이렇게 권하면서 중이를 후히 대접해서 보냈다.

3사(三舍)란 사흘 동안의 행정(行程)인 90리를 뜻하며, '3사를 피한다' 하는 격언(상대방에게 한 수 두고 뒷걸음친다고 하는 의미)의 어원(語源)이기도 함.

▷ 망명(亡命) 19년만의 귀국

중이(重耳)는 진(秦)나라에 도착했다.

진나라 목공(繆公)은 자기 집안의 아가씨 다섯 사람을 주며 환대했다. 그 아가씨들 중에는 진(秦)나라를 탈출한 자어(子圉 : 중이의 조카)의 아내까지 포함되어서 예상대로 중이는 망설였다. 그때 사공(司空)인 계자(季子)가 진언했다.

"도대체 자어의 나라를 정벌하겠다는 분께서 부인을 거절하시다니 어찌된 셈입니까? 이유없이 받아들이시고 우리 진(秦)나라와 인척의 인연을 맺어 귀국하시는 방패로 삼으실 일입니다. 사소한 환대에 구애되어 큰 뜻을 잊는 일이 있어서는 안될 것입니다."

결국 중이는 그 청을 받아들였고, 목공도 마음 속으로부터 기뻐하여 중이와 축배를 들었다.

축하연 자리에서 조쇠(趙衰)는 망향의 그리움 속에 〈서묘(黍苗)의 시〉를 읊었다.

"얼마나 고국에 돌아가고 싶어하는지 그 마음 속을 내 가히 알 수 있소이다."

이렇게 목공이 받아들이니, 중이와 조쇠는 계단 아래로 내려서며 머리를 조아렸다.

"아무 힘도 없는 저희들의 입장과 뜻을 염려하여 헤아려 주심은 마치 곡식이 단비를 맞는 것과 똑같습니다."

때는 다가와 진(秦)나라 목공은 당장 군대를 동원하여 중이의 귀환을 원조해 주었다. 진군(秦軍)이 출동했다는 정보에 진(晉)나라 쪽에서도 군대를 동원하여 제지하려고 했지만 그러나 이미 중이의 귀국은 은밀한 기정 사실이 되어 있었고 이에 반대하는 것은 겨우 혜공 시대의 중신인 여성(呂省)·극예(郤芮) 일파뿐이었다.

국외로 망명한 지 19년만에 중이는 결국 귀국에 성공한 것이다. 이미 그의 나이 62세에 이르고 있었으나 그의 귀국은 많은 사람들의 지지와 환영을 받게 되었다.

▶ 처신(處身)의 지혜
중이의 성공의 이유는 어느 쪽이냐 하면 자기 자신이 적극적으로 진로를 개척한 것이 아니다. 그는 단 하나인 덕(人德)을 몸에 쌓았으므로 국내에서는 물론 국제적으로도 동정과 지지를 받아 결국 군주의 자리에 추대되었다. 처신의 지혜라고도 할 만한 처세법이다.

▷ 주실(周室)의 효용

그리하여 귀국한 중이 문공(文公)은 망명한 회공(懷公)을 죽였고, 회공(懷公)은 당시에 요직에 있던 여성(呂省)과 극예(郤芮) 일파의 반란을 진압한 뒤에 내정(內政)의 충실을 기하고 논공행상을 했다. 문공과 고락을 같이 했던 신하들은 많다. 또한 그들의 기대도 또한 컸다. 한편에서는 포상을 바라는 풍조를 거부하고 물러선 사람들도 있었다.

문공(文公) 2년의 봄, 진(秦)나라가 진령(晉領)인 하상(河上) 땅에 진주해서 진(晉)으로 피신하고 있던 주(周)나라 양왕(襄王)을 주나라로 복귀시키려고 했다. 이 형편을 보고 조쇠가 문공에게 진언했다.

"패자(覇者)가 되기 위해서는 자신 손수 주왕을 복귀시켜 주실(周室)을 받드는 게 중요한 일입니다. 우리 진(晉)나라는 주나라와 동성(同姓), 즉 희성(姬姓) 사이입니다. 그럼에도 우물쭈물하다가 진(秦)나라에게 기선을 잡히는 날이면 장차 우리나라는 천하를 호령할 순간을 놓치고 말 것입니다. 지금이야말로 주왕을 추대해 주어 장래에 준비할 일입니다."

이러한 진언을 받아들인 문공은 3월 갑진(甲辰) 날, 주령(周領)인 양빈(陽樊)으로 군사를 진격시켜 온(溫) 땅을 포위하고 양왕을 원래의 지위로 복귀시켰다.

다음 달인 4월, 진(晉)나라는 양왕의 아우 대(帶)를 살해했고 양왕은 그것을 감사하여 진(晉)에게 하내(河內) 땅인 양빈

(陽樊)을 넘겨 주었다.

▷ 지금이 기회다

문공 4년, 초(楚)나라 성왕(成王)은 제후들을 규합하여 송
(宋)나라 도읍을 포위했고 송나라는 진(晉)나라로 공손고(公
孫固)를 급파하여 구원을 요청했다.
중신 선진(先軫)이 문공에게 이렇게 진언했다.
"오늘이야말로 송나라의 옛 은혜를 갚고 패자가 될 지위를
확보할 수 있는 기회입니다."
호언(狐偃 : 구범(咎犯))도 곁에서 헌책(獻策)했다.
문공은 출전 명령을 내렸고. 군대를 상군·중군·하군 등 3
군으로 편성하였다.
조쇠의 추천에 따라서 극곡(郤穀)을 중군(中軍)의 장(將)으
로, 극진(郤臻)을 부장(副將)으로 임명했다.
호언에게는 상군(上軍)을 맡겼으며 호모(狐毛)를 부장으로
삼았고 조쇠 자신은 경(卿)에 임명됐다. 하군(下軍)의 장은 난
지(欒枝)로 하고 선진을 부장으로 했으며 문공의 병거(兵車)
는 순임보(荀林父)가 이끌고, 위추(魏犨)가 곁에 탔다.
편성을 마치자 곧 진군(晉軍)은 작전을 개시하여 12월에 우
선 태행산(太行山) 동부 일대를 공략했다. 그리고 문공은 조쇠
에게 원(原) 땅을 맡겼다.

▷ 문책당한 조후(曹侯)

문공 5년의 봄, 문공은 조(曹)나라를 칠 계획을 세우고 우선 위(衛)나라에 통행 허가를 요청했지만 거부당했다. 어쩔 수 없이 위나라를 우회하여 황하(黃河)를 건너 조나라를 공격한 다음 다시 위나라를 공격했다.

1월에는 먼저 위나라의 오록(五鹿) 땅을 점령했고, 2월에 문공은 제후(齊侯)와 염우(斂盂) 땅에서 동맹을 맺고 배후의 불안을 제거했다. 위후(衛侯)가 동맹을 체결하자고 요청해 왔으나 진(晉)나라는 응하지 않았다. 그러자 위후는 초(楚)나라의 지원을 얻으려고 했지만 위나라의 여론은 그것에 반대했다. 이윽고 신하들은 위후를 몰아낸 뒤 진(晉)에게 그 뜻을 밝히게 되었다. 위후는 양우(襄牛) 땅에서 숨어 살았다.

이 무렵 초나라 쪽에 붙어 있던 노(魯)나라가 위나라의 서울을 지켜주기 위해 공자인 매(買)를 파견했다. 초나라도 위나라 구원을 위해 출병했지만 진군(晉軍)을 이길 수는 없었다. 계속하여 문공은 조도(曹都)를 포위 격파하여 3월 병오(丙午) 날에 입성했다.

그로부터 얼마 후 초나라와 송나라의 분쟁이 재연하여 초군은 송도(宋都)를 포위하였다. 송나라는 곧 진(晉)나라에 구원을 청했다.

목공은 어떻게 해야 할지 매우 난처했다. 구원군을 보낸다면 필연적으로 초나라와 싸워야 하기 때문이었다. 하지만 초나라의 성왕(成王)에게는 전날에 후대를 받은 은혜가 있기 때문에 맞싸울 생각이 내키지 않았다. 그건 그렇다고 하더라도 송나라에게도 은혜를 입었으니 그도 역시 어찌할 수는 없었다. 결단을 내리지 못하고 있자 선진(先軫)이 문공에게 진언했다.

"우선 조군(曹軍)의 신변을 구속하고, 조(曹)와 위(衛) 땅을 송나라에 나누어 양도하는 일입니다. 초나라가 양국의 구원을 하러 갈 때 송에 대한 포위는 저절로 풀어질 것이 아니겠습니까?"

문공은 재빨리 그 계책을 받아들였다. 결국 초나라 성왕은 포위망을 풀은 뒤 철군하고 말았다.

▷ 성복(城濮) 싸움

이러한 진(晋)나라의 처사를 보며 초나라 장군 자옥(子玉)은 몹시 화를 냈다.

"진후(晋侯)는 그 옛날 우리 군주로부터 최대의 대우를 받던 존재다. 뿐만 아니라 우리 초나라 입장을 잘 알고 있음에도 불구하고 조(曹)와 위(衛)를 침략하다니 우리 군주를 우롱해도 분수가 있지."

하지만 오히려 성왕은 자옥을 꾸짖었다.

"진후(晋侯)로 말하자면 19년간이라는 고통스런 망명 생활의 고난을 겪은 뒤 마침내 복귀를 성취한 인물이다. 역경을 물리치고 살아났을 뿐 아니라 백성들을 잘 다스리고 있다. 진후(晋侯)의 오늘이 있기까지에는 하늘의 가호에 의한 것으로 감히 진후와 싸워서 이길 수 있는 상대는 없다."

하지만 자옥은 순순히 물러서지 않았다.

"저는 결코 저의 공명심에서가 아니라, 저를 무능하다고 중상하는 무리의 입을 틀어막고 싶습니다. 원컨대 공격하도록 허락해 주시기 바랍니다."

자옥은 재빨리 완춘(宛春)을 사자(使者)로 보내어 진(晋)나라에 이렇게 요청했다.

"위후(衛侯)의 몸을 위나라로 돌려주고, 조(曹)나라 영토를 먼저처럼 돌려 주기 바란다. 그렇게 되면 우리도 송나라에서 손을 떼겠다."

이 요청을 받자 진(晋)의 구범(咎犯)은,

"우리 군주에게는 두 가지를 양보하라 요구하면서 저는 한 가지만 양보하겠다니 무슨 무례한 짓인가. 결코 받아들일 수 없다."

하지만 선진(先軫)은 반대 의견이었다.

"모름지기 예절이라고 하는 것은 사람의 지위(地位)를 안전하게 지켜주는 일입니다. 초나라가 요청하는 것은 위·조·송 세 나라를 안전하게 이끌려는 일입니다. 이에 대한 지금의 의견은 그 세 나라를 멸망으로 몰아넣는 결과를 초래합니다. 첫째 초나라의 요청을 거부한다는 것은 송나라를 저버리는 격이 됩니다. 그래서 우선 은밀하게 조나라와 위나라를 전처럼 복귀시켜 주고 그 두 나라를 우리 편으로 만들고, 뒤에 완춘을 잡아 가두어 초나라를 건드려 전쟁으로 끌어들일 일입니다. 조와 위 두 나라에 대한 처리는 그 뒤에 생각해도 좋을 것입니다."

문공은 이 의견에 따라 자옥의 사자 완춘을 위(衛)나라에서 생포하는 한편, 조나라와 위나라를 본래 상태로 되돌려 주었다. 이 조치는 생각한 대로 조나라와 위나라로 하여금 초나라에 단교할 것을 알리게 했다.

예상대로 초나라의 자옥은 격분하여 공격을 가해 왔다. 그러자 문공은 진군(晉軍)을 후퇴시켰다.

"어째서 퇴각하십니까?" 하고 한 장군이 문공에게 까닭을 물었다.

"지난 날 내가 망명 당시에 초나라에 신세를 진 일이 있다. 그때 난 은혜를 갚기 위해 한 번만 90리를 후퇴하기로 약속했다. 약속을 어길 수는 없다."

이 때 초군(楚軍) 내부에서는 철퇴할 의견이 지배적이었으나 자옥이 완강히 이를 받아들이지 않았다.

4월 무진(戊辰) 날에 송나라 성공(成公)과 제(齊)나라 장군 국귀보(國歸父), 진(秦)나라 장군 소자(小子), 진(晉)나라 문공 등은 위나라 영토인 성복(城濮) 땅에 군사를 모았다. 이튿날 이 네 나라 연합군은 초군과 격돌했다. 초의 자옥은 패잔병을 모아서 철수했다.

개선하는 진(晉)나라 군사들은 갑오(甲午) 날에 정(鄭)나라 영토인 형옹(衡雍)에 도착했고, 이어서 천토(踐土) 땅에다 주(周)의 양왕(襄王)을 위해 왕궁을 신축했다.

▷ 문공(文公), 패자(霸者)가 되다

그런데 성복(城濮) 땅에서 싸울 때, 정나라는 초나라와 한편

이었으나 초군(楚軍)이 패한 것을 겁내어, 문공에게 동맹의 체결을 요청해 왔고 문공은 그것을 받아 들여 정백(鄭伯)과 동맹을 맺었다.

5월 정미(丁未) 날에 문공은 주(周)나라 양왕에게 초군의 전리품과 포로들을 바쳤다. 병거(兵車) 1백 대, 보병(步兵) 1천 명에 달했으며 이에 답해서 양왕은 대부(大夫)인 왕자호(王子虎)를 사자로 문공에게 패자로서의 지위를 인정하였고 또한 의식용의 큰 수레 1대와 붉은 옻칠을 한 활과 화살 1백 개, 검은 옻칠을 한 활 10개와 화살 1천 개, 수수로 담근 술 한 통과 용사 3백 명을 하사했다. 문공은 세 번이나 사양한 뒤에 머리를 조아리고 하사품을 받아들였다.

이리하여 진(晋)나라 문공은 패자로 군림하게 되었던 것이다. 계해(癸亥) 날에 왕자호는 천토(踐土)에 세운 왕궁에서 제후들과 회맹한 자리에서 문공이 패자임을 각기 인정하게 했다.

▷ 승리 다음의 불안

성복 싸움에서 진군(晋軍)이 초나라 진영에다 지른 불길이 며칠 동안이나 계속되었다.

문공은 그 광경을 바라보면서 깊이 탄식을 했다. 측근들이 의아하게 생각하여 물었다.

"이제 승리를 했는데 어떤 생각 때문에 걱정을 하십니까?"

"싸움에 승리한 뒤에 불안을 느끼지 않는 것은 성인(聖人)뿐이라고 하오. 범안(凡人)인 내가 안심할 수 없다는 것은 당연한 일이요. 무엇보다도 지금 그 자옥이란 자가 살아 있으니 어떻게 마음을 놓고 기뻐할 수 있겠소?"

한편 싸움에 진 자옥이 초나라로 돌아가자 성왕은 자옥이 왕의 뜻을 어기고 진나라에 도전한 사실을 들어 준엄하게 책임을 추궁했다. 그 때문에 자옥은 스스로 목숨을 끊었다.

그 소식을 전해 듣고 문공은 이렇게 중얼거렸다.

"내가 밖에서 무찌르고, 초나라가 안에서 해결해 준 셈이다. 내외가 호응했다는 결과가 되었군……."

하면서 그제서야 비로소 기쁨을 감추지 못했다.

6월에 진(晋)나라는 위후(衛侯)를 군주의 자리에 복귀시켜 주었다.

임오(壬午) 날, 문공은 황하(黃河)를 북쪽에서 건너 귀국했는데 이어서 논공행상에 들어가, 공로자의 머리에 호언(狐偃)을 내세웠다.

"성복 싸움에서의 승리는 선진(先軫)께서 세우신 작전이 성공했다고 봅니다"하고 부하 한 사람이 이견을 이야기하자 문공은 말했다.

"사실이 그렇다. 하지만 성복 싸움에 직면했을 때 호언은 나에게 신의를 저버려서는 안된다고 말했고, 선진은 전쟁에 있어서 승리가 제일 중요하다고 했다. 과연 나는 선진의 진언을 받아들여 승리를 굳혔다. 하지만 그것은 일시적인 이익만을 내세우는 주장인데 반해서 호언은 먼 장래까지 이르는 공적에 대해서 말하고 있었다. 한때의 이익이 만세(萬世)의 공보다도 위에 놓일 이치는 없는 것이다. 그러므로 나는 호언을 필두에 내세운 거다."

그 해 겨울, 문공은 온(溫)에서 회맹을 주재(主宰)했다. 가능하다면 제후들을 거느리고 왕도(王都)에까지 나가 왕을 알현하고 싶었다. 하지만 그렇게 하는 경우, 진(晋)나라의 실력을 스스로 살펴볼 때 이반자(離反者)가 생길 가능성이 다분히 있었다. 때문에 주(周)나라 양왕에게 사자를 보내서 하양(河陽)까지 나와서 사냥이라도 하자고 요청했다. 그래서 임신(壬申) 날 문공은 천토의 땅에서 제후들을 거느리고 양왕을 알현하게 된 것이었다.

훗날 공자(公子)는 사관(史官)의 기록을 살펴 나가다가 이 대목에 이르자 문공의 행위를 비판하여 이렇게 말했다.

"제후의 몸으로 왕을 불러낸다는 것은 잘못이다. 「춘추(春秋 : 여기서는 원본을 가리킴)」에는 왕이 하양(河陽)에서 사냥을 했다고 기록되어 있는데 그것은 진상을 사실대로 묘사하기를 기피한 것이다."

▷ 동성(同姓)의 친분

정축(丁丑) 날에 제후(諸侯)들이 조(曹)나라 영토인 허(許)를 포위했는데 조나라 신하 한 사람이 문공에게 항의했다.

"지난날 제(齊)나라 환공께서는 회맹의 우두머리가 되셨을 때 동족(同族)이 아닌 나라까지도 훌륭하게 살펴 주셨습니다. 그럼에도 불구하고 문왕께서는 회맹의 우두머리가 되시니 동성의 동족까지 멸망시키려 하십니다. 이것은 어찌된 사유입니까? 우리 조(曹)나라는 숙진탁(叔振卓)의 자손이요, 귀국은 당숙(唐叔)의 자손인즉 곧 두 나라는 형제 관계에 있습니다. 제후들을 거느리시는 처지에 있으시면서 형제의 나라를 치신다는 것은 어찌 예의에 벗어난 일이라 하지 않을 수 있겠습니까?"

문공은 과연 그렇다고 수긍하고 조(曹)나라에 조백(曹伯)을 복귀시켰다.

진(晋)나라는 여기서 비로소 종래의 군제(軍制)인 3군 외에 3행(三行)의 보병 부대를 편성했다. 그래서 순임보(荀林父)를 중행(中行), 선곡(先穀)을 우행(右行), 선멸(先蔑)을 좌행(左行)의 장군으로 임명했다.

▷ 문공(公文)의 죽음

문공 7년에 공은 진(秦)나라 목공(繆公)과 연합하여 정(鄭)나라 도읍을 포위했다. 정나라를 공격한 것은, 첫째 지난날 문공이 망명 시기에 그 나라에 들렀다가 냉대를 받았기 때문이요, 둘째는 성복(城濮) 싸움 때 정나라가 초나라를 편들었기 때문이다.

정나라 도읍을 포위한 문공은 숙첨(叔瞻)을 내놓으라고 요구했다. 숙첨은 전날 중이(重耳 : 文公)가 정나라에 들렀을 때 중이를 죽이자고 이야기한 일이 있었다. 숙첨은 스스로 목숨을 끊었고, 정군(鄭君)은 그 시체를 진군(晉軍)의 진영에 보내서 용서를 빌었다. 하지만 문공은 화를 풀지 않고 이렇게 말하는 것이었다.

"정군(鄭君)을 꼭 잡지 않고는 내 화가 풀리지 않는다."

이 사실을 들은 정군은 부들부들 떨었다. 그래서 이 위기에서 벗어나고자 진나라의 목공에게 밀사를 보냈다.

"지금 우리 정(鄭)나라에는 과연 어떤 득이 있습니까. 우리나라를 존속시켜 장차 동쪽을 정벌할 때 우리나라를 이용하심이 진(秦)나라로서는 득책(得策)이 아니겠습니까?"

목공은 그 뜻을 납득하고 군사를 철수시켰는데 문공도 어쩔 수 없이 군사를 철수했다.

문공 9년 겨울에 문공은 세상을 떠났으며 아들인 양공(襄公) 환(歡)이 뒤를 이었으며 같은 해에 정백(鄭伯)도 세상을 떠났다.

6. 정(鼎)의 경중(輕重)
― 초(楚)의 장왕(莊王) ―

초(楚)나라는 남방의 큰 나라. 중원(中原)의 문화권에 대하여 초는 남방의 독자적인 문화권을 형성하고 있었다. 초는 주변의 소국들을 차례차례 멸망 시키고 미개 지역을 정복함으로써 성왕(成王) 시대에는 흔들릴 수 없는 대왕국을 건설하고 있었다. 중원 각국과의 접촉도 많아서 망명자들이 보호를 요청하며 모여왔다.

성왕은 신하들의 반대를 무시하고 상신을 태자로 책봉하지만 그 뒤 다시 폐적하려고 한다. 상신은 성왕을 살해하고 왕위에 즉위했으며 이윽고 침략의 손을 넓게 뻗친다. 목왕의 뒤를 이은 것이 장왕이다. 재위는 기원전 613 ~ 591년.

▷ 3년 동안을 울지도 날지도 않다

장왕은 즉위한 지 3년 동안 정령(政令) 하나 발표하는 일 없이 24시간 놀기만 했다. 뿐만 아니라 다음과 같이 포고했던 것이다.

"간(諫)하는 자는 사형에 처하리라."

그러나 간언하는 신하는 있었다. 우선 오거(伍擧)가 장왕에게 알현하고자 했다.

장왕은 왼팔에는 북쪽 정(鄭)나라 미희(美姬)를, 오른팔에는 남쪽 월(越)나라 미인을 안고 악사(樂師)들에게 둘러싸인 채 오거를 맞이했다.

"수수께끼를 하나 풀어 보십시오."

"말해 보오."

"언덕 위에 새가 한 마리 있습니다. 3년 동안이나 날지도 않습니다. 이 새는 무슨 새입니까?"

"3년을 날지 않았어도 단숨에 하늘 꼭대기에 이를 것이며 3년을 울지 않아도 한 번 울기 시작하면 세상을 놀라게 할 것이다. 그대가 이야기하고자 하는 것은 알고 있다. 그만 물러가거라."

그로부터 수개월 간, 장왕의 놀이는 더욱 심해져서 음란이 극에 달했다.

이번에는 대부 소종(蘇從)이 나섰다.

장왕은 그에게 이야기했다.

"간언하는 자는 참하리라고 포고한 바 있다. 알고 있겠지?"

"군주께서 제 정신을 되찾으실 수만 있다면 이 한 몸 죽음을 당한들 무슨 여한이 있겠습니까?"

이때를 기하여 장왕은 향락을 뚝 그치고 정사(政事)에 몰두하였다. 우선 인사(人事)를 쇄신했다. 단번에 수백 명을 처분하고 신인을 등용시켰고, 오거와 소종 두 신하에게 국정을 맡겼고 이 조치가 백성들로부터 크게 환영받았다.

이 해에 초(楚)나라는 용(庸)나라를 멸망시켰고, 6년에는 송나라를 토벌하여 병거(兵車) 5백 대를 노획했다.

▷ 한 마디가 초래한 파멸

장왕(莊王) 16년에 그는 진나라를 토벌하고, 하징서(夏徵舒)를 죽였다.

진(陳)나라 영공(靈公) 원년에 초나라에서는 장왕(莊王)이 즉위했다.

그런데 14년의 일이다. 영공은 하희(夏姬 : 정나라 공주로 진나라 대부 하씨(夏氏)의 부인)와 내통하고 있었다.

영공뿐 아니라 공영(孔寧)·의행보(義行父)라는 두 사람의 대부도 각기 하희와 재미를 보고 있었다. 세 사람은 하희의 옷을 얻어 그것을 조의(朝議) 자리에까지 입고 나와 자랑하는 판이었다. 더 이상 참을 수 없었던 대부 설야(泄冶)가 영공에게 간언을 했다.

"위에 선 사람들이 이 지경이어서는 백성들이 따르지 않을 것이니 조심해야 합니다."

이 말을 들은 영공이 바로 설야의 간언을 두 대부에게 전했다.

"당장 죽여 버리지요."

두 사람이 이렇게 주장하자 영공은 말리려고도 하지 않았다. 두 대부는 곧 설야를 죽였다.

그 이듬해, 영공은 공영과 의행보를 함께하여 하희의 저택에 가서 연회를 가졌다. 영공은 하희의 아들이며 정부인 징서(徵舒)를 주흥(酒興)의 노리개로 하여 두 사람의 대부를 야유했다.

"징서 얼굴은 아무래도 자네들을 닮았군 그래."

"무슨 이야기입니까? 저희 군주를 닮았습니다."

이 말을 엿들은 하징서는 얼굴이 변했다. 그는 큰 활을 들고 마굿간 문 옆에 숨어서 기다리다가 영공이 주연을 끝내고 돌아갈 때에 그를 쏘아 죽이고 말았다. 공영과 의행보는 그대로 초나라로 달아났고 또한 영공의 태자 오(午 : 훗날의 성공(成公))는 진(晉)으로 피했으며 하징서는 스스로 진(陳)나라의 군주임을 자랑했다.

이듬해 겨울 초(楚)나라의 장왕(莊王)은 영공 암살의 죄상을 들어 제후들을 거느리고 진(陳)나라 정벌에 나섰다. 그때 장왕은 진나라 백성들에게 다음과 같이 포고했다.

"안심하라. 이번의 토벌은 역신(逆臣) 징서를 징벌하는 이외에 다른 뜻이 없다."

하지만 장왕은 하징서를 주살한 뒤에 진(陳)나라를 초나라의 한 현(縣)으로 만들고 말았다.

신하의 무리들은 모두 모여 축하했다. 제나라에 사자로 갔던 대부 신숙시(申叔時)가 그 곳으로 돌아왔다. 하지만 그만은 축하의 말을 하지 않았다. 장왕이 그 까닭을 물으니 그는 이렇게 대꾸했다.

"세상에서 비교하기를, 소를 끌고 남의 밭을 지나가면 그 밭

주인에게 소를 빼앗긴다고 이야기합니다. 소가 밭을 밟아 해치는 것은 틀림없이 나쁜 일입니다. 그렇다고 해서 그 소를 빼앗는 것도 지나친 일이 아니겠습니까? 당초에 군주께서는 주군(主君)을 모살한 하징서의 죄를 징벌한다고 제후들의 찬성을 얻어 정의의 이름 아래 토벌을 하셨습니다. 하지만 일이 끝나자 진(陳)나라 영토 전체를 소유해 버리셨습니다. 그러시면서 앞으로 어찌 천하를 호령하시겠습니까? 그래서 저는 축하의 말씀을 드리지 않는 것입니다."

장왕은 서둘러 진(陳)나라의 영토를 반환해 주고 진(晋)나라로 피신하고 있던 영공의 태자 오(午)를 맞이하여 진군(陳君)의 자리에 앉혔는데 그가 바로 성공(成公)이다.

예전에 공자(孔子)는 사관(史官)의 기록을 읽다가 초가 진(陳)을 재건시킨 대목에서 혼자 크게 감탄했다고 한다.

"초나라 장왕이야말로 훌륭한 인물이다. 나라 하나를 얻은 것보다는 자신의 말 한마디를 한결 소중하게 생각했으니."

▷ 현군(賢君)의 나라는 멸망시키지 말라

장왕 17년 봄에 초나라 장왕(莊王)은 정나라를 침공하여 3개월간 포위한 끝에 끝내 항복시키고 말았다. 장왕은 정나라 성문으로 들어갔다. 정군(鄭君)인 양공(襄公)이 마중했다. 정군은 순종하겠다는 뜻으로 웃통을 벌거벗고 양을 끌고 있었다. 정군이 장왕에게 말했다.

"저는 하늘의 가호를 받지 못하여 군왕을 받들지도 못해서 군왕의 노여움을 샀으며 마침내 어가를 맞이하는 형편이 되었습니다. 이것은 모두 다 저의 죄입니다. 이러한 까닭에 군왕의 어떠한 엄명에도 복종하겠습니다. 멀리 남해(南海)바다 끝으로 내치시더라도 또는 종을 만들어 제후에게 하사하시더라도 어떤 이의가 없다고 생각합니다.

그렇지만서도 만약 우리 정나라 조종(祖宗)의 덕을 살피시어 종묘 사직에 대한 제사를 끊이지 않게 신하의 일원으로 넣어 주신다면 천만 다행이옵니다. 이것은 진실로 제 가슴 속에서 우러나는 말씀입니다."

그 말을 듣자 장왕의 신하들은 모두들 "안됩니다."하고 장왕을 제지하려 했으나 장왕은 그들의 말에 귀를 기울이지 않았다.

"이 만큼이나 겸손한 사람이라면 백성들도 잘 다스렸을 것임에 틀림없소. 공격할 이유가 없으리라."

장왕은 손수 전군(全軍)을 지휘하여 30리를 물러선 곳에 가서 숙영(宿營)을 했다. 이렇듯 정나라에 대한 예의를 갖춘 뒤에 화의를 받아들였다. 초나라에서는 대부 번왕이 나와 맹약을 맺고, 정나라에서는 정군의 아우 자양(子良)을 인질로 보내왔다.

하지만 그 해 여름인 6월, 북쪽의 대국 진(晋)나라가 정(鄭)나라를 구원하는데 나가서 초나라에 싸움을 걸었다. 초군은 황하(黃河) 물가에서 진군(晋軍)을 맞아 산산이 무찔러 버렸고, 그 기세로 초군은 형양(衡陽)까지 진격하였다가 천천히 초나라로 돌아왔다.

▷ 배 안에 쌓인 손가락

이 싸움의 광경이 「진세가(晉世家)」에는 이렇게 기록되어 있다.

진(晉)나라 경공(景公) 3년은 초나라 장왕 17년이다. 이때에 초나라 장왕은 정(鄭)나라를 포위했다. 정나라에서 진(晉)나라로 구원 요청이 왔는데 진나라에서는 순임보(荀林父)를 중군장으로, 수회(隨會)를 상군장으로, 조삭(趙朔)을 하군장으로 임명했다. 또한 극극(郤克)·난서(欒書)·선곡(先縠)·한궐(韓厥)·공삭(鞏朔)을 각기 부장으로 삼아 정(鄭)나라의 구원을 위해서 떠나게 했다.

6월, 원군(援軍)은 황하(黃河) 기슭에 닿았다. 하지만 듣자니 이미 초군(楚軍)은 정나라를 함락시키고 정군(鄭君)에게 신(臣)으로서의 예를 갖추게 하여 화의를 맺었다는 것이었다. 총수(總帥)인 순임보는 그대로 군대를 철수시키려고 했다. 하지만 선곡은 완강히 반대했다.

"정나라를 구원하라는 사명을 받은 만큼 끝까지 정나라에 들어가야 한다고 생각합니다."

결국 이 소리에 먼 곳에서 지휘관들이 의견일치를 보지 못한 채 진군(晉軍)은 황하를 건너 남하했다.

초군 측에서는 벌써 정나라를 항복시켰고 이제는 말에 물을 먹인다는 명목으로 황하의 연안까지 북상하여 북쪽을 위세로써 제압하고 돌아올 작정이었다. 하지만 진군(晉軍)의 남하에 따라 사태는 급진하여 여기서 대결전의 불꽃이 튕기고 말았다.

정나라로 이야기하면 초나라에 굴복했으므로 서투른 수작을 부릴 수 없어서 초군과 함께 진군에 대항했다. 그래서 진군은 격파되어 앞을 다투어 황하를 건너 도망치려 했다. 먼저 배에 오른 자들은 배가 전복하는 것을 겁내어 뱃전에 매달리는 자들의 손가락을 칼로 탁탁 쳤다.

어느 배에나 두 손으로 수북히 모아 쥘 만큼 잘린 손가락이 뒹굴었다.

이 싸움에서 진나라 장군 지앵(智罃)이 초군의 포로가 되었으며, 총수인 순임보는 귀환한 뒤에 경공(景公)에게 청원했다.

"패전의 책임은 총수인 저에게 있습니다. 부디 소신에게 죽음을 명하십시오."

경공이 그것을 응락하려고 하자, 상군장이었던 수회가 반대했다.

"지난날 문공이 성복(城濮) 싸움에서 초나라를 격파했을 때, 초왕이 패장 자옥(子玉)의 책임을 물어 그를 주살한 일이 있었습니다. 이때 문공은 두려워하던 적장을 없애 주었다고 크게 기뻐하셨습니다. 지금 초군에게 패배당한 데다가 총수마저 죽인다면 오히려 적을 즐겁게 하는 결과가 되는 것이 아니겠습니까?"

순임보는 처벌을 모면했다.

▷ 아이를 먹고 뼈를 태우다

3년 뒤의 장왕 20년에 장왕은 송(宋)나라에 출병하여 도읍을 포위했다. 초나라에서 제(齊)나라로 보냈던 사자(使者)를 도중에서 송나라가 죽여버렸기 때문이다. 송도(宋都)를 포위한 지 5개월에 이르렀다.

그러니 성 안에서는 최악의 상태가 빚어졌다. 군량이 떨어지자 끝내는 아이들을 서로 바꾸어 먹었고, 장작 대신에 시체의 뼈를 태웠다.

그러자 송나라 장군 화원(華元)은 굳은 결의로 초나라 진영을 찾아가 장군 자반(子反)에게 비참한 상태를 낱낱이 호소했다.

그 보고를 들은 장왕은,

"과연 군자(君子)로다." 하고 당장 포위망을 풀고 철수해 버렸다.

재위 23년에 장왕이 세상을 떠나니 그의 아들인 공왕(共王) 심(審)이 왕위를 이었다.

7. 암군(暗君)의 말로(末路)
— 초(楚)의 영왕 —

장왕이 죽고, 공왕(共王)의 대에 이르자 오(吳)나라와의 싸움이 시작된다. 강왕(康王)을 거쳐 겹오(郟敖)가 왕이 되고 겹오가 병으로 쓰러지자 강왕의 아우, 즉 왕의 숙부인 위(圍)가 왕과 왕자를 살해한 뒤 스스로 왕위에 오른다. 이 왕위 찬탈자가 바로 영왕(靈王)이다. 재위 기간은 기원전 541년~529년이다.

▷ 마지막을 조심하라

초나라 영왕(靈王) 3년 6월에 왕은 회맹(會盟)을 주최할 뜻을 진(晋)나라 평공(平公)에게 통고한 뒤, 제후들을 신(申) 땅에 소집했다.

그때 오거(伍擧)는 영왕에게 이런 말을 했다.

"회맹이라고는 합니다만, 그 목적과 방법에 여러 가지가 있습니다. 천자(天子)로서의 예를 보자면 하(夏)나라 계제(啓帝)는 균대(鈞臺)에 향연을 베풀고 제후들을 대접했고, 은(殷)나라 탕왕(湯王)은 경박(景亳)하여 제후들에게 선정(善政)을 베풀라고 말씀했고, 주(周)나라 무왕(武王)은 맹진(盟津)에서 제후들과 같이 주(紂)나라의 토벌을 맹세했습니다. 성왕은 기양(岐陽)에서 제후들을 모아놓고 수렵을 하려 했고, 강왕(康王)은 풍궁(豐宮)에다 제후들을 참조(參朝)시켰으며, 도산(塗山)에서 제후들을 접견했습니다. 패자(覇者)의 예를 보더라도 제(齊)나라의 환공(桓公)은 소능(召陵)에서 제후의 군사들을 모아놓고 우리 초나라에 위압을 가했고, 진(晋)나라 문공(文公)은 천토(踐土)에서 천자(天子)를 맞이하고 제후들과 같이 충근(忠勤)을 맹세했습니다.

이제 군왕(君王)께서는 어느 길을 택하시렵니까?"

영왕은 대답했다.

"환공(桓公)의 방식이 좋다고 보겠소."

이때 정나라에서는 명재상이라고 불리우던 자산(子産)을 파견해왔다. 진(晋)·송(宋)·노(魯)·위(衛) 등은 회맹에 참석하지 않았으나 영왕은 여하간 회맹을 성립시킬 수 있었기 때문에 교만한 빛을 띄웠다.

오거(伍擧)가 말하기를,

"하(夏)나라의 걸왕(桀王)은 유잉(有仍)의 회맹 후 유민(有緡)에게 배반당했고, 은(殷)나라의 주왕(紂王)은 여산(黎山)의 회맹 뒤 동이(東夷)에게 배반당했으며, 주(周)나라의 유왕(幽王)은 태실(太室)의 회맹 뒤 융(戎)과 책(翟)에게 배반당했습니다. 무엇이고 간에 마지막이 중요합니다. 조심하시기 바랍니다." 하고 진언했다.

7월에 영왕은 제후들의 군사를 이끌고 오(吳)나라를 공격하여 주방(朱方) 땅을 포위했다. 8월에는 이곳을 함락시키고, 경봉(慶封)을 잡아 그의 일족을 멸했다. 영왕은 본보기를 보이려고 백성들이 지켜보는 가운데 경봉을 끌어내고 이렇게 선언했다.

"제(齊)나라 대부 경봉은 주군(主君)을 살해한 뒤 그의 이복동생을 허수아비로 만들고 대부들을 부하로 삼아 국정(國政)을 도맡았다. 이 대역(大逆)을 저지른 자에게 단호히 천벌이 내려질 것이로다."

하지만 경봉은 겁내는 기색도 없이 오히려 대들었다.

"무엇이라고? 거기 있는 너야말로 형 강왕의 아들을 죽이고 왕위를 빼앗았는데 무슨 큰소리냐?"

이 말에 영왕은 격노해서 그 자리에서 경봉을 죽였다.

▷ 민중(民衆)의 노여움을 사지 말라

몇 년 뒤, 봄이 되어서도 영왕은 건계(乾谿)의 행궁(行宮)이 좋기 때문에 도읍으로 돌아가겠다고 이야기하지 않았다. 그 때문에 사람들은 부역을 하느라 고통을 당했고 또한 초나라 인심은 차츰 영왕에게서 멀어져 갔다.

그때 영왕은 전에 신(申) 땅에서 제후들과 회맹했을 때 월(越)나라 대부 상수과(常壽過)을 모욕한 뒤에 채(蔡)나라의 대부 관기(觀起)를 죽였다. 관기의 아들 관종(觀從)은 망명하여 오왕(吳王)에게 봉사하며 복수의 기회를 노리고 있었다.

관종은 시기가 왔다고 보고 오왕에게 출병할 것을 진언하는 한편, 월나라의 상수과에게 손을 뻗쳐 초나라 영내로 침공시켰다. 또한 채공(蔡公)이 되어 있던 초나라 공자 기질(棄疾)의 이름을 이용하여 진(晋)나라에 망명 중인 그의 형 비(比)를 불러들였다.

이리하여 오(吳)·월(越)의 군사들을 이끌고 공자 비를 옹립하고 기질을 협박하여 등(鄧) 땅에서 두 사람을 만나게 했다. 비와 기질은 협력하기로 맹세한 뒤 거기서 쿠데타에 대한 모의를 하였다.

반란군은 초나라 도읍에 침입한 뒤 영왕의 태자 녹(祿)을 살해하고 공자 비를 왕으로 세웠다. 또한 자석(子晳)을 재상으로 삼고 기질을 사마(司馬)에 임명한 뒤에 왕궁을 새로이 정비한 다음에 착착 새로운 체계를 갖추어 나갔다.

한편 관종(觀從)은 군사를 이끌고 건계(乾谿)로 진격하여 그곳에 체류하는 초나라 관료와 장병들에게 포고했다.

"새 왕이 즉위하였다. 당장 귀국하여 신왕을 따른다면 종전과 같은 직위로 대우할 것을 보장한다. 하지만 우물쭈물하여 기일에 늦었을 때는 추방이 있을 뿐이니 명심하라."

사람들은 모두들 자리를 털고 일어서서 영왕을 버리고 앞을 다투어 귀국했다.

영왕은 태자가 죽었다는 소식을 듣고 상심한 뒤에 수레에서 뒹굴다 떨어진 채,

"오, 애비로서 이렇게 큰 괴로움을 어찌 다시 맛보겠는가?"

하고 탄식했다. 그러자 시종 한 사람이 말했다.

"천만의 이야기입니다. 세상의 어버이들은 그보다 더한 괴로움을 느끼고 있습니다."

"그랬던가…. 나는 남의 자식을 수없이 죽였고 이런 꼴을 당하는 것도 자업 자득이겠지."

그 곁에서 시종장(侍從長)이 왕의 기분을 전환시키려고 이렇게 이야기하는 것이었다.

"여하간 이곳을 떠나시어 국도(國都)의 교외에서 대기하시면서 인심의 동향을 살피도록 하십시오."

그러나 왕은 고개를 저었다.

"아냐, 그런 짓을 하다간 오히려 반감만 살 뿐이오."

"그렇다면 당장 어디든 큰 도읍을 중심으로 정하시고, 제후들이 원조하러 오도록 요청하시는 일이 좋겠습니다."

"아냐, 배신당할 게 뻔한 노릇이야."

"그러시면 우선 타국에 가 계시면서 대국(大國)의 의견에 따른다는 방법도 남아 있습니다."

"행운이란 두 번 다시 찾아오지 않는 것이야. 난 더 이상 수치를 드러내고 싶지 않다."

이러한 문답이 있은 뒤에 영왕은 일단 제 2의 국도인 언(鄢)으로 가기로 하고 배를 탔다. 하지만 시종장의 입장으로 보면 왕이 자기의 진언을 받아들일 가능성도 없는데 왕을 줄줄 따라다녀봤자 개죽음 당할 것이 뻔한 노릇이라 겁을 집어먹고 왕을 버린 채 달아나고 말았다.

▷ 산중(山中)의 방황(彷徨)

측근들에게서도 버림을 받은 영왕은 단신으로 산과 들을 걸었다. 천한 백성들에 이르기까지 누구 하나 그를 거들떠 보지를 않았다. 우연히 궁중에서 부리던 하급 관리 한 사람을 만나자 왕은 그에게 호소했다.

"무엇이든 먹을 것을 좀 주게. 나는 사흘이나 굶었다."

"신왕(新王)께서는 법을 정하셨습니다. 만약 왕께 음식을 드린다거나 도움을 주는 사람은 삼족(三族)에 이르도록 죄를 벌한다고 하셨습니다. 때문에 이 땅에서는 음식을 구하실 수 없습니다."

지칠대로 지쳐버린 영왕은 그대로 그의 무릎을 베개 삼아 누워 버렸다. 그 자는 흙을 돋우어 올려서 자기 무릎 대신에 베개로 삼게 한 뒤 슬며시 그 자리에서 사라져버렸다. 영왕이 눈을 떴을 때 그의 모습은 보이지 않았고, 일어설 기력조차 없었다.

허나 영왕에게 충성하는 선비가 하나도 없는 것은 아니었다. 우윤(芋尹) 신무우(申無宇)의 아들인 신해(申亥)가 바로 그 사람이다.

"왕께서는 나의 아버지가 두 번에 걸쳐 죄를 지었지만 그것을 용서해 주셨다. 어떻게 하든지 그 큰 은혜를 갚아야만 된다."

신해는 손을 써서 영왕을 찾아 나섰고 결국은 이택(釐澤)의 물가에 쓰러져 있던 왕을 발견하여 자기 집으로 모시고 갔다.

그해 5월 계축(癸丑) 날에 영왕은 신해의 집에서 숨을 거두었고, 신해는 두 딸을 순사(殉死)시켜 왕의 유해와 함께 매장하였다.

오월(吳越)의 항쟁(抗爭)

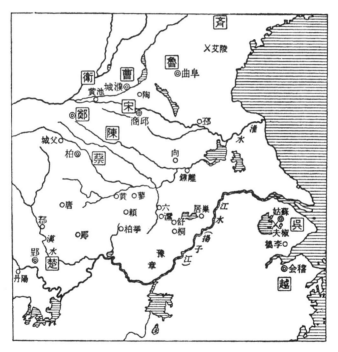

춘추시대(春秋時代)

1. 합려(闔廬)와 오자서(伍子胥)

> "우리가 찾아간다 하여 아버님을 구할 수 없다는 것은 나도
> 알고 있다. 하지만 아버님의 목숨이 당장 위태하다. 그것을 지
> 금 모르는 척했다가 뒤에 원수를 갚는 것도 좋지만, 끝내 원수
> 를 갚지 못하게 될 지도 모른다. 그리 되면 우리는 천하의 조롱
> 거리가 될 것이다."

춘추(春秋) 말기(末期)가 되어서 역사의 중심은 남방(南方)으
로 옮겨진다. 남방은 오늘날의 화중(華中)과 화남(華南)인데 그
곳은 중원(中原)의 여러 나라에 있어서는 문명(文明)과 멀리 떨
어진 곳이었다. 양자강(揚子江) 중류 지역의 초(楚)나라는 중원
에도 가깝고 벌써 대국으로서의 확고한 터전을 닦았다.

초나라에 이어서 급격히 실력을 기른 것은 양자강 하구(河口)
에 가까운 오(吳)나라와 그 남쪽의 월(越)나라였다.

양국은 각기 중원을 노리면서 천하를 호령할 것을 목적으로
불구대천의 원수로서 숙명적인 사투(死鬪)를 전개했다. 오나라
를 이끄는 왕은 합려(闔廬)와 부차(夫差)로서 이에 대항하는 월
왕(越王)은 구천(句踐)이다.

양국의 투쟁은 왕들끼리의 투쟁이었으나 그 이상으로 오나라
의 오자서(伍子胥)와 월나라의 범여(范蠡)라고 하는 두 중신(重

臣)의 대결이기도 하다. 오자서는 격렬하고 정열적인 사람으로, 범여는 냉철하기 비할 바 없는 이지적인 사람이다. 전자는 강렬한 의욕에 넘쳐 스스로 상황을 만들어 내려고 하고, 후자는 침착하게 상황을 판단해서 적재적소로 그것들에 대처해 나가는 인물이다.

격동의 소용돌이 안에서 중심이 된 두 사람의 생과 사는 선명한 대조를 이루면서 춘추 말기의 반세기를 장식하며, 역사와 인간과 연관되는 비밀을 이야기하고 있다.

오나라에서는 요(僚)왕 2년에 공자 광(光)이 군사를 이끌고 초(楚)나라에 쳐들어갔다. 하지만 그 결과는 대패였고 작전에 사용된 왕의 배마저 초군에게 노획당하고 말았다. 책임을 느낀 광은 기습을 감행하여 다시 배를 찾아서 귀국할 수가 있었던 것이다.

그로부터 3년, 초나라의 신하인 오자서(伍子胥)가 오나라로 망명해 왔는데 공자 광은 오자서를 식객으로 맞이해 머물게 해 주었다.

오자서와 공자 광, 훗날의 오왕 합여가 된 공자 광이 「사기(史記)」에 등장한다.

무엇 때문에 초나라 오자서가 적대국인 오나라에 망명했을까? 도대체 오자서란 어떤 인물인가?

▷ 아버지와 아들과 여자

오자서(伍子胥)는 본래 초(楚)나라 사람이었다. 자서라는 것은 자(字)이고, 이름은 원(員)인데 아버지는 오사(伍奢), 형은 오상(伍尙), 조상 중에는 장왕(莊王)에게 봉사한 오거(伍擧)가 있는데 장왕(莊王)에게 직간(直諫)을 한 것으로 유명한 인물이다.

오거가 나온 뒤로 오씨(伍氏) 집안이라고 하면 초나라에서는 문벌있는 집안이 되었다.

그런데 장왕으로부터 5대 뒤의 초나라 평왕 시대였다. 평왕에게는 건(建)이라는 태자가 있으며 자서의 아버지 오사가 태부(太傅)로 일했다.

비무기(費無忌)라는 사람이 소부(少傅 : 부시종상)였는데, 이 비무기가 지독한 자였다. 그는 소부 자리에 있으면서 태자(太子)에 관한 것은 생각지도 않았다.

평왕은 건(建) 때문에 진(秦)나라 공주를 맞아들이려고 했는데, 이때 진나라에 사자로 간 것이 무기이다. 그는 진나라에 가서 공주를 만나보자 공주가 대단한 미인인 것을 알았으며 그래서 무기는 급히 귀국해서 평왕에게 이렇게 말했다.

"정말 보기 드문 미인입니다. 이런 미인이야말로 왕께서 차지하시는 것이 좋겠습니다. 또한 태자에게는 따로 손을 써서 얻어 주시면 되지 않겠습니까?"

결국 평왕은 그 권유에 따랐다. 과연 공주가 마음에 썩 들어서 각별히 그녀를 총애했으며 머지않아 두 사람 사이에는 진(軫)이라고 하는 사내아이가 태어났는데 태자에겐 다른 여자를 구해 주었다.

이처럼 무기는 태자를 보필하다가 평왕에게 달라붙어서 왕의 측근의 신하로 출세했다. 하지만 일이 이쯤 되고 보니 무기는 평왕의 사후(死後)가 걱정되었다. 태자 건의 시대가 되는 때는 당장 제 목숨이 위험했다. 그래서 평왕에게 태자를 빈번히 중상하였다.

본래 태자 건의 어머니는 소국인 채(蔡)나라 출신인데 평왕이 특별히 총애하는 것도 아니었다. 무기가 생각한 대로 왕은 차츰 태자를 멀리하게 되었다. 그래서 결국 건을 변경의 성보(城父)란 작은 도시로 몰아내어 국경 수비를 하게 했다.

태자가 성보에 간 뒤로 무기는 얼마 동안 태자의 동태를 살피다가 때를 맞추어 다시 왕에게 참소하기 시작했다. 이것저것 들먹이면서 평왕을 선동하였다.

"태자는 왕께서 진(秦)나라 공주를 가로챈 것을 불만으로 생각하고 있습니다. 그런고로 왕께 대한 원한을 품지 않을 수 없는 노릇입니다. 왕께서는 더욱 조심하셔야 합니다. 현재 성보 땅에 가서 군사를 맡고 있기 때문에 그는 언제나 제후들과 친분을 맺고 있는 모양입니다. 때문에 반란을 일으킬 의도가 명백하지 않습니까?"

평왕은 태자 태부 오사를 소환하여 준엄하게 조사했다. 오사는 무기가 참소했다는 것을 알아차리고 왕에게 간하였다.

"터무니 없는 자의 실없는 소리를 사실로 받아들이시고 핏

줄이신 태자를 의심하신다니 그런 일이 될 법이나 한 일입니까?"

그러나 한편 무기도 필사적이었다.

"지금 손을 쓰시지 않고 내버려 두시는 날에는 꼭 그들은 거사하고 말 것입니다. 그렇다면 성상의 목숨도 위험하십니다."

이 한 마디에 평왕은 이성을 잃고 말았다. 왕은 오사를 감금시키는 한편, 소환했던 성보의 사마(司馬 : 군사장관) 분양(奮揚)에게 명령했다.

"즉각 성보에 달려가서 태자를 죽여 버려라."

분양은 성보로 출발하는 즉시 태자에게 급히 사자를 보냈다.

"일각도 지체 마시고 빨리 피신하십시오. 목숨이 위험합니다."

그래서 결국 태자 건은 송(宋)나라로 망명했다.

▷ 오사(伍奢) 부자(父子)의 비극

여기서 무기는 공격 목표를 변경했다.

"오사에게는 자식이 둘 있습니다. 둘 다 대단한 인물입니다. 지금 어떤 조치를 해 놓지 않는다면 장차 화근이 됩니다. 때마침 애비를 잡아놓고 있으니 다행입니다. 애비를 인질 삼아서 그들을 불러들일 수 있습니다. 내버려 두었다가는 돌이킬 수 없는 일만 벌어집니다."

평왕은 옥중의 오사에게 이런 이야기를 전했다.

"두 아들을 불러온다면 너를 살려 주리라. 그렇지 않으면 너를 죽이고 말테다."

오사가 대답했다.

"형인 상(尙)은 속이 깊어 애비의 큰일이라고 한다면 출두하겠지만 아우인 원(員)은 성품이 과격하오. 어떠한 오명(汚名)을 감수하더라도 그것을 참고 견디어 대의(大義)를 이루고 말 것이오. 잡힌다는 것을 알고 있으면 출두할 만한 애가 아니오."

평왕은 오사의 말에 귀를 기울이지 않고 그의 자식들에게 출두하라는 명령을 하달했다.

"너희들이 출두하면 애비는 살려 주리라. 그렇지 않으면 애비를 죽여버릴 것이다."

형은 이 명령에 응하려고 했다. 하지만 아우가 말렸다.

"출두하면 아버지를 살려준다는 것은 왕의 본심은 아닙니다. 우리 형제를 놓치면 자기 자신이 위험하기 때문에 아버님을 인질로 해서 우리들을 잡아들이려는 것입니다. 우리가 출두하는 날이면 우리 부자들은 함께 몰살당할 것이니, 그건 틀림없는 개죽음입니다. 즉, 우리가 간다면 원수를 갚지 못합니다. 그래서 우선 우리는 국외로 망명하여 힘을 길러 아버지의 무죄를 밝혀야 한다고 봅니다. 우리가 죽어서 무엇을 한단 말입니까?"

"우리가 찾아간다 하여 아버님을 구할 수 없다는 것은 나도 알고 있다. 하지만 아버님의 목숨이 당장 위태하다. 그것을 지금 모르는 척 했다가 뒤에 원수를 갚는 것도 좋지만, 끝내 원수를 갚지 못하게 될지도 모른다. 그리 되면 우리는 천하의 조롱거리가 될 것이다."

이렇게 이야기하고 오상(伍尙)은 두 사람이 취해야 할 방침을 세웠다.

"너는 피신해서 원수를 갚아다오. 너라면 가능하다. 그러나 난 죽음을 택하겠다."

이래서 오상은 출두 명령에 따랐다.

그 뒤에 사자(使者)는 오자서를 체포하러 갔다. 오자서는 활을 꺼내서 맞섰고 사자는 오히려 도망치고 말았으며 오자서는 국외로 피신했다. 듣자니 태자 건이 송나라에 몸을 의지하고 있다고 한다. 그래서 송나라로 가서 태자 건을 곁에서 받들었다. 옥중의 오사는 자기 아들이 망명했다는 소식을 듣자 쾌재를 불렀다.

"자아, 두고 보라지. 평왕도 무기도 뺑뺑 돌려 날려버리고 말 것이다."

출두한 오상이 도읍까지 호송되어 오자 평왕은 오사·오상 부자를 처형해 버렸다.

▷ 오자서(伍子胥), 오(吳)나라에 가다

오자서는 송나라에 망명했지만 송나라에서는 우연히 화씨(華氏)의 난이 일어났기 때문에 그는 태자 건과 함께 이웃나라인 정(鄭)나라로 피신했다. 그들은 정나라에서 정중한 대우를 받았지만 그렇다고 그곳에 오래 머물지를 않고 대국인 진(晉)나라로 옮겨 갔다.

오자서(伍子胥)

그 진나라에서의 일이다. 진의 경공(頃公)은 태자 건에게 한 가지 계획을 숙의해 왔다.

"태자, 그대는 정나라와 친하며, 정나라에서 신뢰를 받고 있었소. 그러니 발벗고 나서 주기를 바라오. 정나라에 돌아가서 그 안에서 힘을 빌리기 바라오. 내가 밖에서 정나라에 공격을 가하고 그대가 안에서 호응해 준다면 정나라를 반드시 멸망시킬 수 있소. 일이 성사되는 때는 내가 그대를 정나라 군주로 봉(封)하겠소."

태자 건은 승낙하고 정나라에 돌아가 기회를 노리고 있었다. 그런데 뜻하지 않은 일이 벌어졌다. 태자 건이 사소한 일로부터 하나를 죽이려고 했는데, 그 자가 태자의 계획을 알고 있었기 때문에 가만히 있지 않았다. 그 자는 음모의 내막을 정나라 당국에 고발했다. 그러자 정나라 정공(定公)은 재상 자산(子産)을 시켜 태자 건을 죽였다.

오자서는 황급히 도망쳤다. 그는 태자의 아들 승(勝)을 데리고 남쪽의 오(吳)나라로 향했다.

가까스로 오나라와 초나라 국경인 소관(昭關)에 당도했으나 그곳에서 초나라 관리에게 발견된 오자서와 승은 탈 것마저 버리고 도보로 도망쳤다. 몇 번이나 붙잡힐 뻔했으나 겨우 양자강 기슭까지 왔다.

강기슭 가까이서 한 어부가 배를 젓고 있었는데 어부는 오자서가 쫓겨오는 것을 알고 배에 태워 주었다. 강 건너편에 이르자 오자서는 허리에 차고 있던 칼을 풀어 내밀었다.

"이 칼은 매우 값 있는 물건이오. 감사의 표시로 드리니 받아 주시기 바라오."

하지만 어부는 굳이 사양했다.

"초나라에는 이런 방이 나붙었습니다. 오자서를 잡는 자에겐 그 포상으로 조 (栗) 5만 석(石)과 집규(執珪)의 작위를 준다고 합니다만…. 내게 그런 뜻만 있다면 이 칼쯤이야 문제도 안될 것입니다."

오자서가 오나라에 들어가서도 어려움은 계속됐다. 중간에 병에 걸려 움직이지 못하게 되기도 했는가 하면 걸식마저 한 일도 있었다. 이런저런 심한 고생을 한 뒤에 겨우 오나라 도읍에 이르렀다.

그 무렵 오나라 왕 요(僚)는 개방정책(開放政策)을 취하기 시작할 때였다. 장군은 공자 광(光)이었다.

오자서는 재빨리 공자 광(光)을 통하여 요왕 요에게 알현을 청했다.

▷ 복수의 포석

이리하여 오자서는 오나라에 망명했다. 그 오나라에서는 왕위 계승을 둘러싸고 복잡한 사정이 있었다. 왕 수몽(壽夢)에게는 아들이 넷 있었는데 그 중에서 막내아들 계찰(季札)이 가장 뛰어난 인물이므로 수몽은 계찰에게 왕위를 물려주려 생각하고 있

없으나 수몽이 죽자 계찰은 왕위 계승을 굳이 사양했다. 어쩔 수
없이 맏형인 제번(諸樊)이 왕위에 올랐지만 어떻게 하든지 아버
지의 유지대로 계찰에게 왕위를 전하려고 생각했었다. 자기가
죽은 뒤에 왕위를 자기 아들이 아닌 자기 동생들에게 순서대로
전하려는 것이었고, 이렇게 되고 보면 세 번째에는 계찰이 왕위
를 잇지 않을 수가 없게 되었으나 일이 예정대로 되지 못했다.

공자 광은 오나라 왕 제번(諸樊)의 아들이다. 광에게는 큰
불만이 있었는데 그 불만이란,
'본래는 아버지의 4형제 중에서 막내 아우 계자(季子)가 왕
위에 오르기로 되어 있었다. 그런데 계자가 굳이 사양했기 때
문에 우선 아버지 제번이 왕위에 올랐고, 세 아우에게 순서대
로 왕위를 계승시키려 했다. 헌데 자기 차례가 되어도 계자는
왕위를 계승하려 않았다. 여기서 당연히 왕위 계승권은 본래대
로 돌아가야 했고 왕위에 오르는 것은 제번의 아들인 나 이외
에는 아무도 없다고 본다.' 하는 것이었다.
때문에 그는 몰래 인재를 모아 쿠데타를 일으킬 기회를 노리
고 있었던 것이다.
그런데 왕 요(僚) 8년 오나라 왕은 초나라 공격을 명했다.
공자 광이 이끄는 오군(吳軍)은 초나라를 침략하여 먼젓번
의 패전을 설욕했다. 그때 거소(居巢)에 옮겨가서 살고 있던
태자 건(建)의 어머니를 데리고 돌아와서 오나라에서 맞이했
다. 이윽고 광은 북으로 군사를 몰아 진(陳)나라와 채(蔡)나라
를 공격했으며 이듬해 다시 광은 초나라에 쳐들어 가자 거소·

종리(鍾離) 두 고을을 함락시켰다.

이 싸움의 발단은 아가씨들 사이의 말다툼이었다.

국경 가까이 살던 한 아가씨는 오나라 아가씨요, 다른 한 아가씨는 초나라 아가씨였는데, 두 아가씨가 누에를 치기 위한 뽕나무 잎을 뜯으려고 서로 다툰 것이다. 그것이 집안끼리의 다툼으로 되었고 다시 마을과 마을 사이의 다툼으로 발전했다. 또한 그 사태는 마침내 오나라 쪽 마을이 몰살당하는 사태까지 생겼다.

이렇게 되자 오왕은 격분했고, 그래서 광이 거소와 종리 두 고을을 공격하게 되었던 것이다.

이야기는 다시 앞으로 돌아가는데, 오나라로 도망해 온 오자서는 오왕 요를 알현했을 때, 오나라가 초나라를 공격하는 것이 얼마나 도움이 되는 것인가를 역설했던 것이다. 그런데 그때 뜻밖에도 공자 광은 그 말에 반대하는 것이었다.

"오자서는 아버지와 형이 초나라에서 살해되었기 때문에 그 복수를 하자는 것뿐입니다. 득책(得策)이라고 여길 수 없습니다."

그 말을 들은 오자서는 광의 마음을 알아차렸다. 광이 노리는 것은 따로 있을 거다. 이렇게 생각한 오자서는 재빨리 전제(專諸)라고 하는 용사(勇士)를 찾아내어 광에게 천거했다. 광은 대단히 기뻐하여 오자서에게 자기의 상담역(相談役)이 되어 주기를 간청했다. 하지만 자서는 사퇴하고 일개 농부가 되어 전제가 일을 성취하기만 기다리기로 했다.

▷ 군 생선 속에 감춘 칠수(七首)

왕 요(僚) 12년 겨울에 초나라 평왕(平王)이 죽었다. 그 기회를 틈타서 이듬해 봄에 오왕 요는 초나라 공격을 시작했다. 우선 아우인 개여(蓋餘)와 촉용(燭庸)이 초나라로 쳐들어 가서 육(六)·첨(灊) 두 성(城)을 포위하게 했으며 한편 숙부인 계찰을 진(晋)나라에 파견하여 제후의 동정을 살폈다. 그런데 생각잖게 초군의 반격이 심했다.

오군(吳軍)은 후방까지 차단되어 적지에서 꼼짝달싹할 수 없게 되었다.

"지금이야말로 최대의 기회다."하고 공자 광은 전제를 불러 자기 뜻을 알렸다.

"여기서 손을 뻗치지 않으면 아무 것도 잡을 수 없소. 본래 왕위를 이을 사람은 나요. 지금이야말로 그 결단의 시기라 보오. 계자(季子)가 돌아오더라도 우선 이의는 없다고 보오."

전제는 대답했다.

"왕 요를 죽여버려야 합니다. 왕모(王母)는 늙었고 아들은 어립니다. 더구나 두 아우는 초나라에 군사들을 끌고 가서 꼼짝도 못하고 있습니다. 지금 오나라는 밖으로 초나라에게 괴로움을 당하고 있고, 안으로는 공백 상태, 신뢰받는 신하도 없고 보면 우리에게 맞설 자는 없습니다."

"좋소! 나와 그대는 일심동체요. 그대의 아들은 내가 맡겠소."

공자 광은 전제에게 굳게 약속했다.

그리하여 4월 병자(丙子) 날, 공자 광은 왕 요를 자기 저택의 연회에 초대했다. 지하실 한 방에는 무장 군사들을 숨겨 두었다. 한편 요왕 쪽에서도 경계를 게을리 하지 않았다. 연도에는 병사들을 배치하여 삼엄한 경계를 폈으며 또한 연회석은 물론이고 정문이나 계단, 방문 등 왕궁에서 광의 저택까지 요소요소를 함께 측근자들이 경비했다. 그들은 단검(短劍)을 손에 잡고 왕의 양편에 딱 버티어 섰다.

얼마 뒤 연회가 시작되었다. 때를 살피고 있던 광은 발이 아프다고 거짓말을 꾸며 몸을 피해서 지하실로 숨어 버렸다. 그 대신에 전제가 구운 생선 접시를 왕의 상으로 가지고 갔다. 생선 접시에는 비수(匕首)가 감춰져 있었는데 그는 왕 앞에 접시를 놓는 순간 비수를 재빨리 빼어 왕을 찔러 버렸다. 그 순간 왕을 호위하던 군사의 단검이 전제의 가슴을 좌우에서 찔렀다. 그런데도 전제는 왕을 찔러 죽였다.

공자 광은 이렇듯 요(僚)를 죽이고 왕좌를 차지했다. 그가 바로 오왕 합려(闔廬)다. 합려는 약속한 대로 전제의 아들을 경(卿)으로 임명했다.

얼마 뒤에 진(晉)나라에 갔던 계찰이 귀국했는데 그는 다음과 같이 자기 태도를 분명히 했다.

"아무도 원망할 것은 없다. 나로서는 죽은 왕을 애도하며 신왕을 받들고 천명(天命)을 기다릴 뿐이다. 우리나라 역사를 살피자면 국왕이 조상의 제사(祭祀)를 끊은 일은 없으며, 백성이 왕을 받들지 않은 일은 더욱 없다. 중요한 것은 국가이다. 그것만 유지시킬 수 있다면 누가 되든 바로 그가 왕이다. 본래부터 난 혼란을 일으키려고 하지 않았다. 왕이 바뀌면 새 왕에게 봉사하리라. 그건 우리 일족(一族)의 가문의 규율이 아닌가."

그리고 왕 요의 무덤에 나아가 엎드려 호곡(號哭)한 뒤 그것을 마치자 사의(辭意)를 나타내지 않고 전처럼 자기 지위에 머물며 신왕의 명령을 기다렸다.

한편 초나라에서 포위된 두 공자인 촉용(燭庸)과 개여(蓋餘)는 공자 광이 왕 요를 살해하고 왕위에 올랐다는 소식을 듣자 곧 군사들을 이끌고 초나라에 항복한 뒤에 초왕으로부터 서(舒) 땅에 봉(封)해졌다.

▷ 싸움에는 이겨야 한다

합려는 즉위하자 재빨리 오자서(伍子胥)를 외교 고문으로 중용하고 국정의 상담역으로 삼았다. 때마침 초나라에서는 대신(大臣)인 백주리(伯州犁)가 살해되고 그의 손자인 백비(伯嚭)가 오나라로 망명해 왔다. 합려는 그를 대부(大夫)에 임명했다.

합려가 왕위에 오른 지 3년째에 그는 오자서 · 백비와 같이 스스로 군사를 이끌고 초나라에 공격해 들어갔다. 우선 서(舒)를 공략하여 초나라에 투항했던 두 공자, 즉 촉용과 개여를 죽였다.

여세를 몰아 초나라 도읍 영(郢)까지 쳐들어 가려고 했으나 장군 손무(孫武)가 제지했다.

"백성들의 피폐(疲弊)가 많아서 아직 때가 아닙니다. 좀 기다려야 합니다."

이듬해 4년에도 합려는 초나라를 공격하여 육(六)·첨(灊)의 두 성을 점령했다.

또한 이듬해에는 월(越)나라를 공략하여 승리했고 6년에는 초군이 자상(子常)·낭와(囊瓦)의 지휘 아래 오나라를 침공해 왔다.

오군(吳軍)은 그들을 예장(豫章)에서 영격(迎擊)하여 큰 승리를 얻고, 그 여세를 몰아 초군을 추격하여 거소(居巢)를 함락시킨 뒤에 돌아왔다.

그로부터 3년 합려는 오자서·손무(孫武) 두 사람과 의논했다.

"전에 귀공들은 영(郢)을 공격하는 것이 시기상조라고 했는데 지금 생각은 어떤가?"

"초나라 장군 자상(子常)의 과욕 때문에 초나라 속국인 당(唐)나라와 채(蔡)나라는 사무친 원한을 품고 있습니다. 초나라를 철저하게 쳐부수려면 이 두 나라를 우리 편으로 만드는 것도 선결 문제입니다."

합려는 이 의견에 따랐다. 두 나라와 협력한 뒤에 오나라는 전력을 총동원해서 서쪽으로 진군하여 초나라 영내 깊이 한수(漢水) 기슭까지 진격했다. 초나라도 군세를 모아가지고 나와서 맞싸웠다. 양군은 한수를 사이에 끼고 대치했다.

이때 합려의 아우 부개(夫槩)가 공격을 제의하고 스스로 선봉을 섰다. 하지만 합려가 그것을 응락하지 않자,

"왕께서는 싸우기 위해 군사들을 맡기셨다. 싸움이란 이기지 않으면 말도 안된다. 무엇을 주저할 게 있으랴."

이렇게 생각한 부개는 부하 5천 명을 이끌고 초군을 급습했고, 초군은 일제히 후퇴했다. 때를 놓칠세라 합려는 전군사를 이끌고 추격하여 만나는 족족 초군을 연전연파하여 이윽고 초도(楚都) 영에 육박했다.

▶ 신중(愼重)과 결단

오군(吳軍)은 처음에 초나라 수도에 육박하다가 공격을 중지했다. 손자(孫子)의 우직지계(迂直之計)에 따른 조건이 갖춰져 있지 않았기 때문이다.

그런데 세 번째는 부개의 전법(戰法)인 용족(勇足)을 활용하여 예정을 앞당겨 추격하였다. 신중과 결단 및 기회를 포착하는 것이 중요하다는 것을 시사하고 있다.

▷ 16年만의 복수(復讐)

초나라에 대한 복수…… 오자서는 끝내 숙원을 달성한다. 오나라에 망명해 온 이래 16년만의 일이었다.

또한 오자서는 초나라에 있을 무렵에 신포서(申包胥)라는 사람과 친하게 사귀었다. 망명하게 되었을 때 오자서는 자기의 생각을 그에게 말했다.

"반드시 초나라를 쓰러뜨리고야 말겠소."

그러자 신포서가 대답했다.

"아니오, 난 반드시 초나라를 지키고 말겠소."

그런데 오군(吳軍)이 초나라 도읍 영(郢)에 입성했을 때의 일이다. 오자서는 초나라 소왕(昭王 : 평왕과 진나라의 공주 사이에 태어난 軫)을 잡으려고 했으나 그는 벌써 피신한 뒤였다. 어쩔 수 없이 오자서는 평왕의 무덤을 파헤치고 그 시체를 캐내어 3백 번이나 채찍으로 매질을 했다.

이때 신포서는 산중으로 피신 중이었는데, 그는 오자서에게 사자(使者)를 보내서 다음과 같이 전했다.

"아무리 복수라고는 하지만 너무 지나치지 않소? 격언에 이르기를, 사람이 일시는 하늘에 이길 수 있다 하나 머지않아 하늘의 응보(應報)를 받는다고 했소. 당신은 본래 평왕의 신하로서 곁에서 왕을 모시던 사람이 아니오? 그런데도 그 평왕의 시신(屍身)을 그렇듯 욕보였으니, 하늘의 뜻을 저버려도 분수가 있다 보겠소."

오자서는 사자에게 말했다.

"신포서에게 이렇게 전하라. 해는 지고 길이 머니, 방법을 택할 여유가 없다고 말이야."

신포서는 원조를 요청하기 위하여 진(秦)나라로 떠났다. 그는 진나라 애공(哀公)에게 초나라의 위기를 호소했으나 애공(哀公)은 받아들이지 않았다. 그래서 신포서는 정당(政堂)에 선 채로 큰 소리로 울었다. 밤낮으로 7일간 울음소리가 멈추지 않았다.

이윽고 애공의 심금을 울렸고 애공은 말했다.

"초나라는 무도(無道)한 나라이기는 하나 이러한 신하가 있는 이상 그냥 내버려 둘 수가 없다."

애공은 곧 구원 군사로 병거(兵車) 5백 대의 군력(軍力)을 초나라에 보냈다.

6월에 진군(秦軍)은 직(稷) 땅에서 오군(吳軍)을 무찔렀다.

해는 지고 길은 머니… 우물쭈물하면서 목적의 수행이 매우 어려울 때에 곧잘 비유하는 이 글귀는 본장(本章)이 그 출전(出典)이다.

▷ 월(越), 오(吳)의 허(虛)를 찌르다

합려 10년 봄에, 오왕 합려는 나라를 비워둔 채 아직도 초나라 도읍 영에 머물고 있었다. 그 시간을 타서 오나라에 쳐들어온 것이 월(越)나라였다. 그 때문에 합려는 병력의 일부를 귀국시켰는데 바로 그때가 초나라의 요청을 받아들인 진(秦)나라의 원군이 초나라에 원병으로 왔을 때였다.

이 때문에 오군은 패배를 맛보았다.

합려의 아우인 부개는 합려가 계속 패하고, 또한 초나라에서 물러가려는 기색이 엿보이자 자기 임무를 내버리고 오나라로 돌아가 스스로 오왕임을 자처했다. 이 소식을 들은 합려는 당장 초나라에서 철수하여 부개의 군대에 공격을 가했다. 패하고 만 부개는 초나라로 달아났다. 그 혼란 덕분에 초나라 소왕(昭王)은 9개월만에 도읍인 영으로 돌아올 수 있었다. 소왕(昭王)

은 도망쳐 온 부개에게 당개(堂谿) 땅을 다스리게 하였는데 그가 바로 당계씨(堂谿氏)다.

이듬해에 합려는 태자인 부차(夫差)에게 명령하여 초를 공격하여 반(番)을 점령하게 했다. 겁을 집어먹은 초나라는 수도를 영에서 약(鄀)이란 곳으로 옮겼다.

15년에 노(魯)나라에서는 공자(孔子)가 재상이 되었다.

19년 여름에 합려의 오나라 군사들은 월(越)나라에 침공해 들어갔는데 월왕 구천(句踐)은 그들을 추리(槜李)에서 맞아 무찔렀다.

▷ 월왕(越王) 구천(句踐)의 등장

월왕 구천은 성왕(聖王)인 우(禹)의 후예다. 시조는 제소강(帝小康 : 하(夏)를 중흥시킨 조상)의 서자(庶子)로서, 회계(會稽)의 땅을 다스리라는 명을 받은 뒤 종묘의 제사를 받들고 있었다.

몸에는 먹으로 문신(文身)을 들이고, 머리를 짧게 깎는 야릇한 풍습을 갖고 황무지를 개척해서 부락을 만들고 있었다. 그로부터 20여 대를 거쳐 윤상(允常)에 이르러서 오왕 합려와 대립하기에 이르렀다. 그 이후 오나라와 월나라는 숙명적인 원한을 가지고 투쟁하게 되었는데 윤상이 죽자 그의 아들 구천이 왕위에 올랐고 그는 스스로 월왕임을 자처했다.

월왕 구천 원년, 윤상의 죽음을 틈타서 오왕 합려가 월나라를 정복하기 위해 돌진해 왔다. 구천은 군사들을 이끌고 추리

(檇李)에서 그들을 격파시켰다. 그때 구천은 결사대를 셋으로 나누어 조직해서 적의 간담을 서늘케 하는 기발한 전술을 폈다.

우선 제1대가 오군의 진지에 접근해서 큰 소리로 함성을 지르면서 일제히 스스로 자기 목을 쳐 베었다. 이어서 제2대, 제3대도 그와 같이 했다. 적군이 어리둥절해 있는 그 틈을 이용해서 월군은 일제히 진격했다. 결국 오군은 패배하였고 오왕 합려조차도 화살에 부상당하는 쓰라린 패전을 당했다.

2. 구천(句踐)과 부차(夫差)

구천이 용서를 받고 돌아온 뒤에 그는 보란 듯이 자기 자신이 스스로 고통을 참으며 복수의 뜻을 새로이 했다. 언제나 곁에다 말린 쓸개를 놓고 밤낮으로 손에 꽉 쥐었고 식사 때마다 그 쓴맛을 보았다.

▷ 구천(句踐)이 그대의 아비를 죽인 것을 잊겠는가

「초세가(楚世家)」에는 이렇게 기록되어 있다.

"월왕 구천이 오왕을 향해 화살을 쏘아 상처를 입혀 그 상처로 인해 오왕은 죽었다. 오나라는 월나라를 증오하여 서쪽 초나라에 대한 공격을 포기했다."

합려는 추리에서 철퇴한 후에 손가락을 다친 것이 원인이 되어 죽고 말았다. 임종 때에 그는 태자 부차(夫差)를 신왕으로 세우고 이런 말을 유언했다.

"부차야, 아버지의 원수는 구천이니라. 설마 잊지 않겠지?"

"어찌 잊을 수 있겠습니까? 제가 3년 안에 꼭 복수할테니 염려하지 마십시오."

이듬해, 부차는 대부인 백비(伯嚭)를 태재(太宰)에 임명하고 국정을 그에게 맡겼다. 그리고 월나라에 대한 복수를 구호로 내걸고 군사들을 맹훈련시켰다. 다음 해인 2년에 부차는 이들 정병(精兵)을 총동원하여 월나라와 맞서 부초(夫椒) 싸움에서 크게 승리함으로써 아버지의 원수를 갚기에 이르렀다.

▷ 회계(會稽)의 치욕

구천 3년(부차 2년)에 오왕 부차가 그의 아버지의 원수를 갚기 위해 군사 훈련을 강화하고 있다는 말을 들은 월나라에서는 선제공격을 하려고 했다.

중신(重臣) 범여(范蠡)가 구천에게 간언했다.

"모름지기 싸움이란 자연적인 이치에 거슬리는 행위이며, 무기(武器)는 상서롭지 못한 도구로 알려져 있습니다. 그럼에도 불구하고 즐겨 싸움을 꾀하여 다툼 속에 몸을 던지는 것은 하늘의 뜻을 거역하는 일이므로 반드시 그 응보를 받게 됩니다."

그러나 구천은 "나는 이미 결심했다."하고 군사들의 출동명령을 내렸다.

그런데 오왕 부차는 그보다 빨리 구천의 계획을 알아차리고 모든 정병(精兵)을 동원해서 단숨에 공격을 가해 왔다. 이렇게 해서 월나라 군사들은 부초 땅에서 패전을 맛본 것이다. 패한 구천은 살아남은 군사 5천을 이끌고 회계산으로 도망쳤다. 그러나 오군은 그들을 뒤쫓아가서 포위망을 폈다.

구천은 범여에게 말했다.

"귀공의 의견에 따르지 않았기 때문에 이런 위기에 처했소. 무슨 방책이 없겠소?"

"하늘에 따른다면 충실한 상태를 유지할 수가 있고, 인재를 등용해 쓴다면 위기를 벗어날 수 있고, 땅에 따른다면 절제(節制)를 지닐 수 있다고 말하고 있습니다. 현재로서는 공물(貢物)을 바치고 이쪽의 성의를 오왕에게 보여야만 합니다. 그래도 안된다면 왕께서 손수 자기 몸을 맡겨 화의(和議)를 청할 수밖에 도리 없습니다."

구천은 범여의 의견대로 오나라에 화의를 청했다. 대부 문종(文種)이 사절(使節)로 나섰다. 그는 오왕 부차 앞에 나아가 머리를 조아리고 진언했다.

"불충한 신하 구천을 대신해서 불초 소신이 여쭙겠습니다. 바라옵건대 구천을 종으로 삼으시고 그의 아내도 하인으로 삼아 주십시오."

오왕은 화의를 수락하려고 하자 곁에 있던 오자서가 말렸다.

"하늘이 월나라를 우리나라에 내려 주셨습니다. 정(情)이란 아무 소용이 없습니다."

결국 문종은 평화 공작에 실패하고 귀국한 후 그 내용을 보고했다. 그러자 구천은 각오했다.

"그렇다면 가족을 죽이고, 종묘의 제기(祭器)를 태워 버리고, 최후의 결전을 벌여 죽을 때까지 싸우는 거다."

그러나 문종은 그것을 만류했다.

"오나라 태재(太宰) 백비는 욕심이 많은 자이므로 뇌물을 보낸다면 말을 들어줄 것입니다. 바라옵건대, 은밀하게 공작을 시켜 주십시오."

그래서 구천은 다시 한 번 문종을 오나라로 보내 남몰래 미녀와 재물을 백비에게 선사했다. 그러자 백비는 재빨리 오왕을 알현시켜 주었다.

"구천의 모든 죄를 용서해 주신다면 우리 월나라 종묘의 제기들을 모두 헌납하겠습니다. 만일 용서해 주시지 않는다면 구천은 자기 가족을 죽이고 재물을 모두 불살라 버린 후 5천의 군사를 이끌고 최후의 결전에 나설 각오를 하고 있습니다. 그렇게 되면 군왕(君王)의 군사들도 상당한 손해를 입지 않을 수 없을 것입니다. 그러하오니 그를 용서해 주시기 바랍니다."

백비도 옆에서 거들었다.

"요전에 월왕은 신하가 되겠다고 맹세했습니다. 그를 용서해 주신다면 우리 나라에 이익이 된다고 생각합니다만."

부차가 그것을 허락하려고 하자, 옆에서 또다시 오자서가 가로막았다.

"지금 그를 치지 않으신다면 반드시 후회하실 날이 있을 것입니다. 구천은 명군(名君)이며, 그 밑에는 문종·범여 등의 뛰어난 인재가 있습니다. 그를 살려두면 언젠가는 반란을 일으킬 것입니다."

그러나 부차는 항복을 받아들이고, 군사들을 이끌고 물러갔다.

▷ 쓸개를 맛보다

얘기는 거슬러 올라간다. 회계산에서 곤경에 처했을 때 구천은 한숨을 몰아쉬면서 "아, 나도 이젠 끝장이로다."하고 낙담했다. 그때 구천의 마음을 다시 북돋우게 한 것이 문종이었다. 그는 구천에게 말했다.

"무슨 말씀이십니까? 저 은나라 탕왕(湯王), 주나라 문왕(文王)까지도 한때는 유폐된 몸이 된 일이 있었고, 진(晋)나라의 문공(文公), 제(齊)나라의 환공(桓公)도 고통스러운 망명의 시간을 보낸 일도 있습니다. 그런데도 끝내 왕자가 되고 패자(覇者)가 되지 않았습니까? 그렇다고 보면 지금의 왕께서 겪으시는 고통은 장차의 대성을 위한 시련이라고 여깁니다."

구천이 용서를 받고 돌아온 뒤에, 그는 보란 듯이 자기 자신이 스스로 고통을 참으며 복수의 뜻을 새로이 했다. 언제나 곁에다 말린 쓸개를 놓고 밤낮으로 손에 꽉 쥐었고 식사 때마다 그 쓴맛을 보았다.

"회계(會稽)의 수치를 잊어서는 안된다!"

이렇게 자신을 타이르는 것이었다.

그것 뿐만이 아니다. 구천은 스스로 밭에 나가 일했고, 부인도 베틀을 돌리며 옷감을 짰다. 생활도 서민이나 다름없이 했으며, 고기를 먹지 않고 물 들인 옷을 입지 않았다. 유능한 신하에게는 고개 숙여 가르침을 청했고, 외국에서 찾아오는 손님들을 우대했다. 백성들의 생활면에도 신경을 썼으며 죽은 사람에겐 정중한 조의(弔意)를 표했다. 이렇게 항상 노고를 같이 했던 것이다.

한편 구천은 귀국하자 곧 국정을 범여에게 맡기려고 생각했다. 하지만 범여는 말했다.

"군사에 관한 것이라면 제가 낫다고 하겠으나, 특히 국가를 안전하게 하고 군신(群臣)을 거느리는 일은 문종이 적임자입니다."

결국 국정은 대부 문종이 맡게 되었는데 인질이 되어 오나라로 가게 되었다. 범여의 귀국이 허락된 것은 2년 뒤의 일이다.

▶ 와신상담(臥薪嘗膽)
원수를 갚고자 고생을 참고 견디다, 장래를 기약하여 괴로운 것을 참는다는 의미를 가진 성어(成語)의 출전(出典). '장작 위에 누워 쓸개를 맛본다'고 하는 것은 「오·월 춘추(吳越春秋)」에 나오는 말인데, 「십팔사략(十八史略)」에 의하면 '와신'은 부차, '상담'은 구천으로 바뀌어 있다. 후세에 와서 말에 꼬리가 붙게 되었다고 본다.

▷ 적(敵)을 방심시킬 것

이처럼 구천은 회계산 패전 이래 7년이라는 기간을 신하들의 신뢰를 얻는데 힘쓰고 민생을 안정시키는데 전념했다. 이윽고 오나라에 대한 복수를 하려고 했을 때 대부 봉동(逢同)이 진언했다.

"괴멸 상태에 빠졌던 우리가 이렇게 빨리 부흥하고, 게다가 군비마저 충실해졌다고 하면, 오나라로서는 응당 경계심을 품고 있을 것입니다. 먹이를 노리는 독수리는 몸을 보이지 않는 법, 부질없이 적을 자극하는 것도 백해무익한 일입니다. 그런데 오나라의 오늘을 살피자면 초나라와 월나라의 원한을 샀을 뿐 아니라 제(齊)나라와 진(晉)나라에도 침략의 손을 뻗치고 있습니다. 강국인 오나라의 이름이 천하에 떨치고 있습니다. 하지만 이것은 참다운 명성이 아닙니다. 패자(覇者)다운 덕(德)이 없고 이익만을 좇고 있습니다. 비대해진 나머지 언젠가는 스스로의 묘혈(墓穴)을 파고 말 것입니다. 그때 우리나라가 취할 길이란 제(齊)나라 · 초(楚)나라 · 진(晉)나라 등 세 나라와의 관계를 깊게 한 뒤, 오나라에 대해서는 공손한 태도를 보이는 일입니다. 무엇보다도 국토를 넓히려는 욕망에 사로잡혀 있는 오나라에는 싸움이 있을 따름입니다.

그래서 우리나라로서는 제 · 진 · 초 세 나라가 오나라와 싸우게 한 뒤에 오나라가 지쳐 있을 시기에 쳐부순다면 승리는 확실합니다."

구천은 결국 이 의견에 따랐다.

▷ 오자서(伍子胥)의 최후

그로부터 2년 뒤, 부차가 제(齊)나라로 출병하려고 했다. 그때 오자서가 반대했다.

"아직 그 시기가 아닙니다. 듣자니 구천은 소박한 생활을 하며 신하들과 고락(苦樂)을 함께 하고 있답니다. 구천이 살아 있는 한 방심해서는 안됩니다. 모름지기 우리로서는 월(越)나라의 존재가 창자의 병과도 같습니다. 이것에 비한다면 제나라쯤은 몸에 생긴 종기밖에는 안됩니다. 월나라를 공격하는 것이 문제입니다. 제발 다시 생각하시기 바랍니다."

하지만 부차는 오자서의 진언을 무시하고 제나라를 공격했다. 그 결과는 오나라의 승리였다. 그들은 예릉(艾陵)에서 제군(齊軍)을 무찌르고, 제나라 대부 고소자(高昭子)와 국혜자(國惠子)를 포로로 하여 개선했다. 또한 부차가 곧 오자서를 불러 세우고는 책임을 추궁하자 오자서가 말했다.

"왕이시여, 그렇게 기뻐할 건 없습니다."

그 소리를 듣자 부차는 격분했다. 오자서는 자살할 각오를 굳게 했지만, 그것을 안 부차가 명령하여 오자서의 결심을 되돌리게 했다.

또한 월나라에서는 대부 문종이 구천에게 제의했다.

"지금이야말로 오왕이 안심하고 있을 때입니다. 우선 식량을 꾸어달라고 청원을 해 보아서 어떻게 나올 것인지 시험삼아 해 보는 것이 좋을 것입니다."

구천은 지체하지 않고 오나라에 그런 청원을 했다.

부차가 받아들이려고 했지만 다시 오자서가 반대했다. 하지만 부차는 반대를 무릅쓰고 월나라가 요청하는 만큼 식량을 구해 주었다. 월나라에서는 속으로 기뻐했다.

그러자 오자서는 한탄했다.

"아, 충언에 귀를 기울이지 않을 정도라면 이 이상 가망이 없다. 3년이 지나면 오나라 도읍도 폐허가 되리라."

이 말이 태재인 백비의 귀에 들어갔다. 그때부터는 월나라 문제를 둘러싸고 백비가 사사건건 오자서와 충돌하고, 이윽고 왕에게 참소하기에 이르렀다.

"아무리 충성을 했다고는 하지만, 오자서만큼 냉혹한 인간은 없습니다. 아버지나 형조차 죽일 정도였습니다. 이런 자가 왕을 위해 무엇을 생각하겠습니까? 먼저번에 제(齊)나라를 토벌하실 때 자서는 완강히 반대하지 않았습니까? 하지만 결과는 우리나라의 승리였습니다. 그것을 가지고 오히려 자서는 원한을 품고 있습니다. 앞으로 모반을 꾸밀 것은 틀림없는 일이니 방심하시면 안됩니다."

그리고 월나라의 대부 봉동(逢同)과 미리 내통한 뒤에 아주 사실인 것처럼 왕에게 고해 바쳤다. 부차는 처음에는 그것을 수긍하지 않고, 오히려 자서를 사신으로 삼아 제나라에 보냈다. 오자서는 제나라에 갈 때 자기 아들을 데리고 갔다. 또한 제나라 대부 포목(鮑牧)에게 아들을 돌봐달라고 맡긴 다음 귀국했다. 그러자 부차는 크게 노했다.

"과연 속였군, 반역자가!"

부차는 곧 사자(使者)를 파견하여 오자서에게 속루검(屬鏤劍)을 보냈다. '이 칼로 죽어라'는 뜻이다.

오자서는 껄껄 웃었다.

"잊었는가? 네 애비가 패왕(覇王)이 된 것도, 네놈이 왕위에 오른 것도 모두 내가 있었기 때문이었다. 그래서 왕위에 올랐을 때 네놈은 오나라를 반은 내게 주려고 하지 않았느냐? 그래도 난 그걸 받지 않았지. 그런 나를 이젠 오히려 모함해서 죽이려고 하다니! 내가 없이 과연 네가 무얼 하겠다는 거냐?"

그는 사자에게 이렇게 말했다.

"반드시 내 눈을 뽑아서 도읍의 동문(東門)에다 걸어다오.

월나라 군사들이 입성하는 모습을 봐야겠다."

이리하여 오나라의 실권은 완전히 백비가 장악하게 되었다.

▷ 구천(句踐), 이윽고 일어서다

3년이 지났다. 월왕 구천은 오나라 공격의 시기에 관해서 범여의 의견을 들었다.

"오자서가 살해된 후, 오왕 옆에는 기골 있는 선비란 아무도 없으니 그럭저럭 그 시기가 온 게 아니오?"

"아닙니다. 아직 그 시기가 아닙니다."

범여는 구천을 말렸다.

이듬해 봄, 오왕 부차는 북쪽의 황지(黃池) 땅에 나아가 그곳에서 제후들과 회맹하려고 했다. 오군의 주력 부대는 회맹으로 동행했으므로 오나라에는 태자와 노약자들만이 있을 뿐이었다. 구천은 다시 범여의 의견을 물었다.

"공격하시지요."

이번에는 범여까지 찬성했다.

월나라가 동원한 병력은 도강 공작대(渡江工作隊) 2천 명, 정병(精兵) 4만 명, 사관(士官) 6천 명, 군리(軍吏) 1천 명. 이들은 일제히 오나라에 돌진하여 오군을 격파하고 태자를 죽여버렸다.

급보가 황지의 부차에게 전해졌다. 이때가 바로 회맹을 열려는 때였다. 제후들에게 알렸다가는 오히려 역효과를 초래하기 쉽기 때문에 부차는 이 사실이 알려지지 않도록 노력하면서 애

써 회맹을 끝냄과 동시에 월나라로 사자를 보내 예의를 다하여
화의를 청했다.

월나라는 사정을 검토한 뒤에 여기서 단숨에 오나라 전체를
멸망시키기에는 힘이 부족하다는 판단을 하고, 화의에 응했다.

▷ 패자(敗者)에게 동정은 무용

그로부터 4년만에 월나라는 이윽고 최후의 결전에 뛰어들었
다. 오나라의 국력이란 벌써 바닥이 드러났고, 군대의 주력 부
대는 제(齊)나라와 진(晉)나라에 출병한 후로 괴멸 상태에 있
었다.

월군은 연전 연승하여 삽시간에 오나라 서울을 포위했다. 오
나라는 3년간을 버티었으나 결국 기진맥진했다. 부차는 서울
을 버리고 고소산(姑蘇山)으로 도망가서 대부 공손웅(公孫雄)
을 사절로 보내 화의를 청했다.

공손웅은 부차를 대리하여 패자(敗者)의 예로 웃통을 벌거
벗고 구천 앞에 무릎을 꿇었다.

"부차는 신하로서 마음속으로부터 원하옵니다. 부차는 전날
회계산에서 군왕(君王)께 더 이상 없는 무례를 저질렀습니다.
그렇지만 그때 자비를 베풀어 화의를 맺고 무사히 돌아갔던 것
입니다. 오늘에 와서 신하인 부차는 설령 군왕의 발에 걸어채
인들 아무 이의가 없습니다. 하지만 바라옵건대 회계산 때의
화의를 생각하시어 신의 죄를 용서해 주시기 바랍니다."

구천의 마음이 통해서 그 청을 받아들이려고 했다. 그때 범

여가 나서는 것이었다.

"기다려 주십시오. 회계산에서는 하늘이 내린 기회를 굳이 오나라가 받아들이지 않았을 뿐입니다. 하지만 이번에는 하늘이 오나라를 월나라에게 주려 합니다. 그것을 받아들이지 않는다면 하늘의 뜻을 거역하는 일입니다. 오늘까지 밤낮을 가리지 않고 온 목적은 오로지 오나라에게 보복하기 위해서였습니다. 22년에 걸친 그 신고(辛苦)를 맛보면서 이룬 성과를 하루 아침에 버릴 수 있겠습니까? 하늘이 베푸는 것을 받지 않는다면 재앙을 초래하거니와 오나라의 예로서도 분명합니다. 모름지기 회계산에서 겪은 고충을 왕께서 잊으셔서는 안됩니다."

사실이 그렇다고 구천도 생각하긴 했지만 정에는 약했다. 아직도 결단을 않고 있었다. 범여는 이 광경을 보자 갑자기 군고(軍鼓)를 울렸다. 그것을 신호로 경비병들이 안으로 들어왔다.

범여는 오나라 사절 일행에게 이야기했다.

"왕을 대리하여 명령한다. 어서 여기서 물러가라. 그렇지 않으면 목을 치리라!"

오나라 사절 일행은 울면서 돌아가 버렸다.

구천은 뒷맛이 개운치 않아 견딜 수 없었다. 때문에 부차에게 사자를 보냈다.

"용동(勇東)의 섬으로 옮겨가는 것이 어떤가? 백호(百戶)의 우두머리로 지내는 것을 허락한다."

하지만 부차는 사자에게 말했다.

"나는 벌써 늙은 몸, 이제 새삼스럽게 군왕을 받들 수도 없소이다."

부차는 구천의 청을 거절한 뒤, 스스로 자결해 버렸다. 죽음에 임박한 부차는, "자서를 볼 면목이 없구나!"하며 그는 자기 얼굴을 헝겊으로 덮었다.

　구천은 부차의 장례를 잘 치러 주는 일과 함께 태자 백비를 사형에 처했다.

3. 명철(明哲) 범여(范蠡)

▷ 문종(文種)의 죽음

이리하여 구천은 오나라를 평정한 후에 군사들을 북으로 몰아 회수(淮水)를 건너 제나라와 진나라의 두 제후와 서주(徐州)에서 회맹한 뒤, 주실(周室)에 공물을 헌납했다.

주실에서는 원왕(元王)이 구천에게 종묘의 공물을 하사하고 또한 그에게 패자의 칭호를 주었다.

이어서 구천은 회남을 건너서 영토를 조정했다. 회수 유역의 땅은 초나라에 주었다. 오나라가 송나라에게서 빼앗은 국토는 송나라에 돌려 주었다. 노나라에는 사수(泗水) 동쪽의 땅 사방 백 리를 주었다.

월군(越軍)은 양자강 및 회수 유역 일대에 세력권을 펼쳤다. 제후들은 모두 월나라의 표정을 살폈고, 거역하려 하지 않았다. 구천은 스스로 패왕(覇王)이라 일컫게 되었다.

그런데 이 무렵에 범여가 구천의 옆을 떠났다. 그는 제(齊)나라로 옮겨가서 대부 문종(文種)에게 이렇게 써 보냈다.

"비조(飛鳥)가 없어지니 양궁(良弓)을 거두어 넣었고, 교토(狡兎)가 죽으니 주구(走狗)를 찐다는 말이 있습니다. 월왕은 목이 길고 입이 검습니다. 좋지 못한 인상(人相)입니다. 고생은 같이 할 수 있어도 기쁨은 남과 나누지 못하는 인물입니다. 대부께서도 진퇴를 생각하시는 것이 어떨까 합니다."

그 뒤로 문종은 몸이 불편하다 하고 집안에 들어앉아 일체의 외부 출입을 안했다.

그러자 왕에게 참소하는 이가 나타났다.

"문종은 반란을 꾀하고 있습니다."

구천은 문종에게 검(劍)을 하사하며 이렇게 명했다.

"귀공은 나에게 오나라를 토벌하는 비결이 일곱 가지가 있다고 가르쳐 주었지만 내가 실제로 쓴 것은 그 중 셋뿐이다. 나머지 네 가지는 귀공의 가슴속에 있다. 이제는 돌아간 선왕(先王) 곁에 가서 그것을 시험해 보는 것도 좋을 거다."

이래서 문종은 그 검으로 자신의 목숨을 끊었다.

▷ 범여(范蠡)의 멋진 전신(轉身)

범여는 월왕 구천을 도와서 간난신고(艱難辛苦)를 참고 기회를 노리기 20년 만에 결국 숙적 오나라를 멸망시키고, 회계산의 치욕을 씻었다.

그 뒤, 월나라는 여세를 몰아 북진하여 회수(淮水)를 건너 제(齊)나라와 진(晉)나라 둘을 지배하게 되었다. 구천은 주 왕실을 존중하며 패자가 되고, 또 천하를 호령하게 됨으로써 따라서 범여를 상장군(上將軍)이라는 최고 지위에 임명하였다.

범여는 귀국하자 혼자 이렇게 생각했다.

'득의의 절정에 오른 군주 옆에 오래 있는 것은 위험하다. 첫째 구천은 고생을 함께 나눌 수 있어도 영화를 함께 나눌 인물로 믿어지지는 않는다.'

범여는 구천에게 편지를 띄워 사의를 알렸다.

"주군께서 괴로워하실 때는 분골쇄신하며, 주군께서 모욕을 당하실 때는 생명을 초개같이 여기는 것이 곧 신하의 도리입니다. 돌이켜 보건대 회계에서 왕께서 그 치욕을 당하시는 것을 보면서도 살았던 것은 오직 오나라에 보복하기 위해서였습니다. 그 목적을 다한 지금이야말로 그 죄를 보상받고 싶다고 여기나이다."

"무슨 소리지. 난 나라를 둘로 나누어 둘이서 다스리려 하고 있는데. 허락하지 않을 때는 귀공을 죽이고 말 것이다."

구천은 사자를 통해 이런 말을 전했다. 그러나 범여는 이렇게 말했다.

"나라는 부디 혼자서 다스려 주십시오. 전 역시 제가 생각하는 대로 하고 싶습니다."

사직한 범여는 운반할 수 있는 보석 등을 배에 싣고 가족과 같이 바다를 건너 다시는 월나라에 돌아오지 않았다. 구천은 드디어 포기하고 회계산 일대에다 표지를 세우고 그 일대를 범여의 봉읍(奉邑)으로 삼았다.

▷ 영예(榮譽)는 화근

범여는 바다를 건너 제나라로 옮겨갔다. 이름도 치이자피

(鴟夷子皮)라고 새로 짓고, 해변에서 자식들과 같이 땀흘리며 밭을 갈아, 재산을 모으는데 힘썼다. 얼마 안가서 수십만 금의 부자가 되었다. 제나라에서 그의 능력을 높이 사서 재상에 취임하라고 간청했다.

범여는 힘없이 한숨을 내쉬었다.

"들판에서는 천금의 재산을 구하고 관가에서는 재상 자리에 오른다. 필부의 몸으로서 더 큰 영달은 없다. 그러나 영예가 더 계속되면 오히려 화근이 된다."

범여는 제나라의 요청을 사양한 뒤에 재산을 친구와 마을 사람들에게 나누어 준 뒤, 특별히 값진 보배만을 가지고 몰래 마을을 떠나 도(陶)나라로 옮겨갔다.

도나라는 천하의 중심지로서 물자의 유통이 활발한 요로였다. 경제 활동에는 이 이상 좋은 장소가 없다고 범여는 생각했다. 그는 또 이름을 바꾸어 도주공(陶朱公)이라 한 뒤, 새로운 계획을 세워서 자기 아들들과 함께 농경과 목축에 힘썼다. 한 편으로는 물가의 변동을 가져오는 물건들을 다루어 손쉽게 1할의 이익을 차지했다. 여기서도 얼마 안가 거만(巨萬)의 이익을 구했다.

그리하여 도주공의 이름을 천하에 떨친 것이다.

▷ 어버이 마음, 자식이 모른다

도나라에 이주한 뒤, 막내 아들이 태어났다. 그 막내가 30세가 되었을 때, 차남이 초나라에서 살인을 한 뒤 붙잡혔다. 범여는 생각했다.

"사람을 죽였으니 사형이 당연하다. 하지만 부호의 자식은 보통 사람과 달라 거기에서 처형되어서는 안된다. 나는 그렇게 알고 있다."

그는 막내 아들을 초나라로 보내어 공작시키기로 했다. 급히 황금 1천 일(鎰 : 1일의 무게가 3백 그램 이상임)을 옷상자에 감추어 그것을 소달구지에 실었다. 그런데 바로 떠나려는 판인데 느닷없이 장남이 꼭 자기를 보내달라고 나섰다. 범여가 받아들이지 않게 되자 장남이 말했다.

"장남은 가독(家督)이라 하여 집안의 일을 도맡는 책임을 지고 있습니다. 그런데도 차남이 죄를 저지른 오늘 저를 젖혀 놓고 막내 아우를 보내시는 것은 제가 무능하다고 생각하시기 때문입니다. 그렇다면 저는 죽고 말겠습니다."

그 소리를 들은 어머니가 놀래서 범여에게 말했다.

"막내를 보낸다고 하여 둘째 애를 살린다고는 할 수 없습니다. 그런데도 이런 일 때문에 큰 애를 그대로 죽게 내버려 두시렵니까?"

범여도 어쩔 수 없어 장남을 보내기로 했다. 초나라의 장생(莊生)이 옛 친구이기 때문에 그에게 편지를 받고 장남에게 말했다.

"초나라에 닿거든 가지고 간 황금을 장생에게 넘긴 뒤에, 일체를 맡기도록 해라. 어떤 일이 있어도 거역해선 안된다."

장남은 별도로 수백 금을 가지고 초나라로 떠났다.

장생의 집에 도착했을 때 그의 집은 도읍의 교외에 있으며 집 둘레에는 풀이 무성했다. 풀을 헤치고 대문까지 이르니 사는 것이 말이 아니었다. 하지만 장남은 아버지가 말한 대로 편지를 내밀고 1천 일의 황금을 내주었다. 장생이 말했다.

"초나라에 머물고 있어서는 안되네. 바로 집으로 돌아가게. 또 한 가지, 설령 아우가 석방되더라도 그 이유를 캐묻지 말게."

하지만 장남은 그 뒤 장생이 모르게 도읍에서 지내며 아버지가 따로 준 황금을 초나라 실력자들에게 뿌리고 다녔다.

장생은 사는 것은 구차했으나 그가 청빈하다는 것은 누구나 다 잘 알아서 왕을 비롯해서 나라 안 사람들에게 존경받는 인물이었다. 범여에게서 받은 금을 차지할 생각이란 하나도 없었다. 부탁받은 일만 마치면 돌려 줄 셈이요, 단지 부탁을 받아서 그냥 받아 놓은데 지나지 않았다. 또한 아내에게도 이렇게 말했던 것이다.

"이 돈은 주공(朱公)으로부터 맡아둔 것이오. 만약 내게 무슨 일이 생기거든 반드시 돌려주어야 하오. 꼭 건드려서는 안되오."

하지만 범여의 장남은 장생의 심사를 몰랐다.

"아무리 장생이라고는 하지만 돈 앞에서는 보통 사람과 다를 바 없군."

그는 이렇게 생각해 버리고 말았다.

▷ 천금(千金)이 아까워서

장생은 때를 살펴서 궁에 들어가 왕을 만났다.

"별이 움직이는 것이 좋지 않습니다. 우리나라가 재난의 화를 당할 것 같습니다."

왕은 장생을 전폭적으로 믿고 있어서 이렇게 물었다.

"어찌하면 좋소?"

"재난을 면하자면 한 가지 왕께서 덕을 베푸실 일입니다."

"알겠소. 바로 그리 할테니 안심하도록 하오."

왕은 당장 사자(使者)를 시켜 금·은·동을 모아둔 부고(府庫)를 봉인(封印)하게 했다.

범여의 장남에게서 금을 받은 실력자의 한 사람이 당황해서 장남에게 이렇게 이야기했다.

"여보게 대사(大赦)가 있어."

"어떤 일입니까?"

"대사 전에는 반드시 부고가 봉인되게 되어 있어. 하지만 어젯밤 왕께서 봉인 명령을 내리셨지."

'대사라고 한다면 자연히 동생이 석방된다. 그런데도 그런 막대한 금을 장생에게 주었다니 정말 쓸데 없는 짓을 했다.'

이런 생각을 하자 장남은 서둘러서 장생에게 달려갔다. 장생은 놀랐다.

"아직도 자네가 있었구만."

"물론이죠. 아우를 찾으러 왔으니까요. 그 아우는 당신의 손을 빌리지 않아도 요즘 사면이 결정되었어요. 그런 때문에 오늘 여기까지 찾아왔습니다."

금을 돌려달라고 하는 마음을 알아차렸기 때문에 장생은 말했다.

"금은 안에다 보관해 두었네. 마음대로 가져가게나."

장남은 재빨리 들어가 금을 가지고 사라졌다. 아주 기뻐하면서.

▷ 고생한 인간(人間)의 애달픔

새파란 애숭이에게 수치를 당한 장생은 바로 왕궁에 들어가 왕을 알현했다.

"엊그제 별이 불길하게 움직인다 했더니 왕께서는 급히 덕정을 베풀어 이에 대처하시겠다는 뜻을 밝히셨습니다. 그런데 세상에는 별스런 소문이 돌고 있습니다. 도나라의 부호인 주공(朱公)의 아들이 사람을 죽이고 초나라 감옥에 들어와 있습니다. 그런데 주공이 돈을 뿌리면서 중신들에게 공작을 하고 있답니다. 때문에 대사(大赦)란 주공의 아들을 살리기 위하여 실시되는 것이니, 왕께서 특별히 초나라 사람들에게 정을 베푸시는 것이 아니라고 말하고들 있는 것입니다."

왕이 노발대발했다.

"아무리 내가 덕이 없기로서니 주공의 아들을 위해서 대사를 베풀 수가 없소."

왕은 당장 명령해서 범여의 차남을 죽인 뒤에 그 이튿날 대사령을 내렸다.

이래서 장남은 동생의 시체만 거두어 돌아가게 되었다.

집에 당도했다. 어머니와 마을 사람들이 한탄하며 슬퍼했으나 그 가운데서 범여 한 사람만은 웃고 있었다.

"이런 결과가 빚어진다는 것을 미리부터 예측하고 있었다. 저 녀석이 동생을 위한다는 생각이 없다는 것은 아니야. 그저 지금 한 가지 미련이 생기는 게 있어. 그건 다름 아니고 저 녀석은 어릴 때부터 나와 같이 생활의 어려움을 맛보았기 때문에 좀처럼 돈을 수중에서 내놓지 않는다. 거기에 비하면 막내는 태어나면서부터 좋은 혜택을 받고 여봐란 듯이 자라났기 때문에 돈을 모으는 고통을 모르고 자라났다. 그래서 아무렇지도 않게 돈을 쓴다.

내가 처음에 막내를 보내고자 한 일은 막내라면 거기 가서 아무렇지 않게 돈을 쓸 수 있다고 생각했기 때문이지. 장남은 그걸 못해, 결국 아우만 죽이고 말았어. 그러나 그건 저절로 그렇게 되기 마련이니 슬프다고는 할 수 없어. 난 처음부터 둘째 애가 죽어서 돌아온다는 것을 알았으니까."

범여는 세 번을 이사한 뒤에 천하의 명사(名士)가 되었다. 그저 늙어 마지막에는 도나라에 가서 죽었고, 도주공의 이름으로 세상에 알려지고 있었다.

▶ 환경(環境)과 인간 형성

장남과 막내와의 차이는 능력만이 아니라 환경에 의한 인간 형성이다. 고생은 사서 할 만하다지만 개성이 비뚤어질 위험이 있다. 엘리트에게는 천박한 고생을 시켜서는 안된다는 것이 바로 그 이유다.

「월왕구천세가(越王句踐世家)」는 시정에 숨어서 살게 된 뒤로 범여의 이야기로 끝난다. 일국의 역사를 말하는 「세가」 속에 한 신하에 관한 기록이 이렇게 많은 분량을 차지하는 일도 희한한 일이다.

史記 2 亂世의 群像

I

체제(體制)의 변혁(變革)

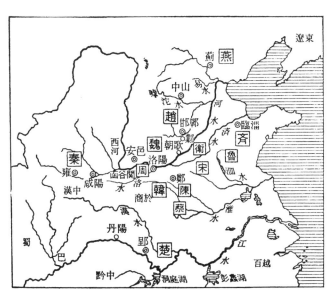

전국(戰國)시대(時代)의 초기(初期)

사마천(司馬遷)은 전국시대의 제후(諸侯)의 연표인 「6국의 연표(六國年表)」 서문에서 이처럼 이야기하고 있다.

진(秦)은 원래 벽지에 있는 작은 나라였기에 중원(中原)의 여러 나라로부터 만족(蠻族) 취급을 받았으나 헌공(獻公 : 효공(孝公)의 아버지) 이후 대대로 잘난 제후(諸侯)로서 확고한 지위를 차지했다.

하지만 그 덕망(德望)과 의로움(義)은 소국(小國)인 노(魯)나라며 위(衛)나라의 암군(暗君)보다 못했지만 군사력(軍事力)도 3진(三晉)에 미치지 못하였다. 이런 진(秦)이 결국은 천하를 얻게 된 것은 지리 조건(地理條件)이 유리하기도 했지만 역시 하늘의 섭리에 의한 것이었다고 보고 싶다. 진제국(秦帝國)의 통치에는 무단적(武斷的)인 방법도 많았지만, 시대의 변천에 따라서 법을 바꾼 것도 뛰어난 공적이다.

하지만 세상의 학자(學者)들은 고정관념에 사로잡혀, 진 왕조가 얼마 안가서 멸망해 버렸기 때문에 그 실패를 조소할 뿐, 그 치적을 진지하게 찾으려 하지 않는다. 그렇다면, 도대체 무엇 때문에 역사를 연구하는지 알 길 없지 않은가.

실로 탄식할 일이다.

전국시대의 역사를 편찬하는 데에 사마천이 제일 힘을 기울여서 그려 내려고 한 일은 진나라의 패업(覇業)을 완성시킨 필연적인 섭리와 그것들을 둘러싼 여러 인간의 운명이었다.

본권(本卷)이 다룬 시기는 전국시대로부터 진(秦)이 천하를 통일한 지 10년 뒤 시황제(始皇帝)의 사망(기원전 210년)에 이르는 약 2백년 간이다. 본권에서는 그것을 (1) 체제(體制)의 변혁 (2) 식객(食客)의 시대 (3) 고독한 독재자(獨裁者)의 3장으로 나눠 꾸몄다. 이것은 시간의 추이(推移)에 따른 분장(分章)이면서 한편 각 시기(時期)를 특징짓는 인간 행동의 양면성을 나타내는 것이 되기도 한다.

1. 춘추(春秋)에서 전국시대(戰國時代)로

▷ 적자생존(適者生存)

전국시대는 그 전(前)의 춘추시대(기원전 8세기~5세기)와 같이 사상 보기 드문 대변혁기였다. 춘추 초기에 이름을 내건 나라는 약 2백 개, 이것은 전국시대에 들어서자 불과 20개 국으로 줄어들고, 결국은 전국 7웅(戰國七雄)의 대결 항쟁을 거쳐서 진의 천하통일이 실현된다. 패권을 둘러싸고 전개되는 투쟁의 처절함은 그야말로 약육강식(弱肉强食)의 시대라고 부르기에 꼭 맞았고, 그것을 다른 면에서 보면 '적자생존(適者生存)'의 법칙이 냉철하게 관찰된 때이다.

시세의 변화에 자연스럽게 대응한 자는 살아남고 그렇지 않은 자는 여지없이 멸망해 버린다. 변화를 낳은 요인은 주(周) 이래의 봉건제도(封建制度)가 지닌 모순과 생산 기술(生産技術)의 진보였다.

▷ 봉건제도(封建制度)의 위기

주의 봉건 제도는 혈연 관계로 의지하여 지배를 유지하려 하는, 본질적으로는 씨족제의 정치 조직이었다. 천자(天子)인 주실(周室)과 제후와는 본가(本家)나 분가(分家)와의 관계로 맺어졌고, 또 제후의 나라도 제각기 제사(祭祀)와 군사(軍事)를 함께 하는 씨족 공동체였다.

이 공동체의 대표가 국가의 군주(君主)에 해당되는 제후(諸侯)이며, 공동체를 꾸미는 제후의 장(長)은 대부(大夫)라고 부르고 이 대부는 세습(世襲)된 영지와 일족(一族)의 남자로 조직된 군단(軍團)을 가지며 대대로 중신(重臣)의 요직에 있었다. 때문에 분가(分家)의 수는 대(代)가 거듭될수록 증가한다. 하지만 분봉(分封)해 줄 수 있는 토지에는 한계가 있는 데다 혈연의식(血緣意識)도 세월이 감에 따라 희미해져 가기만 했다.

이렇게 하여 차츰 격화(激化)의 도를 더하는 귀족 계급 내부의 투쟁은 제후(諸侯) 대 제후, 대부(大夫) 대 대부라는 횡적

(橫的)인 연관을 보다 단절했을 뿐만 아니라 천자(天子)·제후(諸侯)·대부(大夫)·사(士)라는 종적인 신분 질서의 붕괴를 끌어오게 되고 세상은 하극상(下剋上), 즉 실력주의(實力主義) 시대로 차츰 빠져갔다.

▷ 기술의 발전

씨족제도 아래의 피지배층인 농민이 촌락 공동체(村落共同體)를 구성하고 집단으로서 영주인 귀족 계급에 소속되어 있었다. 농지(農地)는 공전(公田)과 사전(私田)으로 구별됐고, 공전의 경작은 공동체의 의무가 되며 그 수확물은 영주의 수입이 됐다. 농민 자신의 생활에는 사전(私田)의 수확물이 주어졌지만 그 경영 주체는 어디까지나 공동체였으며 가족 단위의 생활 형식은 아직 성립되어 있지 않았다.

하지만 춘추시대 후기에 철제 농구(農具)가 출현하고 전국시대에 들어가서 우경 방식(牛耕方式)의 보급과 관개 기술의 진보가 곁들여지는 등 생산 기술의 비약적인 발전이 이뤄지기 시작하여 토지의 생산성은 농민 개개의 노동 의욕의 강약(强弱)에 의하여 커다란 차이가 나타나게 되었다.

이렇게 되자 영주층(領主層)은 일체의 공전(公田)을 해방하고 가족을 단위로 하여 토지 사유(土地私有)로 전환하지 않을 수 없게 되었다. 과거의 노동 지대(勞動地代)는 이렇듯 경지 면적이나 수확량에 따른 현물 지대(現物地代)로 변화하여 갔다.

▷ 병제(兵制)의 변혁(變革)

기술의 발전은 병기(兵器)에도 미쳤는데 검(劍)·극(戟) 등 주요한 무기는 청동(靑銅)에서 철(鐵)로 바뀌면서 가볍고 예리해져 다루기가 쉽게 되었다.

그리고 현저한 예로는 활(弓)의 발명인데, 사정거리(射程巨離) 1킬로미터에 미치는 이 신병기(新兵器)의 위력은 전차(戰車)에 의한 밀집대형 전법(密集隊形戰法)을 시대에 뒤떨어진 전법으로 바꿔 버렸으며 보병(步兵)을 주력으로 하는 야전 형식이 일반적인 것이 되었다.

또한 당연히 전쟁의 규모는 확대될 뿐이었다. 춘추시대를 대표하는 성복(城濮)의 싸움(기원전 632년)에 진(晋)·초(楚) 양국이 동원한 병력이 2, 3만 명씩이었고 싸움은 하루에 판가름 났다.

하지만 전국시대(戰國時代)가 되자, 예를 들면 장평(長平)의 싸움에 진(秦)·조(趙) 양국이 투입한 군사는 합계 1백 만에 이르며, 조(趙)의 도읍 한단(邯鄲)의 공방전은 3년이라는 긴 세월이 걸렸다. 국가 총력전이라고 할 수 있는 전쟁이다.

재래의 귀족을 중심으로 하는 씨족 병단(氏族兵團)은, 농민으로부터 모집되어 나라의 군주로부터 직접 통솔을 받는 새로운 국가의 군대에 자리를 양보하게 된다.

▷ 관료 제도(官僚制度)

국가 총력전의 시대에, 싸워 이기기 위해서는 군주의 강력한 리더십이 필요하다. 부국강병(富國强兵)이란 결국 군주에게 군사력과 경제력을 모이게 하는 일이다.

그 최대의 장애가 된 것은, 군주의 아래 있으면서도 스스로 봉건 영주로서 거의 독립적인 신분 특권을 갖는 세습 귀족의 존재였다. 그들의 세력을 누르고 중앙 집권제를 실현하기 위해서 채용된 것이 행정 기구에 있어서의 관료 제도이다.

관료의 지위에 대한 보수는 봉급이었으나 토지를 주는 것이 아니었다. 그리고 그 임면권(任免權)은 군주에게 있었다. 관료 제도의 정점에 위치하는 것은 문관(文官)으로서의 재상과 무관(武官)으로서의 장군이었다.

▷ 군현 제도(郡縣制度)

관료 제도와 같이 군권 강화(君權强化)의 두 수레 역할을 한 것이 행정 구획면에서의 군현 제도의 도입이었다. 군·현은 관료(官僚)가 통치하는 군주 직할지이다.

당초에는 새로 개척한 변경이나 타국으로부터 빼앗은 영토에만 설치됐던 이 군·현은 곧 영주 귀족(領主貴族)의 저항을 저버리면서 차츰 국내로 확대되어 갔다. 여기서 올리는 조세 수입이야말로 군권을 뒷받침하는 경제적 기반이었다.

또한 그 주민은 귀족이 소유하는 사민(私民)의 신분을 벗어나 공민(公民)이 되고, 징병(徵兵)의 대상으로서 새로운 국가 군대의 주요한 구성원이 되었다.

▷ 제국(諸國)의 개혁(改革)

　전국 7웅(戰國七雄) 가운데서도 가장 먼저 군·현 제도를 채용하여 법가(法家)의 시조(始祖)라고 불리우는 이극(李克)을 위시하여 우수한 관료를 포섭하여 중앙 집권화의 톱을 끊은 것은 위(魏)나라 문후(文候 : 기원전 387년 죽음)이다. 하지만 주위의 여러 강국들로 둘러싸인 이 나라는 해마다 되풀이 되는 전쟁에 쫓기다가 힘들여 도입한 신정치 체제(新政治體制)가 뿌리를 박지 못하고 끝났다.

　남쪽의 영웅인 초(楚)나라의 도왕(悼王 : 기원전 381년 죽음)도 위(魏)나라로부터 오기(吳起)를 초청하여 체제의 쇄신에 성공한 듯 보였으나 얼마 뒤 왕이 죽었기로 보수파의 반란으로 개혁은 벽에 부딪치고 말았다.

　한편 제(齊)나라도 위왕(威王 : 기원전 343년 죽음)·선왕(宣王 : 기원전 324년 죽음)의 시대에 여러 나라로부터 지식인을 초청하여 학술 문화의 중심이 되는 등 개명적(開明的) 경향을 보였지만 진정한 의미에서 근대화에는 성공하지 못하였다. 맹상군(孟嘗君)과 같은 공족(公族)이 왕을 제쳐 놓을 정도의 위세를 떨친 것도 그 예이다.

　이와 같은 상황은 한(韓)·조(趙)·연(燕)과 같은 나라들에 있어서도 같았다.

이런 가운데서 근대화의 길을 계속하여 걸은 것은 진(秦)나라이다. 상앙(商鞅 : 기원전 338년 죽음)의 개혁이 있은 이래 씨족제의 뿌리는 거의 완전히 없어지고, 귀족의 권위란 거의 이름뿐으로 되어 있었다.

이렇게 되자, 구질서에 싫증이 난 사람들의 관심은 차츰 진나라에 집중했다. 진나라의 중앙 집권화는 다소의 곡절을 겪으면서도 전진을 계속하여 시황제(始皇帝)에 의하여 결국 완전한 형태를 갖추게 된다.

2. 시대의 총아(寵兒) - 식객(食客)

구질서의 해체로 인하여 제일 많은 피해를 입은 것은 특권 계급의 최하층에 있는 사(士)의 신분을 가진 사람들이었다. 그들의 많은 수가 생활 기반을 잃게 됨에 따라서 많은 고등 유민(高等遊民)이 생겨났다.

개중에는 학자나 상인으로 전신하는 자도 있었지만 그들의 대다수가 선택한 것은 관료로서 정치에 참여하는 것이었다. 재능이 있다고 자부하는 사람도 저마다 눈앞에 가로놓인 정치 문제에 대한 해결점을 가지고 재수가 좋으면 재상이 될 수 있다는 꿈을 안고 각국의 군주를 찾아 다녔다. 이들이 '책사(策士)' 또는 '세객(說客)' 등으로 불리운 사람들이다.

전국시대(戰國時代)의 수륙교전도(水陸交戰圖)

하지만 대다수의 사(士)들에게는 친히 군주를 만날 기회가 쉽게 얻어지는 것이 아니다. 그리하여 군주에게 천거될 시기를 얻기 위하여 각국에서 유력자의 집에 기식(寄食)하게 된다.

이와 같은 형의 사람들을 '식객(食客)'이라고 부르는데 상앙(商鞅)·장의(張義)·범수(范雎)·이사(李斯) 등 전국시대의 역사를 움직인 거물 정치가의 대부분이 식객 출신들이었다. 뛰어난 식객을 거느리고 있다는 것은 거느린 사람의 지위 강화에도 도움이 되었다.

식객을 양성하는 풍조는 시대가 감에 따라 성행했으며 제(齊)나라의 맹상군(孟嘗君)을 위시한 소위 전국 4공자(戰國四公子) 등은 저마다 수천 명에 달하는 식객을 거느리고 군주를 능가하는 위세를 떨쳤다고 한다.

이들 식객은 평소에는 생활이 보장되고 그럭저럭 지내지만 일단 비상시에는 몸을 던져서라도 은의(恩義)에 보답하기 마련이었다. 하지만 이들 식객들의 행동이 반드시 이 기대에 상응한다고 말할 수는 없었다. 맹상군이 대신의 지위를 빼앗기자 그 많은 식객은 깨끗이 떠나버렸다는 얘기 등은 그들의 실리주의적인 사고방식을 여실히 표현하고도 남는다.

또 말하면, 사람을 얻으려는 자와 자기를 팔려고 하는 자,

이 양자의 허허실실(虛虛實實)의 숨바꼭질이 역사의 진행을
한결 복잡하게 채색했다고 말할 수 있는 때가 바로 이 시대였다.

1. 위(魏)의 대두(擡頭) 문후(文侯)와
서문표(西門豹) · 이극(李克) · 오기(吳起)

자격은 간접적으로 그의 행동을 책하여 이같은 질문을 했다.
"부귀(富貴)한 사람과 빈천한 사람 중에 어떤 사람에게 무례
함이 용서된다고 생각하십니까?"
"물론 가난한 사람입니다. 부귀한 사람의 경우, 예를 들면
제후가 예의를 잃었다고 생각하면 그 결과는 나라의 존속과 관
계됩니다. 대부(大夫)라면 집안의 존속과 관계 되겠지요. 이런
것은 빈천한 사람에게는 걱정이 없습니다. 주군(主君)과 행함
이 같지 않으면 초나라로 가든가, 월나라로 가면 됩니다. 어쩌
면 짚신을 벗어던지는 일과 같아서 얼마든지 바꿀 수가 있습니
다. 이것은 신분이 높은 분들과는 아주 다른 점이 아닐까요?"

전국시대는 관료층의 등장으로 그 막을 연다. 관료라는 것이
예로부터 혈연관계로 맺어졌던 씨족사회 질서의 울타리를 버리
고 역사(歷史)의 무대로 뛰어든 한 마리의 이리이다. 그들은 직
접 군주(君主)와 연결시킴으로써 자기 포부를 실현코자 했고 예
로부터 특권에 달라붙어 있던 봉건 귀족 세력을 제쳐놓고 피투
성이의 싸움을 전개했다.

관료층을 크게 등용하여 체제를 쇄신하고 중앙 집권화에 성
공하여 먼저 강국(強國)으로서의 지위를 굳힌 것은 중원(中原)에
있는 위(魏)나라, 또한 서쪽에 있는 후진국으로 지목되어 왔던

진(秦)나라였다.

여기서는 먼저 전국 초기의 개명(開明)된 군주(君主)라고 불리
우는 문후(文侯)와 그를 둘러싼 신흥 관료층(新興官僚層)의 활약
상을 보기로 한다.

'현재(賢才)의 등용'이라는 말을 입으로 하기는 쉬우나 그것
이 얼마나 곤란하며, 어떤 저항에 부딪치게 되는 일인가, 또 개
인이 체제 안에서 재능을 벌휘하며 개혁을 수행하는 데는 어떠
한 각오와 지혜를 요구하는가, 여기서 얘 기하는 이와같은 내용
은 현대를 사는 우리에게도 새삼스레 기억케 하는 함축성 있는
과제라고 할 수 있을 것이다.

▷ 뽐낼 수 있는 이는 가난한 사람

기원전 424년부터 기원전 387년까지 재위한 위(魏)나라의
문후(文侯) 원년(元年)은 진(秦)나라의 영공(靈公) 원년이기
도 했다. 또한 이 해는 한(韓)나라의 무자(武子), 조(趙)나라
의 환자(桓子). 주(周)나라의 위열왕(威烈王) 원년이기도 하
다.

6년에 문후가 소량(少梁)에다 성곽을 신축했다. 13년에는
공자(公子) 자격(子擊)을 시켜 번(繁)과 방(龐)을 에워싸게 했
지만, 그 땅에 사는 주민들을 상하지 않도록 하기 위하여 처음
부터 주민들을 그곳에서 퇴거시켰다.

16년에는 진나라를 공격하고 임진(臨晉)과 원리(元里)에 성
곽을 쌓았다.

또한 17년에는 중산국(中山國)을 멸망시키고, 그곳을 자격(子擊)이 수비하게 한 뒤 시종장(侍從長)으로 조창당(趙倉唐)을 보내 주었다.

어느 날의 일이었다. 자격은 조가(朝歌)의 거리를 마차를 타고 지나고 있었는데 그때 아버지 문후(文侯)의 스승인 전자방(田子方)과 마주쳤다. 자격은 마차를 길가에 세운 뒤 일부러 마차에서 내려 정중하게 인사를 했다. 하지만 전자방은 이에 대응한 예의를 취하지 않았다.

자격은 간접적으로 그의 행동을 책하여 이같은 질문을 했다.

"부귀(富貴)한 사람과 빈천한 사람 중에 어떤 사람에게 무례함이 용서된다고 생각하십니까?"

"물론 가난한 사람입니다. 부귀한 사람의 경우, 예를 들면 제후(諸侯)가 예의를 잃었다고 생각하면 그 결과는 나라의 존속과 관계됩니다. 대부(大夫)라면 집안의 존속과 관계되겠지요. 이런 것은 빈천한 사람에게는 걱정이 없습니다. 주군(主君)과 행함이 같지 않으면 초나라로 가든가, 월나라로 가면 됩니다. 어쩌면 짚신을 벗어던지는 일과 같아서 얼마든지 바꿀 수가 있습니다. 이것은 신분이 높은 분들과는 아주 다른 점이 아닐까요?"

자격은 화가 나서 그 자리를 떴다.

그런데 문후(文侯)는 공자(孔子)의 제자 자하(子夏)에게서 6예(六藝 : 시(詩)·서(書)·예(禮)·악(樂)·역(易)·춘추(春秋))를 배웠고, 자하의 제자 단간목(段干木)을 빈객(賓客)으로 처우하여 그의 집 앞을 지날 때는 꼭 식(軾 : 마차의 난간에 엎드리는 예(禮))의 예를 취했다.

진(秦)나라가 위나라를 공격하려 한 일도 있다. 그때 진나라의 조정에서,

"위나라의 문후는 현인을 대우하고 인군(仁君)으로 존경을 받고 있습니다. 지금의 위나라는 국내의 단합이 튼튼하니, 공격할 때가 아닙니다."

이와 같은 의견이 나와 계획은 중지되었다. 이것으로 문후(文侯)는 제후 사이에서 이름이 높아졌다.

또한 문후는 서문표(西門豹)를 업(鄴) 땅의 현령(縣令)에 등용하였고, 그의 뛰어난 치세는 세상의 칭찬을 받았다.

▷ 하신(河神)의 취처(娶妻)

업(鄴) 땅을 중심으로 하는 하내(河內) 지방은 위(魏)나라의 동쪽에 있고, 조(趙)·제(齊)·위(衛) 등 제국과 국경이 되는 요충지이다. 하지만 이 지방의 백성들은 되풀이 되는 황하(黃河)의 홍수와 지방 세력자의 착취 때문에 무척 곤궁해 있었다. 그것을 바로잡으라는 명령을 받은 서문표(西門豹)의 혁신 관료(革新官僚)로서의 면목은 어떻게 발휘되었는가……

위(魏)나라의 문후(文侯) 때의 일이다. 서문표(西門豹)가 업(鄴)이라는 변방의 현령(縣令)으로 제수되었다. 부임하자 그는 우선 그 지방의 장로(長老)들을 모아놓고 백성들이 고통을 받고 있는 사유를 물었다.

한 장로가 대답했다.

"하신(河神)에게 해마다 처녀를 바치지 않으면 안되는데 그 때문에 백성들의 살림도 어려운 것입니다."

서문표는 어떻게 된 사유인지 몰라 자세하게 설명하라고 했다.

"업 땅의 지방에서 관선된 3로(三老)나 관리들은 하신(河神)의 취처(娶妻) 행사 비용이라는 명목으로 해마다 수백 만의 세금을 받아가지만 그 중에서 실제로 쓰는 것은 불과 이삼십 만이고 나머지는 3로와 하급 관리, 또한 무녀(巫女)가 3등분하여 가져갑니다.

해마다 그때가 되면 무녀가 이 집 저 집으로 아름다운 처녀를 찾아다닙니다. 아름다운 처녀를 찾게 되면, '이 처녀를 하신의 아내로 준다'라고 말하고 곧 준비를 시작합니다. 처녀를 목욕시키고, 명주옷을 만들어 입히고, 재계(齋戒)시키는 것입니다. 이것을 위해서 강가에 붉은 장막으로 둘러친 금단(禁斷)의 방을 만들어 처녀를 그 속에 가두어 놓은 뒤에 쇠고기며 술과 밥을 갖추어 놓습니다. 이렇게 하여 10여 일이 지나면 결국 시집가는 날이 됩니다. 처녀를 곱게 치장하여 새댁이 타는 가마에 태워 그대로 강물에 띄웁니다. 그러면 가마는 처음 얼마 기간은 물에 떠 있지만 수십 리 떠내려 가는 동안에 강물 속에 가라앉아 버립니다.

이렇기 때문에 아름다운 처녀가 있는 집에서는 대무(大巫 : 무녀의 우두머리)가 와서 흰 깃이 달린 화살을 꽂아놓기 전에 다른 땅으로 도망해 버립니다. 그래서 마을은 점점 쓸쓸해지고 남은 사람들의 생활도 차차 가난해질 수밖에 없었습니다. 이것은 오랜 옛날부터의 풍습인데. 하신에게 처녀를 바치지 않으면 물이 범람하여 전답(田畓)을 휩쓸고 사람들을 물에 빠져 죽게 한다는 말이 전해 내려올 정도입니다."

서문표는 얘기를 듣고 이렇게 말했다.

"알았소. 그렇다면 그 시기가 되어 3로나 무녀들이 처녀를 강에 띄워 보낼 때 나에게도 알리시오. 나도 참여할 테니까…."

"알았습니다. 그대로 하겠습니다."

일동은 서문표에게 약속했다.

▷ 미신(迷信)을 역이용(逆利用)하다

드디어 약속한 날은 왔다. 서문표는 행사가 벌어지는 강가로 나갔고 3로 · 관리 · 호족(豪族) · 장로(長老) 등 중요한 얼굴들이 다 나와서 그 주변에는 2, 3천 명의 구경꾼들이 모여 있었다. 대무(大巫)는 이미 70이 넘으려는 나이 많은 노파로서 명주 홑옷을 입은 여제자(女弟子) 10명쯤을 뒤에 거느리고 있었다.

"하신에게 시집갈 처녀를 불러 줄 수 없는가? 얼마나 미인인지 내 눈으로 보고 싶소."

서문표가 이렇게 이야기하자 처녀가 포장 안에서 나왔다. 서문표는 그 처녀를 보자마자 3로들을 돌아다 보면서 말했다.

"이게 미인이란 말인가. 잠시 기다려 주시오. 수고스럽지만 대무가 직접 하신에게 내 이야기를 전해주고 오도록 하시오. 더 아름다운 아가씨를 찾아서 뒷날 보낼테니 기다려 달라고…."

그리고 서문표는 하급 관리에게 명령하여 대무를 강 속으로 집어던졌다.

그리고 조금 기다렸다가 서문표는,

"늦어지는군. 어떻게 된 일일까. 또 마중을 가야겠지."

이렇게 말하고 대무의 제자 한 사람을 또 강물에 집어던지게 했다. 같은 방법으로 또 한 사람을 강물에 던졌다. 이렇게 세 사람의 제자를 집어던진 뒤 서문표는,

"여자를 보내선 안되는 모양이군. 설명을 잘하지 못하는 모양이야. 이제 3로께서 수고를 해 주실까."하고, 이번에는 3로를 강에 던지게 했다. 그리고 옷깃을 가다듬고 강을 향하여 허리를 굽혀 절을 한 뒤에 제 자리에 꼼짝도 않고 서 있었다. 곁에 있던 장로나 하급 관리들은 몸을 부들부들 떨었다.

잠시 뒤로 돌아선 서문표는 이렇게 말했다.

"무녀들도 3로도 아직 돌아오지 않으니 어떻게 된 일이오?"

그리고 이번에는 관리와 호족(豪族) 두 사람도 함께 마중을 가라고 협박을 했다. 두 사람은 엎드려 땅에 이마를 부벼대며 목숨만 살려 달라고 애걸했다. 이마에서는 피가 흐르며 얼굴은 하얗게 질려 있었다.

"그럼 좋소. 조금 더 기다려 주지."

그리고 또 시간이 흘렀다. 서문표는 이렇게 말했다.

"모두 일어나시오. 하신은 손님을 잡아놓고 돌려 보내지 않

는 모양이오. 그대들은 이제 돌아가도 좋소."

일이 벌어지는 전말을 보고 업 지방의 관리들과 백성들은 간담이 서늘해졌다. 그리고 그 뒤 누구 한 사람 하신에게 처녀를 보내자는 말을 꺼내지 못하게 되었다.

서문표는 이렇게 미신을 일소한 뒤, 바로 사람들을 징발하여 12개의 용수로를 파서 황하(黃河)의 물을 끌어들여 농지에 물을 댔다. 그때 사람들은 용수로를 파는 일은 큰 공사라고 그 작업을 싫어했다.

서문표는 이렇게 이야기했다.

"백성들에게 정책을 이해시킬 필요는 없다. 그 결과가 그들에게 유리하면 그것으로 만족한다. 지금 당장은 누구나 나의 명령을 싫어하고 있지만 그들의 손자 대(代)가 되면 틀림없이 내가 시킨 일이 올바르고 유익한 것이었다는 것을 깨닫게 될 것이다."

그때 서문표의 이야기처럼 업 지방은 현재에 이르기까지 수리가 잘되고, 현의 백성들은 풍족한 생활을 누리고 있는 것이다.

무녀들도…… 어떻게 된 일이죠? — 시치미를 떼는 것도 이 정도면 참으로 대단하다. 적(敵)이 가장 즐겨 쓰는 수단으로써 사용하고 있던 미신을 거꾸로 친 방법이다.

유력한 사람들을 차례로 강에 던지고서도 돌아올 까닭이 없는 사자(使者)의 보고를 기다리고 있는 서문표의 모습, 그것은 정치란 것이 갖는 냉혹성과 소용돌이치는 민중의 정념과의 확실한 체현이다.

그런데도 불구하고 그가 민중을 신뢰한다는 의미에서의 민중 정치가가 아니었다는 것이 흥미있는 문제이다. 개혁자란 처음부터 고독한 존재일까!

▶ 인물 감정법(人物鑑定法)

문후(文侯)의 한쪽 팔로서 위(魏)나라의 내정 개혁에 가장 큰 공을 세운 사람은 이극(李克)이다. 이극은 공자(孔子)의 고제자(高弟子) 자하(子夏)에게 배웠는데 그때까지 관습법(慣習法)밖에 없었던 위(魏)나라를 위해서 성문법(成文法)을 제정하여 중국에 있어서 법치주의(法治主義)의 선구자가 되었다.

그 법의 요점은 평민의 토지 사유권을 보호하고 자영 농민(自營農民)을 만들고, 부국강병(富國强兵)의 실(實)을 거두려는데 있었다. 개혁자로서의 이극의 모습은 어떠했을까…….

문후(文侯)는 재상을 선임하기 위하여 이극(李克)을 불러 의견을 물었다.

"선생은 지난날 가난한 집에는 양처(良妻)가 필요한 것처럼 어지러운 나라에는 명재상이 필요하다고 가르쳐 주셨습니다. 그래서 상의하고 싶습니다. 오늘 재상의 후보자로서 위성자(魏成子 : 문후의 동생)와 책황(翟璜) 두 사람이 있습니다. 이 두 사람 가운데 어느 쪽을 재상으로 등용해야 하겠습니까?"

이극이 대답했다.

"신분이 낮은 사람은 높은 분들의 이야기를 입 밖에 내지 말며, 타인은 남의 집안 일을 이야기하지 말라, 하는 말이 있지 않습니까? 저는 신분이 낮으며 타인이기도 합니다. 대답을 올릴 수가 없습니다."

"아닙니다, 선생. 사양 말고 말해 주시오."

"사양하는 것은 아닙니다. 대왕께서 직접 생각해 주십사하는 것입니다.

인물 감정의 요점은 다음 다섯 가지입니다.

불우했을 때 어떤 사람을 친히 지내고 있었는가.

부유했을 때 누구에게 나누어 주었는가.

높은 지위에 있을 때 어떤 이에게 등용했는가.

궁지에 몰렸을 때 올바르지 못한 일을 하지 않았는가.

가난했을 때 탐취하지 않았는가.

이 다섯 가지 조건을 놓고 사람을 고르면 됩니다. 저의 의견 같은 건 따로 들을 이유가 없습니다."

"과연 좋은 말씀을 해 주셨습니다. 그렇다면 제가 결정할 수 있습니다. 고맙습니다."

문후의 말이 끝나기도 전에 이극은 바로 자리를 떴다.

이극은 궁궐에서 나와 집으로 가는 도중에 책황의 집에 들렀다. 책황이 물었다.

"조금 전에 우리 군주께서 선생을 불러 재상 선임(選任)에 대한 상의를 하셨다는데, 도대체 누구로 결정될 것 같습니까"

이극이 대답했다.

"위성자(魏成子)이겠죠."

이 말을 듣고 책황은 분통한 표정으로 말했다.

"알 수 없는 일이군. 아무리 생각해도 내가 위성자만 못하지는 않은데. 서하(西河)의 태수(太守)인 오기(吳起)를 추천한 것은 나이고, 업 지방의 수비 때문에 군주께서 고민하고 있을 때 서문표를 추천한 것도 나입니다. 중산(中山)을 공략할 때 악양(樂羊)을 추천했고, 점령을 한 뒤 그 땅을 수비할 적임자가 없었을 때는 선생을 추천했습니다. 또한 공자(公子)의 시종장(侍從長)으로 굴후부(屈侯鮒)를 추천한 것도 나입니다. 이런 내가 어찌하여 위성자만 못합니까."

이극이 조용히 말했다.

"당신께서는 어쩌면 파벌을 만들어 자신이 높은 지위에 오르려는 속셈만으로 나를 추천한 것은 아닐 것입니다. 그렇다면 오늘 있었던 이야기의 전말을 설명해 드리지요.

우선 우리 군주께서는 저에게 재상이 될 수 있는 인물은 책황과 위성자 두 사람인데 어느 쪽이 좋겠느냐고 물으셨습니다. 그래서 전 군주께서 바로 결정하시라고 진언하고, 인물을 감정하는 요점으로 다음과 같이 다섯 가지 점을 지적하였습니다.

첫째, 불우했을 때 누구와 가까이 지냈는가. 둘째, 부유했을 때 누구에게 나누어 주었는가. 셋째, 높은 지위에 있을 때 어떤 사람을 등용했는가. 넷째, 궁한 처지에 몰렸을 때 올바르지 못한 짓을 하지 않았는가. 다섯째, 가난했을 때 탐취하지 않았는가.

이 다섯 가지 조건에 맞추어 가면 저절로 결론이 나올 터이니 나의 의견 같은 것을 들을 이유가 없다고 나는 말씀드렸습니다. 그러한 이유로 위성자가 재상이 될 것이라고 생각한 것입니다.

그렇다면 당신과 위성자와는 어느 쪽이 상위에 위치하겠습니까. 위성자는 천종(千鍾)의 녹(祿) 가운데 9할을 남에게 주고 자기는 1할로 살아가고 있습니다. 그 결과 동방(東方)의 인재(人材)인 복자하(卜子夏) · 전자방(田子方) · 단간목(段干木)의 세 사람을 맞아들일 수 있었습니다. 이 세 사람은 우리 군주께서 스승으로 숭앙하는 사람들입니다. 그리고 당신이 추천한 다섯 사람은 모두들 우리 군주께서 보면 신하(臣下)에 지나지 않습니다. 이렇게 보면 당신과 위성자를 비교할 때 어느 쪽이 상위인가는 분명해질 것이 아니겠습니까."

책황은 뒤로 물러나 이극에게 절하고 말했다.

"제가 잘못 생각했습니다. 제발 실례된 점을 용서하시고 제자의 한 사람으로 허락해 주십시오."

▷ 아내를 죽이고 장군(將軍)이 되다

서문표 · 이극 등과 같이 관료의 호프로서 이름을 떨친 오기(吳起)는 예로부터 병법서(兵法書)「오자(吳子)」의 저자로 알려져 있고 손무(孫武)와 같이 명장으로도 유명하다.

그는 군인으로서 유능했을 뿐만 아니고 행정관(行政官)으로서도 빼어난 수완을 지니고 있었다.

오기(吳起)는 위(衛)나라 사람으로 용병에 유능했다. 공자(孔子)의 제자인 증자(曾子)에게 사사한 일도 있는데 그 뒤에는 노(魯)나라에 봉사했다.

이 무렵 제(齊)나라가 노나라를 공격한 일도 있다. 노나라의 군주는 오기를 장군으로 삼으려 했으나 알고 보니 오기의 아내가 제나라 사람이라는 것이다. 노나라의 군주는 오기와 제나라의 관계를 의심했다.

오기는 난처하고 초조했다. 이번 기회를 놓쳐서는 진실로 안 된다고 생각한 그는 자신의 결백함을 증명하기 위하여 아내를 죽였다. 이렇게 하여 오기는 장군으로 중용되었으며, 제나라와 싸워 크게 이겼다.

하지만 노나라에서는 오기의 평판이 꼭 좋은 것은 아니었다. "오기는 시기심이 강하고 잔인한 인간이다. 원래 그의 생가는 부자였지만 오기가 젊었을 때 관리에 등용되기 위하여 각처를 떠돌아다니며 낭비를 했기 때문에 관직도 얻지 못하고 재산만 탕진하고 말았다. 고향 사람들이 바보 같은 짓을 했다고 비웃자, 오기는 그것에 원한을 품고 고향 사람 30여 명을 죽인 뒤에 위(衛)나라의 동쪽 성문을 빠져나와 국외로 도망쳤다. 오기는 어머니와 헤어질 때 '재상이 되기 전에는 위나라에 돌아오지 않겠습니다.' 하며 팔을 입으로 물어뜯고 맹세를 했다고 한다.

위나라에서 도망친 오기는 증자(曾子)의 제자가 되었다. 그 뒤 얼마 안 가서 어머니가 돌아가셨다. 하지만 그는 끝내 집으로 돌아가지 않았다. 증자는 불효라는 이유로 그를 문하에서 파문했다. 그래서 그는 노나라로 와서 병법을 배우고 우리나라의 군주에게 봉사했다. 우리나라의 군주가 그와 제나라의 관계를 의심하자 그는 자신이 장군이 되기 위하여 아내를 죽였다.

우리나라는 작은 소국이었다. 조그만 싸움에서 이겼다고는 하지만 그로 인해서 열국으로부터 공격 목표가 될 뿐이 아니겠는가. 또한 노나라와 위나라는 예로부터 형제(兄弟)의 관계다. 그 위나라에서 도망쳐 온 오기를 중용하는 것은 위나라와의 우호 관계를 해치는 행위라고 볼 수밖에 없다."

이와 같은 의견이 나라 안에 돌자 노나라의 군주는 오기를 파면해 버렸다.

▷ 병사(兵士)의 종기를 빨아 주다

노나라를 떠난 오기가 위(魏)나라 문후(文侯)의 평판을 듣고 그에게 일을 하겠다고 청원했다. 문후가 오기란 어떤 인물이냐고 재상 이극에게 문의했다.

"욕심이 많고 여자를 좋아하지만 그의 군사에 대한 능력은 명장인 사마양저(司馬穰苴)도 발치에 미치지 않을 정도입니다."

이리해서 문후는 오기를 장군으로 맞아들였다. 과연 오기는 진(秦)나라를 공격하여 다섯 도읍을 함락시켜 이극의 말을 증명했다.

그렇다면 징군으로서의 오기의 행동은 어떠했는가. 그는 언제나 제일 낮은 병사와 꼭 같은 옷을 입고 또 같은 음식을 먹었다. 잘 때는 자리를 깔지 않았으며 행군할 때는 마차를 타지 않았다. 또한 자기의 식량은 자기가 직접 가지고 다녔다. 이처럼 그는 병사들과 고락을 함께 했다.

이런 에피소드도 있다. 병사 1명이 종기가 나서 괴로워하자, 오기는 그 종기의 고름(膿)을 입으로 빨아 빼내 주었다. 하지만 이것을 안 그 병사의 어머니는 아들을 지휘하는 장군의 호의를 고마워하기는 고사하고 슬프게 울었다는 것이다. 어떤 사람이 이상하게 생각하고 물었다.

"당신의 아들은 일개 병사에 지나지 않는데 장군이 손수 고름을 빨아 주셨습니다. 그런데 왜 슬피 우는 것입니까?"

이 말에 그 어머니는 이처럼 대답했다는 것이다.

"그렇지 않습니다. 바로 전년에는 오기 장군께서 그 애 아버지의 종기 고름까지 빨아내 주셨습니다. 그 뒤 그 애 아버지는 전쟁에 나갔습니다. 그 분은 오기 장군의 은의(恩義)에 보답하기 위해서 끝까지 적에게 등을 보이지 않고 싸우다가 죽었습니다. 들으니 이번에는 제 아들의 종기 고름도 빨아내 주셨답니다. 이제 그 애의 운명이 결정되었습니다. 그래서 우는 것입니다."

이처럼 용병술이 뛰어나고 공평무사하며 병사들의 인망이 두터운 오기를 문후는 서하(西河)의 태수로 임명하여 진(秦)나라와 한(韓)나라에 관계하여 변방을 굳혔다.

▷ 정치(政治)에는 덕(德)이 첫째이다

위나라의 문후가 죽은 뒤에도 오기가 계속하여 문후의 아들 무후(武侯) 아래서 봉사했다.

어느 때 무후는 오기와 같이 배를 타고 서하(西河)를 내려왔다. 배를 타고 가면서 강가의 경치를 바라보던 무후는 오기 쪽을 돌아보고 이렇게 말했다.

"정말 훌륭하지 않은가. 이 험난한 지세를 좀 보시오. 이것이야말로 우리나라의 보배요."

오기가 대답했다.

"그렇지 않습니다. 나라의 보배는 험난한 지세가 아닙니다. 위정자의 덕(德)이야말로 나라의 보배입니다. 옛날, 삼묘씨(三苗氏)는 왼쪽으로 동정호(洞庭湖), 오른쪽으로 팽려호(彭蠡湖)라는 절호의 지령을 가지고 있으면서도 덕으로 정치를 하지 않았기 때문에 우(禹)에게 망하게 되었습니다.

하(夏)의 걸왕(桀王)도 왼쪽에 황하와 제수(濟水), 오른쪽에 태산(泰山)·화산(華山), 남쪽에 이궐(伊闕), 북쪽에 양장(羊腸)이라는 험한 산세의 혜택을 받으면서도 어진 정치를 베풀지 않았기 때문에 은(殷)의 탕왕(湯王)에게 쫓겨났습니다. 또한 은의 주왕(紂王)도 왼쪽으로 맹문산(孟門山), 오른쪽으로 태행산(太行山), 북쪽으로 상산(常山), 남쪽으로 황하(黃河)라는 자연의 험한 지세에 둘러싸여 있으면서도 부덕(不德)한 정치를 했기 때문에 주(周)나라 무왕(武王)에게 살해되었습니다.

때문에 나라의 보배는 지형이 아니고 위정자의 덕(德)이라는 것을 이와 같은 전례만 보아도 뚜렷합니다. 어쩌다 군주께서 덕으로 다스리려 노력하지 않는다면 지금 이 배에 타고 있는 사람까지도 적국으로 가게 될 것입니다."

무후는 과연 그 말이 맞는다고 고개를 끄덕였다.

오기는 무후 아래서도 계속하여 서하(西河)의 태수로 있으면서 그 명성이 높아지기만 했다.

그 즈음의 일이었다. 무후는 새 재상으로 전문(田文)이란 사람을 임명했다. 오기는 마음 속이 순탄치 못했다. 그리하여 그는 때를 보아 전문을 향하여 논쟁을 폈다.

"당신과 나 두 사람 중에 어느 편이 공적이 더 많은가, 한 번 비교해 보지 않겠습니까?"

오기의 건의였다.

"좋습니다."

"그렇다면 묻겠습니다. 전군(全軍)의 장군으로서 병사들이 스스로 죽을 만큼 사기를 높였고, 적국이 넘볼 수 있는 틈을 없앤 공적은 어느 쪽이 더 많습니까."

"그것은 당신 쪽입니다."

"그렇다면 백관(百官)을 통솔하고 백성들과 친해지고 국고를 풍부하게 한 점에서는 어떻습니까?"

"당신 쪽입니다."

"서하(西河)를 지키며 진(秦)나라로 하여금 동쪽으로의 진출을 체념하게 한 뒤 한(韓)나라와 조나라(趙)를 복종시킨 것은?"

"그것도 당신의 공적입니다."

"이상의 세 가지 모두 내가 우위에 있습니다. 하지만 당신이 우위에 있는 것은 무엇 때문입니까?"

그러자 전문이 반문했다.

"우리 군주께서는 아직 젊고 국내에는 동요가 있습니다. 중신들은 아직도 심복하고 있지 않고 관리들의 신뢰도 확립되어 있지 않습니다. 이와 같은 때에 당신과 나 어느 쪽이 재상으로 적임자입니까?"

오기는 조용히 생각하고 있었다. 잠시 뒤 그는 이렇게 대답했다.

"역시 당신이 적임자입니다."

"내가 우위에 있는 것도 그와 같은 사유에서입니다."

오기는 자신이 전문에 닿지 못함을 깨달았다.

▷ 우직(愚直)한 오기(吳起)의 약점

얼마 뒤 전문(田文)이 죽고 공숙(公叔)이 재상이 되었다. 공숙은 위나라의 공주 한 사람을 아내로 삼아 위세를 떨쳤다. 그러다 보니 오기(吳起)가 눈에 가시처럼 거슬렸고 그런 참에 가신(家臣) 가운데 진언하는 자가 있었다.

"오기를 실각시킬 좋은 꾀가 있습니다."

공숙은 바싹 다가앉으며 어떤 방법이냐고 물었다.

"오기라는 사내는 우직하면서도 명예를 중히 여깁니다. 그런데 이번에 군주를 만나시면, '오기는 굉장한 사람입니다. 우리 위나라는 작은 나라이고 또한 이웃에는 강국인 진(秦)이 있습니다. 오기가 언제까지 우리나라에 머물러 있을지 걱정으로 잠이 안옵니다.' 하고 말씀해 보십시오. 그러면 반드시 군주께서는 어떻게 하면 좋겠느냐고 물으실 겁니다. 그때 이렇게 대답하셔야 합니다. '공주를 오기에게 시집보내겠다고 말씀하시면 그의 생각을 아실 수 있습니다. 오기가 우리 위나라에 언제까지나 있을 예정이라면 수락할 것이고 그럴 뜻이 없으면 사퇴할 것입니다. 그것으로 그의 본심을 알 수 있으리라고 생각합니다.' 이처럼 말씀드려서 군주께서 그리하겠다고 하면 오기를 초대하여 공주를 주겠다는 군주님의 뜻을 전하십시오. 그리고 또한 오기를 데리고 집으로 돌아오셔야 합니다. 그런데 먼저 공주님께서는 오기가 집에 오면 일부러 그가 보는 앞에서 화를 내며 나으리를 매도하도록 짜 놓아야 합니다. 오기는 그런 모습을 보면 반드시 공주를 아내로 맞기를 꺼릴 것입니다."

이 각본대로 일을 꾸며 실행에 옮기자, 과연 오기는 공주가 재상인 공숙을 매도하는 것을 보자 무후께 공주를 맞지 않겠다고 사퇴를 했다. 이를 보고 오기에 대한 무후의 신뢰는 식어갔다. 이대로 가다가는 어떤 변을 당하는지 모른다고 판단한 오기는 위나라를 떠났다.

그가 다음으로 옮겨 간 나라가 초(楚)나라였다.

▷ 왕의 시체를 안다

초(楚)나라의 도왕(悼王)은 이미 여러 번 오기의 평판을 듣고 있었기에 바로 그를 재상으로 등용하였다.

오기는 재상으로서 초나라의 법 체제를 명확히 했다. 또한 필요없는 관직을 폐지하고 먼 친척인 공족(公族)들의 관직을 박탈한 뒤 남는 비용은 병사의 양성을 위한 비용으로 돌렸다.

그는 강병책을 추진하여, 종횡으로 돌아다니며 제후국의 연합을 부르짖는 유세객(遊說客)들의 논리를 타파하는 것을 목표로 삼았다.

결국 병력이 충실해지자 남쪽으로는 백월(百越)을 평정한 뒤 북으로는 진(陳)·채(蔡)를 병합한 후 3진(三晉)을 격퇴했으며, 서쪽으로는 진(秦)나라를 쳤다. 그리하여 초나라는 강대국으로서 제후의 위세를 떨쳤다.

하지만 국내에서는 오기에게 관직을 빼앗긴 공족(公族)들이 보복의 기회만 노리고 있었다. 결국 도왕(掉王)의 죽음을 계기로 그들의 원한은 폭발했다.

공족 및 중신들은 일제히 반란을 일으켰다. 반란군에게 쫓겨 도망칠 곳도 없어진 오기는 왕의 시체가 있는 쪽으로 도망하여 그 위에 엎드렸다. 하지만 반란군은 전혀 개의치 않고 활을 쏘았다. 화살은 오기를 죽이고 왕의 시체까지 꿰뚫었다.

도왕의 장례가 끝난 뒤 태자가 즉위하자 즉시 영윤(令尹 : 재상)에게 명하여, 오기를 죽이기 위하여 도왕의 시체에 활을 쏜 자를 사형에 처했다.

이 사건에 연좌되어 일족 몰살의 화를 당한 이들이 70여 세대에 이르렀다.

2. 진(秦)의 개혁
— 효공(孝公)과 상앙(商鞅) —

"성공도 명예도 자신 없이는 얻을 수 없다는 말이 있지 않습니까. 또한 행위든 사상이든 세상의 상례를 벗어나면 무조건 비난의 대상이 되기 쉽습니다. 끝나버려도 느끼지 못하는 것은 어리석은 사람입니다. 이에 비교해서 지자(智者)는 시작하기 전부터 정찰할 수가 있는 것입니다. 때문에 백성에게는 계획 단계(計劃段階)에서는 알리지 않고 결과만을 누리게 하면 되는 것이지요. 지상(至上)의 덕을 논하는 이는 세속에 영합하지 않으며 큰 공을 세우려는 자는 다수의 사람들에게 상담을 하지 않는 것입니다.

감히 말씀드리지만 강국을 목표로 하신다면 선례(先例)를 따르지 마시고 단행하셔야 합니다. 백성에게 이익(利益)이 되는 것이라면 종래의 관습을 좇을 필요가 없습니다."

위(魏)나라의 정치 개혁은 그 입지 조건 때문에 계속되는 외환의 와중에 휘말려 결국 유산되고 말았다.

그 뒤를 이어 개명 군주(開明君主)로서의 길을 걸은 서북 벽지(僻地)에 있는 나라, 즉 중원(中原)의 제후들로부터 만족시(蠻族視)되던 이가 진(秦)나라의 효공(孝公 : 기원전 361년~338년 재위)이다.

이 효공 아래서 그의 심복이 되어 철저한 '근대화 정책'을 단행하여 지난날의 시황제에 이르는 패업의 기초를 굳혔으면서도 구체제의 타파를 위한 희생으로 억울한 최후를 끝낸 사람이 법치주의자로 유명한 상앙이다.

▷ 기계(奇計)를 가진 사람을 구함

진(秦)나라의 효공(孝公) 원년(기원전 361년), 황하 및 화산(華山)에서 동쪽으로는 강국이 여섯 있었다.

바로 제(齊)나라 위왕(威王), 초(楚)나라 선왕(宣王), 위(魏)나라 혜공(惠公), 연(燕)나라 도공(悼公), 한(韓)나라 애공(哀公), 조(趙)나라 성후(成侯)가 그들이다. 기타의 10여 개 국가는 회수(雍水)와 사수(泗水) 사이의 좁은 지역에 밀려 있었다.

진나라의 효공은 인정(仁政)을 베풀려고 애썼다. 그는 고아나 과부를 구제하고 병사를 우대했으며, 논공행상을 공평히 하면서 한편으로 나라 안에 다음과 같은 포고를 냈다.

옛날 우리 선군(先君)이신 목공(繆公)은 기산(岐山)과 옹주(雍州) 일대에 나라를 정하신 뒤에 덕을 쌓고 무력을 충실하게 하였다.

그 결과 동쪽으로는 진(晉)나라의 난을 평정한 뒤 국경을 용문강(龍門江)까지 확대하고 서쪽으로는 융(戎)과 적(狄)을 귀속시켰다. 영토를 넓히기 천 리, 이 공에 의하여 천자(天子)로부터 패자로 인정받고 제후들은 모두 축의를 표시했다.

이때 후세를 위한 나라의 기초가 구축되었지만, 이 위업에도 불구하고 그 뒤 여공(厲公)·조공(躁公)·간공(簡公)·출공

(出公), 이렇게 대(代)를 거듭함에 따라서 국내의 난(亂) 계속되어 외정(外征)은 엄두도 못내게 되었다 또한 3진(三晉)에 의하여 우리 선군이 남기신 하서(河西) 땅을 빼앗기고 제후로서의 수모를 받았다.

이와 같은 굴욕이 어디 있겠는가.

하지만 그후 헌공(獻公)이 즉위하자, 변경의 만족을 진무하고 역양으로 천도하여 다시 동벌군(東伐軍)을 파견하고 빼앗긴 영토를 도로 찾은 뒤에 목공(繆公)의 치정(治政)을 재현하려 하셨다. 이 헌공의 뜻을 생각만 하면 마음이 아프다.

때문에 난 여기서 빈객(賓客)이나 모든 신하들에게 고한다. 기묘한 계략으로 우리 진(秦)나라를 강하게 만드는 자에게는 높은 관직과 영지를 줄 것이다.

이렇게 하여 진나라의 외정(外征)이 시작되고 동쪽으로는 섬성(陝城)을 포위하고 서쪽으로는 융(戎)나라 원왕(獂王)의 목을 베는 성과까지 올렸다.

이 무렵 위나라의 상앙(商鞅)은 진나라의 포고(布告) 내용을 전해 들은 뒤에 진나라에 입국했다. 그는 진나라 왕의 총신(寵臣) 경감(景監)을 통하여 왕에게 알현을 청했다.

▷ 채용하느냐, 죽이느냐

그러면 위(衛)나라의 상앙이 진나라에 봉사하게 된 데는 어떤 전말이 있었던가.

상앙(商鞅)은 위나라의 서공자(庶公子)였다. 다시 이야기해서 첩의 소생 중의 한 사람이며 이름은 앙(鞅), 성은 공손씨(公孫氏)다. 그의 선조를 더듬어보면 희씨(姬氏)와 통한다.

상앙은 젊은 때부터 형명학(形名學 : 일종의 법률학)을 배우고 얼마 뒤 위나라 재상 공숙좌(公叔痤)의 식객이 되었다. 공숙좌는 그의 능력을 인정한 뒤 천거할 기회를 기다리고 있었다.

그러는 동안 공숙좌가 병에 걸려 눕게 되자 위나라의 혜왕(惠王)이 가끔 그를 문병하러 왔다.

"그대에게 만일 불행한 일이 생기면 어떤 사람에게 국정(國政)을 맡기면 좋겠는가?"

혜왕의 물음에 공숙좌는 상앙을 천거했다.

"저의 식객 중에 공손앙(公孫鞅)이라는 자가 있습니다. 아직 젊은 사람이나 뛰어난 재능을 가진 사람입니다. 이 사람에게 모든 것을 맡겨도 좋다고 생각합니다."

하지만 혜왕은 가타부타 말을 하지 않았다. 잠시 뒤 그대로 돌아가려 하자, 공숙좌는 주위 사람을 물리치고 혜왕에게 이렇게 말했다.

"만일 상앙을 채용하실 의향이 없으시면 그를 죽여버려야 합니다. 다른 나라로 가지 못하도록 주의해 주시기 바랍니다."

혜왕은 고개를 끄덕거리며 돌아갔다. 공숙좌는 곧 상앙을 불렀다.

"지금 왕께서 다음 재상에 누가 적합하냐고 물으시기에 자네를 추천했네. 대답은 안했지만 내가 보기에는 아무래도 찬성하는 눈치가 아니었네. 나로서는 역시 신하보다는 주군(主君)을 우선적으로 생각하지 않을 수 없었네. 때문에 나는 이렇게 말했네. 만일 상앙을 채용하지 않으시려거든 죽여야 한다고 말이야. 왕은 이 말에 고개를 끄덕거렸네. 자네는 잡히기 전에 빨리 도망치는 것이 좋겠네."

하지만 상앙은 이렇게 말했다.

"그런 걱정은 안하셔도 좋습니다. 왕께서는 저를 등용하라는 선생님의 의견을 받아들이지 않았습니다. 그렇다면 저를 죽이라는 의견도 채택하실 리는 없습니다."

상앙은 이렇게 말한 뒤에 도망치려 하지 않았다.

한편 혜왕은 공숙좌의 집을 나오자 좌우의 사람들에게 이렇게 말했다.

"슬픈 일이다. 공숙좌의 병은 중태인 모양이다. 그 사람은 국정(國政)을 공손앙에게 맡기라고 이야기했어. 완전히 제정신이 아니야."

그 뒤 공숙좌는 죽었다. 상왕은 자기 처신을 생각했다. 소문에 의하면 진(秦)의 효공(孝公)이 동쪽의 잃은 땅을 회복하여 목공(繆公)의 위업을 뒤따르려 하면서, 나라 안에 포고문을 내고 인재를 찾는다고 한다. 그는 즉시 진나라로 가서 효공의 충신 경감(景監)의 소개로 효공에게 알현을 청하였다.

▷ 위(魏)에서 진(秦)으로

사람을 보는 눈이 다르다고 판단하면 그것으로 끝나지만, 위

(魏)나라는 해마다 되풀이 되는 여러 나라와의 싸움으로 지쳐 문후(文侯) 때의 청신한 기풍을 벌써 잃고 있었다.

상앙은 위나라를 체념하고 진나라로 갔다. 옛날 이극(李克)이 위나라를 위하여 입안(立案)했던 새로운 법은 이 상앙을 통하여 진나라에 뿌리를 박게 되는 것이다.

▷ 우회(迂廻)의 화술(話術)

상앙은 효공(孝公)을 알현했다. 하지만 얘기가 길었기 때문에 효공은 가끔 졸면서 얘기를 들었다. 상앙이 물러가자 효공은 그를 소개했던 경감을 꾸짖었다.

"그대 집에 와 있는 손님은 바보가 아닌가. 그를 중용하라니, 어처구니 없는 일이다."

이에 경감이 상앙을 책하자 그는 이렇게 대답했다.

"나는 제왕(帝王)으로서의 길을 이야기했는데, 효공이 잘 알아듣지 못하신 모양입니다."

하지만 5일 뒤 효공이 다시 상앙을 만나보고 싶다고 했다. 상앙은 이번에는 더 열을 내서 얘기를 했다. 하지만 효공의 동감을 얻지는 못하였다. 전번과 마찬가지로 상앙이 물러가자 효공은 경감을 꾸짖었고 경감은 상앙을 책했다. 상앙은 경감에게 이렇게 대답했다.

"나는 왕으로서의 길을 설파했지만, 효공이 납득하시지 못했습니다. 한 번 더 뵐 수 있도록 주선해 주시기 바랍니다."

이렇게 되어 다시 한 번 효공을 알현했다. 효공은 이번에는

상앙의 얘기가 마음에 든 모양이었다. 하지만 그를 등용하겠다
고는 말하지 않았다.

상앙이 물러가자 효공은 경감에게 말했다.

"다시 봤는데, 그 사람 제법 얘기를 할 줄 알더군."

상앙은 경감에게 이렇게 말했다.

"이번에는 패자의 길을 설명했는데 무척 마음에 든 모양입
니다. 다시 한번 알현할 수 있게 주선해 주십시오. 그분의 생
각이 무엇인지 알았습니다."

이리하여 다시 또 네 번째의 알현을 하게 됐다. 이 때 효공
은 자신도 모르는 사이에 의논에 열중하였다.

의논은 수일 간에 걸쳐 계속되었으나, 두 사람 다 지칠 줄을
몰랐다. 경감이 이상하게 생각하고 상앙에게 물었다.

"우리 주군께서 무척 기뻐하시는 모양인데, 도대체 어떻게
우리 주군의 마음을 잡았는가?"

"저는 처음에 하(夏) · 은(殷) · 주(周)의 3대(三代)를 더듬
으며 제왕(帝王)으로서의 길과 왕(王)으로서의 길을 설명했습
니다. 하지만 효공은, '무척 지루한 얘기다. 그렇게 오래 기다
릴 수 없다. 1대(一代)에서 이름을 천하에 떨쳐야만 명군(名
君)이라고 할 수 있다. 제왕이다, 왕이다 하여 몇 십 년, 몇 백
년이 걸려도 좋단 말인가' 하시며 제 말을 부정하셨습니다. 그
래서 결국 강국(强國)이 되는 방책을 진언했습니다. 그러자 효
공은 기뻐하면서 귀를 기울이는 것이었습니다. 이것으로는 은
나라나 주나라의 덕(德)과 비견할 수가 없습니다만…"

▷ 비지시(非指示) 카운슬링

처음부터 패도(覇道)를 설파하지 않고 우회하여 마음에도 없는 제도(帝道)로부터 설득하기 시작한 상앙의 변론술(辯論述)은 오늘의 심리학에서 말하는 '비지시(非指示) 카운슬링'의 방법에 가까운 점도 있다.

효공은 상앙이 설파하는 패도의 구체적 내용이 자기 자신의 발의(發意)인 것처럼 심리 상태로 인도하고 말았던 것이다.

▷ 구습(舊習)을 타파하다

효공은 결국 상앙을 중용했다. 효공은 강국책(强國策)을 실행에 옮기는 첫사업으로 먼저 국정의 발본개혁(拔本改革)을 단행하려 했으나 세론의 비난을 겁내서 체념하고 있었다. 그리하여 상앙은 이렇게 진언했다.

"성공도 명예도 자신 없이는 얻을 수 없다는 말이 있지 않습니까. 또한 행위든 사상이든 세상의 상례를 벗어나면 무조건 비난의 대상이 되기 쉽습니다. 끝나버려도 느끼지 못하는 것은 어리석은 사람입니다.

이에 비교해서 지자(智者)는 시작하기 전부터 정찰할 수가 있는 것입니다. 때문에 백성에게는 계획 단계(計劃段階)에서는 알리지 않고 결과만을 누리게 하면 되는 것이지요. 지상(至上)의 덕을 논하는 이는 세속에 영합하지 않으며 큰 공을 세우려는 자는 다수의 사람들에게 상담을 하지 않는 것입니다.

감히 말씀드리지만 강국을 목표로 하신다면 선례(先例)를 따르지 마시고 단행하셔야 합니다. 백성에게 이익(利益)이 되는 것이라면 종래의 관습을 좇을 필요가 없습니다."

효공은 이에 찬성을 표시했다.

그때 감용(甘龍)이 앞으로 나와 반론을 제기했다.

"아닙니다. 관습을 바꾸지 않고 백성을 인도하는 사람이야말로 성인이며, 법을 바꾸지 않고 훌륭한 정치를 행하는 사람이야말로 지자라고 할 수 있습니다.

관습에 따라 백성을 인도하면 무리가 적으면서도 효과가 있을 것이며, 이와 꼭같이 종래의 법에 의하여 통치를 한다면 실무를 맡은 관리도 익숙해 있기에 백성이 안심하고 따를 것입니다."

"감용의 의견은 속론(俗論)입니다. 범인(凡人)은 관습만을 의지하며, 또한 학자는 지식만으로 만족하는 것입니다. 이 양자는 관리로서 기성의 법을 지키게 할 수가 있지만 결국은 거기서 그치고 말고 그 이상의 일에 부닥치면 아무 일도 못합니다. 본래 예로부터 예나 법은 일정 불변의 것이 아니었습니다. 하(夏)·은(殷)·주(周)의 3대(三代)는 예를 멀리하면서 똑같이 왕자가 되었으며 춘추(春秋)의 5패(五霸)는 제각기 다른 법으로 각자 패자가 되었습니다.

다시 이야기하면 어떤 시대이든 지자가 법을 만들고 우자(愚者)가 그것을 따릅니다. 현자가 예(禮)를 새로 정하고 불초자(不肖子)는 그것에 속박되는 관계가 되어 왔습니다."

상앙이 이렇게 주장하자 이번에는 두지가 반론을 제기했다.

"기구(器具)일지라도 그 효용이 10배가 되는 것이 아니면 바꾸지 않을 일입니다. 법은 그 이익이 백 배가 되는 것이 아니면 바꾸어선 안됩니다. 어떤 일이 있든지 종래의 방법을 취하고 고래의 예(禮)를 따르고 있으면 착오가 일어나지 않습니다."

상앙이 이 말을 받았다.

"정치의 방법은 고정된 것이 아닙니다. 국가로서 유익하다고 생각되면 거침없이 바꾸어야 됩니다. 가령 탕왕(湯王)·무왕(武王)은 고래의 길을 좇지 않고 왕자가 되었으며, 하(夏)의 걸왕(桀王), 은(殷)의 주왕(紂王)은 고래의 예(禮)를 변경하지 않았는데 망했습니다. 때문에 관습에 위배된다고 해서 비난할 것이 아닙니다. 또한 고래의 예를 좇는다고 하여 칭찬만 할 것이 못됩니다."

효공은 다시금 상앙의 생각에 찬성했다. 또한 상앙을 좌서장(左庶長)에 발탁하여 국정의 개혁을 명했다.

▷ 공로가 없으면 공족(公族)도 격하시키다

상앙이 손을 댄 개혁 내용은 다음과 같은 것이었다.

5인조(五人組)·10인조(十人組)의 제도를 설치하여 백성을 서로 감시하고 고발하게 하는 연좌제(連坐制)를 설치한다. 타인의 범죄를 알고서도 고발하지 않는 자는 요참형(腰斬刑 : 허리를 자르는 형벌)에 처하고 고발을 한 자에게는 적의 목을 잘라 온 것과 같은 상을 주며 또 죄인을 감춰준 자에게는 적에게 항복한 것과 같은 벌을 준다. 한 집에 두 사람 이상의 성인 남자가 있으면서 분가를 하지 않은 경우에는 세금을 2배로 받는다.

군공(軍功)을 세운 자에게는 그 경중을 가려서 상당한 급수의 작위를 준다. 개인적인 싸움에는 정도에 따라서 형을 과한다.

어른이나 아이나 힘을 합쳐 농경과 직물을 본업(本業)으로 삼도록 한다. 이리하여 곡식과 물건을 많이 상납하는 자에게는 부역도 면제해 준다. 그 이외의 직업에 종사하고 싶어하는 자나 게으르기 때문에 가난한 사람은 노예로 삼는다.

공족(公族)일지라도 군공(軍功)을 세우지 못하는 자는 심사를 하여 공족의 적을 박탈하고 신분의 봉록(封祿)을 정하여 확실한 차별을 두며 전지(田地), 가옥의 넓이, 가신(家臣)·노비(奴婢)의 수, 의복 등에는 가격(家格)에 의하여 단계를 정한다. 공적을 올린 자에게는 사치가 허용되지만 빼어난 부자일지라도 공적이 없으면 호화로운 생활을 허용치 않는다.

▷ 신상필벌(信賞必罰)

이렇게 새로운 국법(國法)의 내용은 결정되었지만 바로 공포하지는 않았다. 백성이 따라올는지 어떨는지 의심스러웠기 때문이다. 먼저 백성의 신뢰심을 확립하지 않으면 안된다.

그리하여 생각 끝에 높이 세 길(三丈)의 나무를 도읍의 남문(南門) 곁에 세웠다. 그리고 '이 나무를 북문(北門)에 옮겨 심는 이에게는 상금 10금(金)을 준다.'는 포고를 냈다.

하지만 누구 한 사람 신용하려 하지 않았다. 그리하여 다시금 '옮겨 심는 자에게는 50금을 준다.'고 상금을 5배나 크게 늘리자 겨우 한 사나이가 그것을 실행에 옮겼다.

바로 그에게는 상금 50금을 준 뒤에 법령에 거짓이 없다는 것을 표시했다. 그런 뒤에야 비로소 새 법을 공포했던 것이다.

하지만 막상 법이 선포되어 시행되자 불평 불만이 속출했다. 1년 동안에 도성으로 올라와 새 법의 불가함을 호소하는 자가 수천 명에 달했다.

이러한 시기에 공교롭게도 태자(太子)가 새 법을 어겼다. 상앙은 이렇게 말했다.

"백성들이 새 법을 지키지 않는 것도 웃사람이 그것을 범하기 때문이다."

그리고 태자를 법에 의하여 처벌하려 했다. 하지만 태자는 왕의 자리를 이어받을 사람이며, 따라서 본인을 처벌할 수가 없었기 때문에 태자 대신 시종장인 공자(公子) 건(虔)을 처벌하고, 태자의 교육을 맡은 공손가(公孫賈)를 입묵(入墨)의 형에 처했다. 이 조처의 효과는 컸다. 그 다음 날부터 나라 안의 모든 사람이 새 법에 복종하기 시작했다.

그 뒤 10년이 지났다. 진나라에서는 길에 물건이 떨어져 있어도 아무도 주우려 하지 않았으며 산속에는 도적이 없었다. 생활도 안정되고 백성들은 크게 기뻐했다. 백성들은 국가가 싸움을 시작하면 용감하게 싸웠으나 개인적인 다툼은 일어나지 않았고 마을마다 평화스러운 생활이 계속되었다.

이렇게 되자 애초에 새 법에 불만을 표시하던 사람들도 모두

이 새 법을 예찬하게 되었다. 하지만 상앙은 이들을 이렇게 규정했다.

"그들은 세상을 어지럽힐 위험성이 있는 백성이다."

그리하여 그들을 함께 변경으로 옮겨 살게 하였다. 그러자 그때부터 많은 백성들은 한 사람도 법에 대하여 이러쿵 저러쿵 평하지 않게 되었다.

▷ 보복전(報復戰)

이렇게 하여 상앙은 대량조(大良造 : 명상의 작위)를 받았다. 이즈음 상앙은 군사를 이끌고 위나라의 도읍 안읍(安邑)을 포위하고 이를 함락시켰다. 한편 3년 뒤에는 함양(咸陽)에 성문과 궁전 및 정원을 마련하고, 옹(雍)으로부터 도읍을 옮기게 되었다.

그 뒤에 상앙은 법의 규제를 한결 강화했다. 부자(父子)와 형제(兄弟)가 한 집에 사는 것을 금했다. 작은 마을이나 도시를 합하여 현(縣)으로 하고 거기에는 현령(縣令)·현승(縣丞)을 두었다. 전국이 약 31현(縣)으로 나누어지게 되었다.

또한 경작하기 편리하도록 둑이나 경계를 없애고 밭을 넓혔으며 조세율을 일정하게 하고, 도량형을 통일했다. 이를 실시한 지 4년째가 되던 해 공자(公子) 건(虔)이 다시 법을 어겼다. 하지만 이번에는 자신의 코를 잘리는 벌을 받았다.

그로부터 5년 동안 진나라는 점점 부강해지고, 효공은 천자(天子)로부터 패자라는 칭호를 받았고, 제후들은 모두가 효공을 축하해 주었으며 그 다음 해의 일인데 마릉(馬陵)에서 제(齊)나라가 위(魏)나라를 격파하여 위나라 태자가 포로가 되었고, 장군 방연(龐涓)은 전사했다.

그 다음 해 상앙은 효공에게 이런 진언을 하였다.

"우리나라의 상황에서 보면 위나라는 뱃속의 종기처럼 거추장스러운 존재입니다. 이기느냐 지느냐, 길은 그 어느 쪽이든 한 가지입니다.

위나라는 서쪽으로 험난한 산들을 놓고 안읍(安邑)에 도읍하고 있으며 우리나라와는 황하에서 접경하고 중원(中原)의 부(富)를 혼자 차지하고 있습니다. 이리하여 유리하다고 판단되면 서쪽에 있는 우리나라를 공격하고, 불리하다고 생각하면 동쪽으로 창끝을 돌립니다.

오늘날 우리 군주님의 위광(威光)으로 우리나라는 융성합니다. 하지만 반대로 위나라는 제(齊)와의 싸움에 대패한 뒤라 제후들로부터 따돌림을 받고 있습니다. 위나라를 치려면 오늘이 절호의 기회입니다. 위는 반드시 우리나라의 공격을 견디지 못하고 동쪽으로 옮겨갈 것입니다. 그렇게 되면 우리나라는 천연의 산하를 요새로 하여 동쪽의 제후를 제압할 수가 있을 것입니다. 이것이야말로 제왕의 업이라고 할 수 있습니다."

이 말에 효공도 찬성한 뒤에 상앙을 장군으로 하여 위나라를 공격하게 하였다. 이에 위나라는 공자(公子) 앙(卬)을 장군으로 하여 반격해 왔다.

양쪽 군사가 서로 대치했을 때 상앙은 공자(公子) 앙에게 한 통의 편지를 보냈다.

"제가 지난날 위나라에 있을 때 당신과 친히 교제하기를 원하고 있었습니다. 그런데 지금의 입장은 어떻게 되었습니까. 서로 적대하고 공격하게 된 것입니다. 옛 일을 회상하면 쓰라린 생각만 듭니다.

가능하다면 직접 뵙고 평화의 동맹을 맺어 서로가 기분 좋게 군사를 거두고 싶습니다. 그렇게 되면 귀국이나 우리나라가 다 함께 편안하고 태평할 수 있다고 생각합니다."

공자 앙은 잘 됐다고 생각한 뒤에 회맹을 맺기 위하여 주연(酒宴)에 응했다. 하지만 상앙은 그 자리에 무장한 군사를 숨겨 두었다가 공자 앙을 포로로 잡고 말았다. 이렇게 해놓고 위군(魏軍)을 공격하여 크게 승리하고 돌아왔다.

위나라는 제나라와 싸워 패한 판에 다시 진나라에게도 패하여 국력은 말할 수 없이 쇠퇴했고, 영토는 더욱 좁아져 갔다. 위나라 혜왕(惠王)은 공포에 사로잡혔다. 그리하여 그는 진나라에 사신을 보내어 하서(河西)의 땅을 할양한다는 조건을 내놓고 화의를 맺었다.

그리고 결국 위나라는 도읍인 안읍(安邑)을 버리고 대량(大梁)으로 천도를 했다.

"그때 공숙좌(公叔座)의 의견을 받아들이지 않은 것이 원통하다."

뒷날 혜왕이 이렇게 탄식했다고 한다.

상앙이 위나라를 격파하고 돌아오니 진나라 왕은 그를 상(商)과 어(於)의 15읍(邑)에 봉(封)했다.

그 뒤 상앙은 상군(商君)으로 불리우게 되었다.

▷ 개혁자(改革者)의 말로

상군(商君)으로 불리우게 된 상앙은 그 뒤 10년에 걸쳐 재상의 지위에 있었다. 하지만 특권을 빼앗긴 공족(公族)이나 귀족의 반감은 차차 누적되고 있을 뿐이었다.

장래의 위험을 걱정하여 상앙에게 은퇴를 권하는 자도 있었다. 하지만 상앙은 귀를 기울이려 하지 않았다. 그리하여…….

마침내 진나라에서는 효공이 죽고 태자가 그 뒤를 이었다. 공자 건의 일파는 상군(商君)이 모반을 모의하고 있다고 밀고하였다. 그리하여 상군을 잡으라는 명령이 내려졌다.

상군은 도망쳐 함곡관(函谷關)에 도착했다. 그는 여관에 묵으려 했는데 여관 주인은 손님이 상군이라는 것을 알 리가 없었다.

그래서,

"상앙 어른이 정하신 법률 때문에 증명서가 없는 사람을 재우면 벌을 받으니……."

안된다는 것이었다.

상군은 크게 한숨을 쉬었다.

"아아! 법(法)의 폐해는 이처럼 철저한 것인가!"

이리하여 상군은 길을 바꾸어 위나라로 도망치려 했다. 하지만 위나라 사람들은 그가 공자 앙을 기만하여 위나라 군을 격파했던 일을 잊지 않고 있었기에 받아들이려 하지 않았다. 뿐만이 아니었다.

상군이 다른 나라로 달아나려 하자,

"진은 강국이다. 그런 진나라의 국적(國賊)을 받아들인다면 큰 봉변을 당한다."

이렇게 말하며 그를 다시금 진나라로 추방했다. 또다시 쫓겨 진나라로 돌아온 상군은 그의 영지(領地)인 상읍(商邑)으로 몸을 피했다가 일족을 거느리고 북쪽의 정(鄭)나라로 가려 했다.

이 보고를 접하자 진나라에서는 군사를 내어 상군을 쫓았다. 결국 상군은 정나라의 면지(澠池)에서 잡혀 죽었다. 진나라 혜왕은 백성들에게 경고하는 뜻에서 상군의 시체를 다시 말에 매어 사방으로 찢어 죽이도록 하고, 이렇게 포고했다.

"모반을 시도한 자의 말로를 보라."

그리고는 상군의 일족까지 모두 죽였다.

3. 합종연형(合縱連衡)

— 소진(蘇秦) —

　　오기(吳起)나 상앙(商鞅) 등 선각자의 최후는 비참하다고밖에 말할 수 없지만, 그들의 목숨을 건 활동으로 길은 이미 열렸다. 출생한 나라나 신분을 묻지 않고 현재를 등용하여 부국강병의 실리를 얻으려는 풍조가 제국의 군주(君主) 사이에 퍼져 갔다. 세상은 이제 책사(策士)와 세객(說客)의 시대가 된 것이다.

　　제국을 주름잡은 그들의 활약에 의하여 구체제는 결국 해체의 길을 내닫고 있었다. 당시 진(秦)나라는 상앙의 변법의 공으로 제후의 우두머리로서 확고한 지위를 확립하고 있었다.

　　다른 나라들이 진나라에 대항하여 공수 동맹을 맺거나 진나라에 복속(服屬)하여 존립을 보전하든가의 양자택일에 놓였다.

　　희대의 거물 책사라고 불리운 소진(蘇秦) · 장의(張儀)의 활약(活躍)은 이 '합종연형'이라는 두 가지 국제 정략을 중심으로 전개된다.

▷ 취마(揣磨)의 술법을 짜내다

　　소진(蘇秦)은 동주(東周)의 낙양(洛陽) 사람이다. 젊었을 때 동쪽의 대국 제(齊)나라에 유학하여 귀곡(鬼谷) 선생에게 사사하며 유세술(遊說術)을 배웠다.

그 뒤 곧 그는 여러 나라에 유세하러 떠났다. 수년 간을 돌아다녔으나 그의 유세에 설득되는 사람이 없어 궁색한 행색으로 고향에 돌아오고 말았다. 그러자 그의 형제 자매들은 물론 자신의 아내까지 이처럼 소진을 조소했다.

"백성은 일을 열심히 한다든가 장사를 열심히 하여 2할 정도를 손쉽게 벌 수 있는데 그것이 합당한 생활 방법일 것이다. 그런데 당신은 유세를 한답시고 떠들고 돌아다니고 있다. 그러니까 이런 꼴로 된 것도 당연하지 않은가."

이런 말을 듣자 소진은 마음 속에서 새로운 결심이 솟았다. 일단 학문에 뜻을 두었다가 그것으로 영달(榮達)을 얻지 못하면 사나이로서 명분은 서지 않는다.

그 뒤부터 소진은 방안에 틀어 박혀 장서(藏書)를 빼놓지 않고, 차례로 읽었고 그러다 보니 유난히 마음을 사로잡는 책이 있었다.

「주서(周書)의 음부(陰符)」 병서에 이끌린 것이다. 그리하여 소진은 음부(陰符) 연구에 골몰했다.

1년이 지났다. 그는 「췌마(揣摩)」라는 독특한 독심술(讀心術)을 짜냈다.

"이제는 이 비법으로 제후들을 설득할 수 있다."

이렇게 자신을 얻은 소진은 바로 주(周)나라의 현왕(顯王)에게 알현을 청했다. 하지만 현왕의 주위 사람들은 전부터 소진에 대한 얘기를 듣고 있었기 때문에 엉뚱한 사람으로 취급하여 만나게 하지 않았다. 그래서 소진은 미련없이 주나라를 떠나 서쪽의 진(秦)나라로 향했다.

진나라에는 효공(孝公)이 죽고 그의 아들 혜왕(惠王)의 시대였는데 소진은 혜왕을 만나 설득하기 시작했다.

"진나라는 주위가 산과 강물로 둘러싸인 좋은 조건을 갖추고 있습니다. 다시 말하여 동쪽으로는 함곡관(函谷關)과 황하(黃河)를 끼고 있으며 서쪽은 한중(漢中), 남쪽은 파(巴)·촉(燭), 그리고 북쪽은 대(代)와 마(馬)가 있습니다. 다 천혜의 자연 조건입니다. 여기에다 많은 인구를 수용하여 적절한 전략을 곁들이면 천하를 병탄하고 제후로 군림할 수가 있을 것입니다."

그러나 혜왕은 이렇게 말하며 소진의 말을 들으려 하지 않았다.

"새일지라도 깃털이 다 자라서 갖추어지기 전에는 높이 날고 싶어도 불가능한 일이오. 이와 같이 우리나라는 아직 정치의 도(政道)가 안정되어 있지 않소. 그런데 천하를 병탄하다니 생각하지도 못할 일이오."

또한 그때 진나라는 상앙(商鞅)을 주살한 바로 그때였기 때문에 유세자(遊說者)들의 평판이 나빴다.

이리하여 소진은 동쪽에 있는 조(趙)나라로 향했다.

조나라에서는 왕의 아우인 봉양군(奉陽君)이 재상이었는데 그도 같이 소진의 헌책(獻策)을 받아들이지 않았다.

▷ 조(趙)나라와의 합종(合縱)을 진언하다

그리하여 이번에는 연(燕)나라로 향하였다. 그리고 1년쯤 지난 뒤 가까스로 연나라의 문후(文侯候)를 만날 수 있었다.

"연나라는 동쪽으로 조선(朝鮮)과 요동(遼東), 북쪽에는 임호(林胡)와 누번(樓煩), 서쪽은 운중(雲中)과 구원(九原), 남쪽은 호타(嘘沱)·역수(易水)라는 지세로써 그 영토는 사방 2천여에 이르고 있습니다. 연나라의 군비를 보면 병력이 수십만이나 되며 전차가 6백 승(六百乘), 군마(軍馬) 6천 두를 보유하고 있으며 곡식은 수년치를 많이 준비하고 있습니다. 그런데다 남쪽으로는 갈석(碣石)·안문(鴈門) 등 비옥한 땅을 가지고 있고, 북쪽은 대추와 밤의 산지인데 힘 안들이고도 많은 수확을 올릴 수 있습니다. 이런 것을 두고 바로 천연의 보고라고 할 수 있는 것입니다.

그리고 또 연나라를 둘러싼 정세를 보면, 지금과 같은 싸움이 계속되는 시대에 다른 나라의 침략을 받지 않고 태평성대를 구가하고 있는 나라는 연나라뿐입니다. 왜 그러냐 하면 그 이유를 아십니까? 그것은 조(趙)나라가 연나라의 남쪽에 있으면서 그 방패가 되어 주기 때문입니다. 다시 이야기해 드리면 조나라와 진나라는 다섯 번 싸워 조나라가 세 번 이기고 진나라가 두 번 승리했습니다. 그 일로 이 두 나라는 다 같이 지쳐 있습니다. 하지만 폐하께서는 전병력을 깨끗이 보존하고 있으면서 이 두 나라를 배후로부터 노려보고 계시는 겁니다. 연나라가 침략을 받지 않는 이유는 그것입니다.

가령 진나라가 연나라를 공격한다고 가정해 봅시다. 진나라 군사는 운중과 구원을 넘어 대(代)와 상곡(上谷)을 지나 수천 리의 길을 행군해 오지 않으면 안됩니다. 어쩌다 한때는 연나라의 도읍을 점령했다고 하더라도 이것을 계속하여 수비할 묘책은 있을 수 없는 것입니다.

이런 점에서 보아도 진나라의 연나라 침공은 불가합니다. 어쩌면 조나라가 연나라를 공격했을 경우는 어떠하겠습니까. 전군에게 출동 명령을 내리기만 하면 열흘도 안되어 수십 만의 군세가 동원(東垣)으로 집결할 것입니다. 호타(嘑沱)·역수(易水)를 건너 불과 4, 5일이면 연나라의 서울에 올 수 있습니다. 이런 상태를 또 말한다면 진나라는 천 리 밖에서 싸우고 조나라는 백 리 안에서 싸운다고 할 수 있겠습니다. 백 리 안의 우환을 가볍게 생각하며 천리 밖을 중시한다면 그것은 어리석은 일입니다. 때문에 연나라는 조나라와 합종(合縱)하셔야 합니다. 연나라와 조나라가 일체가 되어 진나라에 대항하면 연나라의 우환은 제거될 것입니다."

문후는 소진의 말에 고개를 끄덕이며 말했다.

"과연 그 말이 맞소. 하지만 우리나라는 다 아는 바와 같이 작은 나라로 서쪽으로는 조(趙), 동쪽으로는 제(齊), 이렇게 모두 강국과 접경하고 있소. 이때 그대가 반드시 합종을 성공시켜 우리나라를 편안하게 해 준다면 난 총력을 다하여 그대의 말에 따르겠소."

그리하여 소진은 마차와 황금, 비단 등을 받아가지고 조나라를 설득하기 위하여 길을 떠났다.

▷ 백 리(百里) 안을 걱정하라

소진의 제언은 후에 범수(范睢)가 진나라 왕에게 설득한 「원교근공(遠交近攻)」의 고등 전략을 반대로 행한 상식적인 것이었지만, 그 나름대로 범속한 귀를 솔깃하게 할 설득력도 가지고 있었던 모양이다.

▷ 한왕(韓王) 분기하다

조(趙)나라로 간 소진은 지난날 자기의 말을 듣지 않고 따돌린 재상 봉양군(奉陽君)이 죽었기 때문에 좋은 기회라고 생각하고 조나라 왕을 만났다. 그는 여기서 연(燕)·조(趙)·한(韓)·위(魏)·제(齊)·초(楚)의 6국 동맹(六國同盟)의 실리를 설파하여 동의를 얻었다. 그때 바로 진(秦)나라가 위나라를 침략하고 또 동진(東進)하려는 기세였기 때문에 소진은 지금 조나라가 공격을 받으면 합종의 맹약이 성립되지 않을 것으로 보고 책략을 써서 친구인 장의(張儀)를 진나라 왕의 고문으로 등용시켜 위기를 사전에 방지했다.

그렇다면, 소진이 조나라 다음으로 찾아간 한(韓)나라에서는 어떻게 되었는가. 소진은 한(韓)나라의 혜선왕(惠宣王)을 만나 설득했고 뒤에 제나라 왕을 만나 설득한 뒤 다시 연왕에게 알현을 청했다.

▷ 끈질긴 대결

그리하여 소진은 연왕(燕王)에게 알현을 청했다.

"저는 하찮은 동주(東周)의 시골사람으로 왕께는 이렇다 할 공적도 올리지 못하였습니다. 그런데도 왕께서는 저를 친히 알현하시고 제나라에 사신으로 보내 주셨습니다. 다행히도 계획했던 대로 제나라 군사를 철퇴시키고 빼앗긴 땅을 도로 찾아왔습니다. 이런 일을 하고 돌아왔으므로 한결 두터운 신임을 베풀어 주실 줄로 알았는데 돌아와보니 우대는 고사하고 옛 직위에 복직시켜 주시지도 않습니다. 이는 반드시 저를 신용할 수 없는 술책꾼으로 중상한 사람이 있었기 때문입니다. 하지만 제가 술책꾼이라면 오히려 왕께는 다행한 일입니다. 충의(忠義)는 자기 자신을 위해서이며, 진취는 남을 위해서라는 말이 있습니다.

제가 제나라 왕을 설복시킨 것은 결코 기만에 의한 것이 아닙니다. 저는 늙은 어머니를 동주(東周)에 남겨 놓고 왔습니다만 이것은 자신을 버리고 진취를 행하기 위해서입니다. 지금 어쩌다 증삼(曾參)과 같이 부모에 효도하는 사람과, 백이(伯夷)와 같은 청렴한 사람, 그리고 미생(尾生)과 같은 순진한 인물이 있다고 생각하면 이 세 사람이 왕께 봉사한다면 어떻겠습니까?"

"그 이상 좋을 수가 없겠지."

소진은 이야기를 계속했다.

"증삼과 같은 효도가 지극한 아들은 하룻밤만이라도 어버이

곁을 떠나 밖에서 자지 않습니다. 그와 같은 인물을 멀리 소국인 연나라로 데리고 와서 장차 일도 모르는 왕께 봉사시킬 수 있겠습니까. 백이는 의를 지켜 고죽국(孤竹國)의 대를 이어받지 않고 무왕(武王)의 신하가 되는 것도 받아들이지 않았으며 후(侯)로 봉하겠다는 일도 사양하고 수양산(首陽山) 속에 들어가 굶어죽었습니다.

이와 같이 청렴한 사람을 먼 연나라까지 데리고 와서 제나라와의 외교 교섭을 하라고 할 수 있겠습니까. 또한 미생(尾生)은 여자와 다리 아래서 만나기로 약속했습니다. 여자를 기다리는 동안에 물이 점점 불어났지만 꼼짝도 않고 그대로 익사했습니다. 이와 같이 순진한 인물을 먼 곳으로부터 연나라로 데리고 와서 제나라 군대의 정예를 쫓게 할 수 있겠습니까. 그건 그렇다고 하고, 제가 제 나름대로 충의와 신의를 좇았기 때문에 오히려 그게 죄가 된 것입니다."

"아니오. 그것은 충의와 신의는 아니오. 충의와 신의였다면 죄를 받을 리가 없소."

"그것은 잘못된 생각입니다. 왕께서는 이런 말씀을 아시는지요. 어떤 남자가 관리가 되어 먼 곳에 부임해 갔는데 남편이 집에 없는 사이 그 아내는 다른 남자와 밀통하게 되었습니다. 얼마 뒤 남편이 돌아온다는 소식이 왔습니다. 그러자 밀통하던 남자가 불안해 했습니다. 그때 여자가 이처럼 말했습니다. '걱정할 것 없습니다. 돌아오면 독약을 넣은 술을 마시게 하겠습니다.' 그 뒤 사흘쯤 지나 남편이 돌아왔습니다. 아내는 즉시 하녀에게 명령하여 독약이 든 술을 남편에게 권했습니다. 그 하녀는 술의 비밀을 알고 있었습니다. 하지만 그 비밀을 남편에게 알리면 아내가 쫓겨나게 됩니다. 그렇다고 해서 알리지 않으면 남편의 목숨이 위험합니다. 하녀는 고민한 끝에 일부러 넘어지며 술잔을 엎지르고 말았습니다. 주인이 화를 내며 그 하녀를 50회나 매질을 하였다고 합니다. 다시 말하여 넘어지며 술을 엎지른 하녀의 슬기가 주인의 목숨을 구하고 아내의 지위도 지켜 줬습니다. 그런데도 불구하고 하녀는 매를 맞은 것입니다. 이 얘기에서도 알 수 있는 것처럼, 충의와 신의를 다한다고 하여 죄를 받지 않는다고만 말할 수 없습니다. 불행하게도 저의 경우는 이와 같은 경우가 아니겠습니까."

얘기를 듣고 난 왕은 이처럼 말했다.

"잘 알았소. 부디 다시 한 번 전번의 관직으로 돌아가 일해 주기 바라오."

그래서 연나라 왕은 전보다도 더 소진을 크게 대우했다.

"왕께는 다행한 일입니다." 본래 소진이라고 하여 궤변가의 대표처럼 일컬어지는데 확실히 그의 변설은 때에 따라서는 사기(詐欺) 일보 전을 아슬아슬하게 지나가는 것처럼 보이지만 거기에는 언제나 일면의 진실이 포함되어 있다는 것을 놓쳐서는 안된다.

"내가 술책꾼이라면 왕에게 한결 다행한 일이다.", "악(惡)이야말로 도움이 되는 거다."하는 이 몇 마디는 난세(亂世)에 도전하는 사나이의 굳굳한 기골(氣骨)을 잘 나타내고 있다.

소진은 죽을 때 제나라 왕에게 이처럼 유언했다.

"제가 죽거든 시체를 거열(車裂 : 형의 일종)에 처해 주십시오. 그리고 소진은 연나라에게 유리하도록 제나라에서 내란을 획책한 놈이라고 소문을 퍼뜨려 주십시오.

그렇게 하면 반드시 저를 습격한 범인도 잡을 수가 있을 것입니다."

소진의 유언대로 하자 결국 범인이 제 발로 나타났으며 제나라 왕은 즉시 이 사내를 잡아 주살했다.

이 이야기가 연나라에 전해지자 이런 빈축의 말이 퍼졌다.

"소진의 원한을 풀어 주다니, 제나라도 어지간하군."

소진이 죽은 뒤 그가 연나라를 위해서 제나라의 세력을 약화시키려고 획책한 사실도 명백해졌다. 이리하여 제나라는 연나라의 행위에 분노를 금치 못했으며 연나라는 보복을 두려워하게 되었다.

II

식객(食客)의 시대

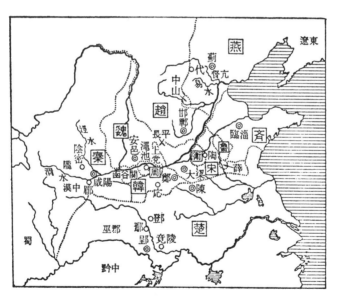

전국시대(戰國時代) 제국(諸國)의 영역(領域)

1. 계명구도(鷄鳴狗盜)
— 맹상군(孟嘗君)과 식객(食客)들 —

전국 7웅(戰國七雄 : 7개의 강국)이 대립 투쟁하던 시대, 이 전국시대도 중기를 지날 무렵부터는 서쪽의 강국 진(秦)의 대두가 현저해지고 국제 정치의 세력 균형이 더욱 와해되어 간다.

다시 이야기하면 진나라와 직접 경계를 접하고 있는 중원의 한(韓)·위(魏)·조(趙)의 3국은 물론이고 북쪽의 연(燕), 동쪽의 제(齊), 남쪽의 초(楚)까지 진나라의 교묘한 외교 전략과 강대한 무력 앞에 맥없이 굴복하여 그 세력이 쇠하여 갔다.

이와 같은 전국의 말기, 전쟁의 시대를 화려하게 누빈 것도 4공자(四公子)들이 각기 다투어 식객(食客)을 초치하고 서로 그 숫자를 자랑했지만 그들의 생활을 흥미있게 해준 것은 그들과 식객 사이의 상호 이용을 위한 신경전이었다.

시대는 이제 군주(君主)는 뒤로 물러나고 군주를 보좌하는 참모들, 다시 이야기하면 식객들이 활약하는 <식객의 시대>가 된 것이다.

먼저 최초로 등장한 것은 <계명구도(鷄鳴狗盜)>의 고사로 알려진 제(齊)나라의 맹상군(孟嘗君)이다.

그의 출생에 관한 일화부터 소개하면 다음과 같다.

▷ 부친(父親) 몰래 자라다

맹상군(孟嘗君)의 성은 전씨(田氏)이고 이름은 문(文)이다. 그의 부친은 설(薛)의 영주인 정곽군(靖郭君) 전영(田嬰)이다. 전영은 제(齊)나라 위왕(威王)의 막내아들로 선왕(宣王)의 이복 동생이었다.

전영에게는 40명의 아들이 있었다. 전문은 그 중에서도 신분이 낮은 첩(妾)의 아들이었는데 그는 5월 5일에 태어났기에 그의 아버지는 "키워서는 안된다. 곧 버리도록 하라."고 첩에게 명령했다.

하지만 첩은 전영 몰래 전문을 키웠다. 그가 커서 청년이 되었을 때 여러 형제들과 부자의 대면을 하게 되었다. 그때 비로소 전문이 자란 것을 안 전영은 화를 내고 전문의 어머니를 책했다.

"내가 버리라고 한 자식을 왜 키웠는가."

그러자 전문이 앞으로 나아가 공손하게 이마를 조아리며 말했다.

"황송하오나, 5월 5일에 태어난 아이는 키우지 말라고 말씀하시는 이유를 알고 싶습니다."

"5월 5일에 태어난 사람은 키가 문설주만 해지면 어버이를 죽인다고 했기 때문이다."

전문이 다시 물었다.

"그렇다면 인간의 운명은 하늘로부터 받는 것입니까, 아니면 문설주로부터 받는 것입니까?"

아버지가 대답하지 못하는 것을 보자 전문은 이야기를 계속했다.

"운명이 하늘로부터 주어지는 것이라면 아버님께서는 걱정할 필요가 없습니다. 또한 만일 문설주로부터 주어지는 것이라면 그 문설주를 높여서 키가 거기 미치지 않게 하면 된다고 생각합니다."

이 말을 듣고 전영은 그 이상 아무 말도 못했다.

▷ 부친(父親)의 뒤를 잇다

그후 전문은 기회를 보아 아버지에게 물었다.
"아들의 아들은 무엇이라고 합니까."
"그것은 손자가 아니냐."
"그러면 손자의 또 손자는."
"고손자다."
"그러면 고손자의 손자를 무엇이라고 합니까."
"그건 뭐라고 하는지를 모르겠다."

그러자 전문은 몸가짐을 바로하며 이렇게 말했다.

"아버님은 재상으로서 3대의 왕께 봉사를 하고 계십니다. 그간 제나라의 영토는 하나도 넓어지지 않았는데 우리 집은 만금의 부를 쌓았으면서도 문하(門下)에는 한 사람의 인재도 없습니다. 장군의 집안은 즉 장군을 낳고, 재상의 집은 반드시 재상을 낳는다는 말이 있습니다. 그런데 우리 집안은 어쩌면 이렇습니까. 아버님의 심부름을 하는 여관(女官)들은 비단 옷을 땅에 끌고 다니며, 비복들까지도 쌀밥과 고기에 부족함을 모르는 사치를 누리고 있습니다. 하지만 이와 반대로 문 밖을 나가 보면 선비라는 사람들이 굶주리고 추위에 떨고 있는 형편입니다. 지금 아버님께서는 재물을 모으기 위하여 애를 쓰고 계시지만 도대체 누구에게 남겨 주기 위하여 애를 쓰시는 겁니까. 뭐라고 부를 수조차 없는 자손, 미지의 자손에게 그것을 물려 주기 위해서입니까. 이처럼 사사로운 일에 열중하시다 보면 공적인 일은 결국 소홀히 하는 결과가 오지 않겠습니까. 전 항상 이것이 걱정스럽습니다."

이 일이 있은 뒤부터 아버지는 전문을 다시 보게 되었다. 이리하여 가사(家事)를 맡아 보게 하여 식객(食客)의 접대를 맡게 하였다. 그러자 식객들이 날마다 늘어나고 전문의 이름은 여러 나라로 알려졌다. 또한 제후(諸侯)들의 요청에 의하여 전문을 후계자로 정하였다.

얼마 뒤 전영(田嬰)은 죽고 정곽군(靖郭君)이라는 시호를 받았다. 전문은 아버지 뒤를 이어 설(薛)의 영주가 되었는데 이 이가 곧 맹상군(孟嘗君)이다.

▷ 공평(公平)한 대우

맹상군은 설 땅의 영주로서 널리 제국으로부터 식객을 초치했다. 소문이 퍼지자 도망중인 죄인들까지 찾아왔지만 맹상군은 재산을 축내면서도 그들을 따뜻이 대접했다. 때문에 식객의 수는 수천 명에 달했고 천하의 인사는 모두 설 땅으로 모이는 것같이 보였다. 또한 그 식객들은 신분에 의한 차별이 없이 공평한 대우를 받았다.

맹상군이 새로 온 식객을 대면할 적에는 항상 발 뒤에 서기(書記)를 대기시키고 찾아온 식객의 부모 형제에 관한 것을 묻고는 그것을 기록시켰다. 또한 식객이 물러가면 맹상군은 즉시 그 식객의 친족에게도 빠짐없이 사자를 보내서 선물을 전하는 것이었다.

어느 날 식객을 맞아 저녁 식사를 하고 있었다. 그때 하인 한 사람이 등불 앞에 서 있어서 방안이 잘 보이지 않았다. 그러자 식객은 요리에 차별을 둔 것을 감추려는 것으로 추측하고 수저를 놓은 뒤에 물러가려 했다. 그러자 맹상군은 자기 상을 객에게 가져가서 요리에 차별이 없음을 보여 주었다. 식객은 결국 스스로 부끄러움을 느끼면서 자진하여 목을 찔렀다.

이 얘기가 세상에 전해지니 맹상군의 신망은 점점 높아져 갔다.

맹상군은 어떤 식객에 대해서도 항상 우대했지만 그 방법이 교묘했기 때문에, 식객 개개인이 모두 자기 혼자만 맹상군의 각별한 사랑을 받고 있다고 생각하였다.

▷ 구도(狗盜)의 활약

제(齊)의 민왕 25년(기원전 299년), 맹상군은 왕명으로 진나라로 가게 되었다. 진의 소왕(昭王)은 맹상군을 맞자마자 즉시 그를 재상에 임명하려 했다. 하지만 여기에 강경한 반대 의견이 나왔다.

"맹상군은 당대 일류의 인물이지만 근본은 제나라의 왕족입니다. 국정을 맡게 되면 우선 제나라를 첫째로 생각하게 되고, 진나라의 이익은 둘째로 미룰 것입니다. 그를 재상으로 임명한다는 것은 위험한 생각이십니다."

소왕은 이 말을 듣고 꺼림직하여 반대로 맹상군을 잡아 감금한 뒤에 때를 보아 주살하려 했다.

이리하여 맹상군은 소왕의 애첩(愛妾)에게 사람을 보내어 자기의 석방을 위해 노력해 달라고 부탁했다. 그러자 상대방에서는 그 대가로서, 맹상군이 가진 여우의 겨드랑이 털로 만든 최고급의 외투를 달라고 했다. 맹상군은 본래 값이 천 금(千金)이나 된다는 천하일품의 그 외투를 가지고 있었으나 진나라에 왔을 때 소왕에게 바쳤기 때문에 그 요구를 들어줄 재간이 없었다. 생각다 못해 식객들에게 상의했지만 묘안이 나오지 않았다.

그때 말석에 앉아 있던 개도둑의 명수라는 사내가 앞으로 나왔다.

"저에게 그 일을 맡겨 주십시오."

그리고 그날 밤 이 사나이는 왕궁에 깊이 숨어 들어가 은밀히 그 외투를 훔쳐내 왔다.

외투가 왕의 애첩에게 보내지자 효과는 금방 나타났다.

맹상군은 석방되었다.

▷ 계명(鷄鳴) 명인

맹상군은 석방되자 바로 진나라를 탈출하려 했다. 변성명을 하고 관소(關所)의 증명을 변조하여 걸음을 재촉하여 한밤중에 함곡관(函谷關)에 도착했다.

한편 소왕은 다시금 맹상군을 체포하려 했다. 하지만 이미 맹상군은 출발을 한 뒤였다. 소왕은 즉시 관소(關所)를 향하여 역전(驛傳)을 띄웠다.

당시 관소의 규칙은 닭이 울 때까지 문을 열지 못하게 되어 있었으므로 맹상군은 초조했다. 우물쭈물하다가는 잡힐 위험성이 있었다. 이때 다시 식객의 말석에서 닭 울음소리를 잘 내는 사람이 다시 앞으로 나왔다. 이 사내가 닭 울음 소리를 흉내내자 곧 일대의 닭들이 일제히 울어댔다. 그러니 관소의 문은 자연히 열렸다. 일행이 열린 관소의 문을 빠져나와 탈출한 뒤 소왕이 보낸 역전이 도착했다. 하지만 이미 때는 늦었다. 허탕치고 돌아갈 수밖에 없었다.

맹상군이 당초 이 개도둑과 닭 울음의 흉내를 잘 내는 사내를 식객으로 받아들였을 때 다른 식객들은 일제히 불만을 토론했었다. 하지만 이 두 사람의 활약으로 이번의 재난을 구한 것을 보고 식객들은 다시 맹상군에게 경의를 표했다.

▷ 참혹한 보복

진나라에서 돌아오는 길에 일행은 평원군(平原君)에게 들렀다. 조(趙)나라 사람들은 맹상군의 소식을 듣고 길가에 나와 일행을 맞았다. 하지만 길가에 나온 사람들의 기대는 실망으로 변했다. 그들은 이렇게 조소했다.

"별거 아니군. 설(薛) 땅 영주님은 굉장히 큰 대장부인 줄 알았더니, 겨우 저렇게 빈상(貧相)의 얼굴 사내였군."

맹상군은 이 말을 듣자 불처럼 화를 냈다. 식객들은 마차에서 내려 눈에 보이는 대로 사람들을 습격하고 수백 명을 죽이고서야 그곳을 떠났다.

전국시대를 다채롭게 한 것은 세객(說客)들의 활약이다. 그들은 세 치 혓바닥만으로 제후를 설득했고 어쩌다 그 헌책(獻策)이 받아들여지면 대신이나 재상의 자리를 얻을 수도 있었다. 그러므로 평소부터 유세술을 닦고, 헌책을 받아들여지게 하기 위하여 열심히 공부했던 것이다. 하지만 유세에 성공하여 재수 좋게 재상이나 대신의 자리를 차지한 자의 수는 많지 않았다.

이 시대 유명했던 범수(范雎)는 희귀한 성공자의 한 사람이었다. 그가 진나라의 재상이 된 것은 기원전 271년이다. 도대체 그는 어떤 사람일까?

위나라의 범수는 일개 세객(說客)으로부터 대국(大國) 진나라의 재상 자리에 앉게 되었다.

그러나 그의 출세 얘기에는 후일담도 있었다. 범수가 진나라의 재상으로서 비길 데 없는 권세를 휘두르고 있을 때 위나라에서 스파이 사건으로 고문을 당했을 때의 주인이었던 수가(須賈)

가 사자로서 진나라에 파견되어 왔다.

범수는 그 사건 뒤에 이름을 바꾸어 장녹(張祿)이라는 변명을 사용하고 있었기 때문에 수가는 그때의 범수가 진나라의 재상이 되어 있으리라고는 생각하지 못했다. 그는 범수가 죽은 줄로만 알고 있었다. 진나라 서울 함양의 숙사에 도착한 수가에게 범수는 재상의 신분을 감추고 남루한 옷차림으로 찾아갔다. 놀라서 범수를 맞아들인 수가는 어떻게 지내느냐고 묻고 범수의 신상을 동정하여 한 장의 솜옷을 주며 옛정을 되살리려 했다. 그 뒤 범수는 재상의 공관으로 가는 행차의 안내역을 자청하고, 스스로 마부가 되어 수가를 태우고 갔다.

수가는 재상의 공관에 도착하면서 비로소 범수가 진나라 재상인 장녹이라는 것을 알고 놀라 땅에 엎드려 사죄를 했다. 범수는 빈객이 늘어선 가운데서 수가를 꾸짖은 뒤에 "위제(魏齊)의 목을 베어 오라."고 호령을 하여 위나라로 쫓아 보냈다. 수가는 위나라로 돌아가서 일의 전말을 재상인 위제에게 보고했다. 하지만 위제는 신변의 위험을 느끼고 조나라로 도망했다.

장의(張儀)에게서도 같은 말이 전해져 오고 있지만 온통 난세 속을 살아나간 사람들의 감정은 원한을 푸는데 있어서나 은의(恩義)에 보답을 하는데 있어서나 유달리 격한 면도 있었던 모양이다.

戰國時代의 獸紋銅盤 殘片

2. 장평(長平)의 싸움
— 백기(白起)와 조괄(趙括) —

기원전 260년 진나라와 조나라가 싸운 〈장평(長平)의 싸움〉은 그 규모가 전국시대 최대의 싸움이었다.

승리한 진나라도 상당한 피해를 입었지만, 패배한 조나라는 40만 명의 장정을 잃는 크나큰 타격을 받았다.

진군(秦軍)의 총사령관은 백기(白起)였으며, 조군(趙軍)의 지휘관은 명장 조사(趙奢)의 아들 조괄(趙括)이었다.

그들은 장평에서 어떻게 싸웠으며, 또 그들의 운명은 어떻게 되었는가.

▷ 맹장 백기(白起)

백기(白起)는 미(郿) 땅 출신으로 용병(用兵)에 뛰어나서 진(秦)나라의 소왕(昭王)에게 채용되었다. 소왕 13년(기원전 294년), 백기는 무관의 최고장인 좌서장(左庶長)이 되어 군사를 이끌고 한(韓)나라 신성(新城)을 공격했다. 다음 해에 백기는 좌경(左更)으로 승진하고 한·위 연합군과 이궐(伊闕)에서 싸워 적병 24만 명을 죽이고 적장 공손희(公孫喜)를 포로로 잡았으며 5개의 도읍을 빼앗았다. 이 공으로 국위(國尉)로 승진했다.

그는 계속하여 황하를 건너 한(韓)나라의 안읍(安邑)으로부터 동쪽으로는 멀리 건하(乾河)까지의 땅을 빼앗았다.

그 다음 해, 백기는 대량조(大良造)로 승진했는데 그가 위나라를 공격하여 함락한 도읍은 대소 61개에 이르렀다. 다음 해, 백기는 왕의 고문인 사마착(司馬錯)과 협공하여 원성(垣城)을 공격하여 함락했다.

그로부터 5년 뒤 이번에는 조나라를 공격하여 광랑성(光狼城)을 함락했고 7년 뒤에는 초(楚)나라에 침입하여 언 등의 5개 읍을 공략했다. 그 다음 해 또다시 초나라를 공격하여 국도인 영(郢)을 점령하고 종묘(宗廟)의 땅인 이능(夷陵)을 불태우고 동쪽으로는 경릉(景陵)까지 침입했다.

초나라 왕은 영에서 탈출하여 동쪽의 진(陳)나라로 옮겨 갔다. 진(秦)나라 왕은 영을 진나라의 남군(南郡)으로 하여 백기(白起)를 무안군(武安君)에 봉하였다.

무안군이 된 백기는 다시금 초나라 영토를 계속 침략하여 무군(巫郡)·검중군(黔中郡)을 평정했고 소왕 34년 백기는 위나라에 진격하여 화양(華陽)을 함락시켰으며 적장 망묘(芒卯)를 쫓고 위(魏)·한(韓)·조(趙) 연합군의 장(將)을 포로로 잡고 적국의 목 13만을 베었다.

또한 조나라의 장군 가언(賈偃)과 교전하여 그의 군사 2만 명을 황하에 수장(水葬)했다. 소왕 43년 이번에는 한나라의 형성(陘城)을 공격하여 5개 도읍을 함락시키고 적병 5만을 베었다.

44년에는 태행도(太行道)의 요충인 남양(南陽)을, 45년에는 야왕(野王)을 공략하여 한(韓)나라를 남북으로 분단시켰으며 북쪽의 상당군(上黨郡)은 완전히 고립했다.

47년 진나라는 좌서장(左庶長)인 왕흘(王齕)을 장군으로 삼아, 한나라를 공격한 뒤에 상당(上黨)을 점령했다. 또한 상당의 민중은 조나라로 피난하고, 조나라 군은 상당에서 간 피난민을 장평에서 구제했다. 4월, 진나라 군은 조나라의 개입을 구실로 해서 조나라와 전단(戰端)을 열었다.

▷ 2대째의 장군

조나라 측에서는 당시 명장 조사(趙奢)가 이미 죽고 없었으며, 인상여(藺相女)는 중병으로 누워 있었다. 조나라는 염파(廉頗)를 장군으로 하여 출전시켰지만 바로 패배했기 때문에 수비를 굳게 하고 전술을 방어책으로 바꾸었다. 진나라 군이 수없이 도발을 해도 염파는 자중하여 출격하지 않았다. 초조해진 진나라는 첩자를 잠입시켜 조나라 왕에게 이렇게 이야기했다.

"진나라가 두려워하고 있는 것이 조사의 아들 조괄뿐입니다."

조나라 왕은 이 모략에 휩쓸려서 장군 염파를 해임, 조괄로 바꾸려고 했다. 하지만 인상여가 반대했다.

"악기의 줄을 잡아 매 버리면 천변 만화의 음색(音色)은 나지 않습니다. 조괄이 아버지의 병법을 이어받은 것은 사실이지만, 그것은 학문상의 것뿐입니다. 일단 실전에 임하면 임기응변의 지휘는 된다고 보장할 수 없습니다."

하지만 조나라 왕은 듣지 않고 조괄을 장군으로 삼았다. 진나라는 잘되었다고 박수를 치며 극비리에 백기를 총사령관에 임명하고, 조나라 군의 공격을 기다렸다.

그런데 이 조괄이 어릴 때부터 병법을 좋아했고 군사(軍事)에 있어서는 자신이 천하 제일이라고 믿고 있었다.

전에 조괄이 아버지인 조사와 병법을 토론할 때에도, 조사는 제아무리 궁지에 몰려도 아들의 의견에는 동의하지 않았다. 조괄의 어머니가 그 사유를 묻자 조사는 이처럼 대답하는 것이었다.

"전쟁이란 목숨을 거는 것이다. 그런데 그 녀석의 병법은 입으로만 말하는 병법이다. 그러니 임용되지 않으면 다행이지만, 만일 장군이라도 된다면 반드시 군사를 파멸시킬 것 같다."

▷ 아버지와 아들

"아들을 아는 것은 아버지를 능가할 사람이 없다(관자대국편(管子大國編))"고 이야기하지만, 조사의 경우가 정말 그렇다.

명장 조사의 눈으로 판단하면 자기 아들 조괄은 실전 경험이 없는 탁상공론의 병법론자(兵法論者)에 지나지 않고 있다.

▷ 어머니의 두려움

조괄의 출진이 가까워진 어떤 날, 그의 어머니는 글월을 가다듬어 이처럼 왕에게 상서(上書)했다.

"조괄은 장군의 그릇이 아닙니다. 부탁이오니, 재고 있으시길 바랍니다."

왕이 그 사유를 묻자 조괄의 어머니는 이렇게 대답했다.

"저는 조사의 아내였습니다. 저의 남편이 죽기 전인 장군 시절의 일입니다. 남편은 한 번도 교만한 일이 없었으며 스스로 술과 음식을 권한 부하가 수십 명이며 친구로서 친히 지낸 사람은 수백 명에 달했습니다. 대왕이나 왕족으로부터 하사받은 은상(恩賞)은 남김없이 부하들에게 나눠 주었을 뿐 아니라 출진(出陣)의 명을 받은 날로부터는 집안 일을 전혀 돌보지 않았습니다.

이와 같은 아버지와는 반대로 저의 아들인 괄(括)은 장군에 임명되어 열병을 했을 때에도 단지 허세를 부릴 줄밖에 몰랐다고 합니다. 하사받은 금은 모두 자기 혼자 차지해 땅이나 집을 사고 있습니다. 이러고서는 아버지의 뒤를 이어받지 못할 것 같습니다. 부탁이니, 내리신 임무를 거두어 주시기 바랍니다."

하지만 왕은 듣지 않았다.

"벌써 결정된 일이다. 이제 와서 돌이킬 수는 없다."

그러자 조괄의 어머니는 이렇게 말했다.

"그래도 제 자식을 장군으로 삼으시려면 부탁이 있습니다. 만일 그가 임무를 감당하지 못하는 일이 있더라도 이 어미를 책하지 마시기 바랍니다."

왕은 이 부탁을 받아들였다.

그 뒤 조괄은 염파로부터 군대를 인계받자 즉시 군률(軍律)을 전면적으로 변경시키고 대폭적인 인사 이동을 했다.

이 소문을 들은 진나라 장군 백기(白起)는 때가 왔다는 듯이 기묘한 계략을 썼다.

그는 진나라 군이 패주하는 것처럼 가장하여 조나라 군의 보급로를 차단해 버린 것이다.

조나라 군은 둘로 분리되었으며, 장군 조괄에 대한 장병의 불신은 날로 높아갔다.

이런 상태로 40여 일이 지나니 조나라 군사의 식량은 동이 났다. 조괄은 주력부대를 이끌고 진두에 서서 돌격을 감행했지만 어떤 공도 세우지 못하고 전사하고 말았다. 주력부대가 패하자 나머지 수십 만의 조나라 군은 전의를 잃고 항복했다. 하지만 조나라 왕은 약속대로 조괄의 어머니를 벌하지 않았다.

▷ 장평(長平)의 대살륙(大殺戮)

이렇게 하여 조괄의 군은 패배하고 항복한 군사는 40만 명에 이르렀다.

이 포로의 처리 문제를 두고 백기(白起)는 결단을 내려야 했다.

"전에 우리나라가 상당(上黨)을 함락했을 때 상당의 백성들은 우리나라 백성이 되는 것이 싫어서 조나라로 도망쳤다. 조나라의 포로들도 어느 때 변심할는지 모른다. 장래 화근을 없애기 위하여 모두 죽여야 한다."

그리하여 계교를 써서 모조리 생매장하여 죽여버렸다. 이 40만 명 가운데서 용서를 받고 집으로 돌아간 것은 나이 어린 사람 2백 40명뿐이었다. 이 싸움에서 조나라 군이 입은 희생은 총계 45만 명에 이르렀다. 이리하여 조나라의 공포는 그 극에 달했다.

▷ 백기(白起)와 응후(應侯)의 대립(對立)

48년(기원전 259년) 10월, 진나라는 다시금 상당군을 평정하고 바로 군사를 둘로 나누어 왕흘(王齕)의 군사는 피로를 공략하고 사마경(司馬梗)의 군은 태원(太原)을 평정했다. 한(韓)과 조(趙) 두 나라는 진나라의 군세를 두려워하여 변설(辯舌)에 능한 소대(蘇代)에게 후한 뇌물을 들려 보내서 진나라 재상 응후(應侯)를 설득하기 시작했다.

"조괄을 죽인 것이 무안군(武安君)이지요."

"그렇소."

"머지않아 조(趙)나라의 도읍 한단(邯鄲)도 포위할 작정입니까?"

"물론이죠."

"또 조나라가 망하면 진나라 왕은 천자(天子)가 되고 무안군은 3공(三公)이 되겠군요. 그분이 공격하여 함락시킨 도읍은 70여 개나 되며 남쪽으로 언(焉)·영(郢)·한중(漢中)을 평정하고, 북으로는 조괄의 대군을 괴멸했습니다. 저 주공(周公) 단(旦), 소공(召公) 석(奭), 태공망(太公望) 여상(呂尙)의 공적도 이에 미치지 못합니다. 때문에 조나라가 망하고 진나라 왕이 천자가 되는 일이 있으면 무안군이 먼저 3공으로 승진하는 것은 확실합니다. 그렇게 되면 불행히도 당신은 무안군 아래에서 일하게 되는데, 그 시기가 되어 불복하려 해도 이미 늦게 됩니다.

전 해에 귀국이 한(韓)을 공격하여 형구(邢丘)를 포위하고 상당을 곤경에 빠뜨렸을 때 상당의 민중은 같이 조나라로 도망했습니다. 이것으로도 아시는 바와 같이 천하의 백성은 진나라에 귀속하기를 싫어합니다. 지금 조나라를 멸망시킨다 하더라도 그 백성은 북쪽에 살고 있는 연(燕)나라로, 동쪽에 살고 있는 자는 제(齊)나라로, 또 남쪽에 살고 있는 자는 한(韓)이나 위(魏)나라로 제각기 피난을 갈 것이며, 진나라가 실제로 지배할 수 있는 인구가 얼마 되지 않을 것입니다. 일단 한나라와 조나라와의 화의(和議)를 받아들여 이 이상 무안군에게 공을 세우지 못하게 하는 편이……."

소대의 이 말을 듣고 응후는 진나라 왕에게 이렇게 이야기했다.

"우리나라 군사들은 피로해 있습니다. 한·조의 화의를 받아들여 군사를 쉬게 하는 것이 어떻겠습니까?"

그러자 왕은 응후의 의견을 좇아 한나라로부터는 원옹(垣雍), 조나라로부터 6개의 도읍을 할양받기로 한 뒤에 화의를 맺었다. 또한 정월에 전군사에게 철수를 명했다.

백기는 이 소식을 듣고 응후에게 반감을 갖게 되었다.

▷ 명장(名將)의 말로(末路)

그 해 9월, 진나라는 오대부(五大夫) 왕릉(王陵)을 장군으로 삼아 다시 조나라 수도 한단을 향하여 출병했다. 그때 백기(白起)는 병으로 종군하지 못했다.

49년(기원전 258년) 정월, 왕릉은 한단을 공격했지만 전황은 신통치 않았다. 본국으로부터 계속하여 증원 부대를 보내왔는데도 불구하고 왕릉의 군대는 지휘관을 다섯 사람이나 잃었다. 그때 백기가 건강을 회복했다는 말을 듣고 진나라 왕은 그를 다시 장군으로 출정시키려 했다. 하지만 백기는 승낙하지 않았다.

"한단은 수비가 단단하여 함락하지 못합니다. 그리고 제후들의 후원병도 날이 갈수록 더하고 있습니다. 그도 그럴 것이 우리나라에 대한 제후들의 적의가 너무도 뿌리 깊습니다."

지금 우리나라는 장평에서 승리를 얻었다고는 하지만 병력은 반 이상이나 잃었고 국내는 무방비 상태입니다. 이대로 다른 나라에 대한 원정을 계속한다면, 조나라가 반격을 개시하고 제후들이 여기에 호응하여 본국을 공격해 올 시기에 우리는 속수무책입니다. 한단의 공격도 중지해야 합니다."

진나라 왕은 다시 명령을 내렸지만 백기는 움직이려 하지 않았다. 또 응후를 보내서 간청했지만 결국 승낙하지 않았다. 또한 그는 입장이 난처해지자 병을 핑계하고 집안에 틀어박혀 꼼짝도 하지 않았다.

진나라 왕은 왕릉 대신에 왕홀(王齕)을 장군으로 임명했다. 하지만 포위한 지 8, 9개월이 되도록 한단은 함락되지 않았다. 초나라의 춘신군(春申君)과 위나라의 신릉군(信陵君)이 지휘하는 수십 만의 구원군이 진나라 군을 습격하여 진나라 군은 큰 타격을 받았다. 자세한 내용을 듣고 난 백기는,

"무리도 아니다. 내 말을 들었더라면 이런 일도 당하지 않았을 것이다."하고 사람들에게 말했다.

진나라 왕의 귀에 이 말이 전해지자 왕은 분노하여 무슨 일이 있어도 백기를 출정시키려 했다. 하지만 백기는 중병을 청하고 움직이지 않았다. 응후의 간절한 부탁도 별 소득이 없었다. 이리하여 백기는 드디어 무안군의 지위를 박탈당하고 한 사람의 병졸(兵卒)의 신분이 되어 벽지인 음밀(陰密) 땅으로 이사하라는 명령을 받았다. 하지만 백기의 이주는 병 때문에 자꾸만 연기되고 있었다.

그로부터 석 달 뒤, 제후들의 공격은 차츰 심해 갔다. 진나라 군은 계속 퇴각하지 않을 수 없었으며, 구원을 청하는 사자(使者)가 줄지어 국도(國都)인 함양으로 달려오곤 했다.

그러자 진나라 왕은 백기를 그대로 함양에 머물게 해서는 무슨 일이 벌어질지 모른다고 생각했다. 그는 즉각 백기에게 국도를 떠나라고 엄명을 내렸다. 백기는 할 수 없이 길을 떠나 함양의 서쪽 문에서 10리쯤 떨어진 두우(杜郵)라는 땅에 도착했다. 그때 진나라 왕은 응후와 그리고 중신들을 모아놓고 상의를 했다.

이때 백기는 이번 처분은 불만이어서 왕을 원망하는 언동을 취했다 하는 의견이 있어 그를 죽이기로 결정했다. 그리하여 그의 뒤로 사자를 보냈는데 그 사자는 백기에게 왕이 하사하는 칼을 주며 자살을 명령했다.

백기는 칼을 받아 뽑았다. 그리고 그것을 목에 대면서 혼잣말로 이렇게 말했다.

"알 수 없는 일이다. 도대체 내가 하늘에 대하여 어떤 죄를 지었단 말인가."

한편 잠시 동안 눈을 감고 생각한 뒤에 이처럼 말했다.

"아니다. 이렇게 된 것도 당연한 보상이다. 장평의 싸움에서 항복한 조나라 병사 수십 만을 계교로써 생매장한 것이 내가 아닌가."

그리고 미련없이 자기 목숨을 끊은 것이다. 때는 진나라의 소왕(昭王) 50년(기원전 257년) 11월이었다. 이 불행한 최후는 진나라 백성들의 동정을 샀다.

이리하여 진나라의 모든 마을에서는 그를 위하여 제사를 지내게 되었다.

3. 자신을 판 사나이들
— 평원군(平原君)과 식객(食客) —

4공자(四公子)의 한 사람인 조(趙)나라 평원군(平原君)과 식객들. 이 장(章)의 주인공은 평원군이라기보다도 오히려 그를 둘러싼 식객(食客)들의 생생한 생태(生態)이다.

▷ 애첩(愛妾)의 목

평원군 조승(趙勝)은 조나라 혜문왕(惠文王)의 아우이다. 공자들 사이에서는 제일 그 기량이 뛰어나고 식객(食客)을 중시했다. 그리하여 그에게 찾아온 식객의 수는 무려 수천 명에 달했다고 한다. 혜문왕·효성왕(孝成王)의 2대(二代)에 걸쳐 세 번이나 재상으로 근무했고 동무성(東武成)에 봉해졌다.

그런데 평원군의 집 앞에 있는 민가에는 절름발이 남자가 한 사람 살고 있었다. 어느 날 평원군의 애첩 한 사람이 층계 위에서 이 남자가 물을 길러 가는 모양을 보며 재미있다고 크게 웃었다. 그러자 그 다음날 절름발이 사내가 평원군을 찾아와서 말했다.

"저는 본래 나으리께서 선비들을 환대하고 있다고 알고 있습니다. 천하의 선비들이 먼 길을 불구하고 나으리를 찾아오는 것은 아마 그들을 중히 생각하시고 여색(女色)을 가볍게 생각하는 마음씨에 감동되었기 때문이라고 생각합니다. 그런데 나으리의 애첩은 제가 불행하여 절름발이인 것을 비웃었습니다. 남자로서 이 모욕은 참을 수 없습니다. 부탁이오니 그 여자의 목을 잘라 주시기 바랍니다."

평원군은 그 뜻을 받아 쾌히 승낙했다. 하지만 절름발이 사내가 돌아가자 배를 안고 웃어댔다.

"정말 대단한 녀석이군. 조금 비웃음을 당했다고 하여 내 애첩의 목숨을 요구하다니! 너무 심한 녀석이군."

그리고 그 요구는 불문에 붙였다.

그러자 그 뒤 식객들은 한 사람 두 사람 떠나가서 1년이 지나자 식객의 수가 많이 줄었다.

"나는 빈객 여러분에게 예의에 어긋난 일은 안했소. 그런데 왜 이런 결과가 온 것이지요?"하고 평원군이 이상해 하자 식객 한 사람이 대답했다.

"당신은 전번에 그 절름발이를 비웃은 애첩을 처분하지 않았습니다. 그런 조처를 취했으므로 당신이 선비보다는 여색(女色)을 소중히 한다고 오해받아도 할 수 없는 노릇입니다."

이때 자신의 잘못을 깨달은 평원군은 애첩의 목을 베어 들고 절름발이를 찾아가서 백배 사과를 했다.

이 일이 세상에 알려지자 식객들의 수가 다시 증가했다.

▷ 자루 속의 송곳

얼마 뒤 진나라 군이 조나라에 침입하여 국도(國都) 한단이 포위되는 일이 일어났다(기원전 258년).

"급히 초나라로 가서 원군을 청하라."는 왕명이 평원군에게 내렸다.

그러자 평원군이 이렇게 말했다.

"얘기를 해서 맹약이 성립되면 문제는 간단하지만 어쩌다 타협이 안될 경우에는 힘에 호소해서라도 대임(大任)을 완수하고 돌아오겠습니다. 수행원은 저의 집에 있는 자들로 충분합니다."

그리고 그는 자신의 식객 중에서 지용(智勇)을 겸비한 식객 20명을 선발하려 했다. 그런데 19명까지는 순조롭게 인선을 할 수가 있었으나 나머지 한 사람이 아무래도 생각나지 않았다.

그러자 모수(毛遂)라는 사내가 자청했다.

"초나라와의 맹약을 교제하러 가시면서 우리들 가운데서 20명을 선발할 판인데 한 사람이 모자란다는 말을 듣고 왔습니다. 저를 일행에 끼워 주시기 바랍니다."

"귀공은 이곳에 온 지 몇 년이 됩니까?"

"3년 전에 왔습니다."

"유능한 인재란 예를 들어 송곳과 같은 것입니다. 가령 자루 속에 넣어 두더라도 날이 밖으로 튀어 나오게 되어 있습니다. 하지만 귀공은 내 집에 온 뒤 3년이나 된다는데 한 번도 그 이름을 들은 일이 없습니다. 실례지만 이 중대한 일을 완수해야 할 마당에 귀공을 동행할 수는 없을 것 같습니다."

하지만 모수는 물러서지 않았다.

"그 자루라는 곳에 이제부터 넣어주시기 바랍니다. 만일 제가 전부터 그 자루 속에 들어 있었다면 끝뿐만이 아니고 통째로 튀어 나왔을 것입니다."

평원군은 결국 모수를 일행 속에 넣었는데 다른 19명의 일행은 입 밖에 말을 꺼내지는 않았지만 서로 눈길을 교환하며 노골적으로 모수를 경멸했다.

그러나 모수는 그들과 길을 가는 길에 토론을 하여 초나라에 도착할 무렵에는 일행 모두를 경복(敬服)시키고 말았다.

▷ 세 치 의 혀

평원군은 조(趙)와 초(楚)의 맹약을 진전시키려고 초나라 왕을 상대로 그 이해를 되풀이하여 설명했다. 그 교섭은 이른 새벽부터 시작되었으나 한낮이 지나도 별로 진전되지 않았다. 아래 자리에서 기다리던 수행원들은 차츰 초조해졌다.

"모수님이 들어가서 나으리를 보필하시오."

그들은 모수에게 이처럼 말했다. 그러자 모수는 칼자루에 손을 얹고 계단을 올라 평원군 곁으로 갔다. 그리고 이렇게 말했다.

"맹약(盟約)을 맺으면 조·초 두 나라는 서로 유리하지만 맺지 않으면 서로 다 불리합니다. 이런 간단한 문제를 가지고 이른 새벽부터 얘기를 하면서 오늘까지 결론을 얻지 못하는 것은 무슨 이유에서입니까?"

그러자 초나라 왕은 모수의 말에 화가 나서 평원군에게 이렇게 말했다.

"이 사람은 누구요?"

"저의 수행원입니다."

그러자 초나라 왕은 바로 모수를 꾸짖었다.

"물러가라. 비천한 자가 분수 없이 무슨 이야기들인가?"

하지만 모수는 칼자루를 쥐고 반대로 초나라 왕에게로 다가갔다.

"대왕께서 저를 꾸짖는 것은 초나라의 힘을 믿기 때문입니다. 하지만 이렇게 제가 가까이 바로 있는 이상 그 힘도 소용이 없으며, 대왕의 목숨은 저의 장중(掌中)에 있는 것과 다름없습니다. 이제부터 저의 주인 앞에서 저를 꾸짖는 이유를 듣고 싶습니다. 옛날 은(殷)나라의 탕왕(湯王)은 사방 70리, 그리고 주(周)나라 문왕(文王)은 사방 백 리로 똑같이 소국의 군주였으나 천하에 군림하고 제후들을 통솔했습니다. 하지만 그것은 군사의 힘에 의한 것이 아닙니다. 천하의 추세를 살피고 신망을 모았기 때문입니다.

지금 초나라는 사방 5천 리의 땅과 백 만의 대군을 거느리고 있어 패왕(覇王)으로서의 자격도 충분합니다. 이 초나라에 대적할 나라는 없다고 생각합니다. 그런데도 현실은 어떻습니까. 진나라의 장군 백기와 같은 보잘것 없는 자가 이끄는 불과 수만의 군대와 싸워 힘없이 국도인 언(鄢)과 영(郢)을 빼앗기고 종묘를 소실당하여 선조의 영혼이 모독되었습니다. 이야말로 만세에 통탄할 일이며, 우리 조나라 사람들까지 수치스럽게 생각하고 있습니다. 대왕께서는 이 일을 어떻게 생각하십니까.

지금 조나라와 초나라가 동맹을 하여 진나라에 대항하려 하는 것은 조나라만을 위해서가 아니고 오히려 초나라를 위해서입니다. 제 이야기는 충분히 이해하셨을 겁니다. 그러면 이제 저를 힐책하신 사유를 말씀해 주십시오."

초나라 왕은 모수의 이 당돌하며 정연한 말에 굴복하고 말았다.

"잘 알았소. 알고 보니 선생의 말이 옳소. 우리 초나라의 운명을 걸고 선생의 말을 따르겠소."

"그러면 동맹을 맺으시겠다는 겁니까."

"물론입니다."

그러자 모수는 바로 초나라 왕의 측근에게 명령하여 맹약의 의식을 위한 희생의 피를 준비시켰다.

준비가 되자 모수는 바로 피가 담긴 구리 그릇을 받쳐들고 무릎을 꿇은 채 초나라 왕에게 올렸다.

"먼저 대왕께서 맹세해 주시기 바랍니다. 그 뒤에는 저의 주인이 맹세하시고, 또 그 다음은 제가 하겠습니다."

이렇게 맹약의 의식이 끝나자 모수는 19명의 동료 수행원에게 구리 그릇을 주었다.

"거기 당하(堂下)에서 그대들도 의식에 참여하는 것이 좋겠소. 그대들로 이야기하자면 남의 뒤밖에 따르지 못하는 사람들이니까."

이렇게 하여 평원군은 대임(大任)을 완수하고 돌아왔다. 그리고 이처럼 탄식했다.

　"이제 나는 인물을 평가하는 것을 조심하겠다. 내가 오늘날까지 평가를 한 사람의 수는 수천 명에 달할 것이다. 사람을 보는 내 눈이 틀림없다고 판단했지만 모수를 잘못 본 것을 보면 나의 불명(不明)은 의심할 여지가 없다. 모수의 세치 혀는 백 만의 대군과도 맞먹는다. 그가 도와주는 한 우리 조나라는 반석 위에 놓일 수 있을 것이다. 나에게는 이제 남의 인물 됨됨이를 거론할 자격이 없다."

　그리하여 모수는 평원군의 식객으로서 제일 높은 지위에 오르게 되었다.

4. 공자(公子)의 우정(友情)
― 신릉군(信陵君) ―

　위(魏)나라의 신릉군은 전국(戰國) 4공자(公子)의 한 사람이었지만 이 네 사람 중에도 제일 능동적이고 정치가로서도 거물로서의 실력과 풍격을 갖추고 있었다. 그의 누이는 평원군의 부인이 되어 있었기에 평원군과는 처남·매부의 관계였는데 신릉군은 이 의리에 얽혀 국제 분쟁(國際紛爭)의 와중에 휩쓸려 들고 있었다.

　그러나…….

▷ 식객(食客) 3천의 위력

　위(魏)나라의 공자 무기(無忌)는 소왕(昭王)의 막내아들로 안희왕(安釐王)과는 배 다른 형제였다. 소왕이 죽은 뒤 안희왕 시대가 되자 그는 영지를 하사받고 신릉군(信陵君)이라고 불리게 되었다.

　당시 진(秦)나라 재상은 위나라에서 도망온 범수(范睢)였다. 그는 위나라에 있을 때 위나라 재상 위제(魏齊)로부터 첩자라는 의심을 사서 죽음을 당할 뻔했었다. 범수는 그 원한을 풀기 위하여 진나라 군을 보내서 위나라 국도 대량(大梁)을 포위한 뒤에 또 화양(華陽)에서 위나라 군을 공격하여 장군인 망묘(芒卯)를 패주시켰다. 이 진나라와의 싸움이 위나라로서는 큰 두통거리였다.

신릉군은 자애롭고 겸허한 사람이었는데 누구를 대하든 예절 바르고 부나 지위를 자랑한 일이 없었다. 그러므로 그의 명성을 사모하여 수천리나 되는 먼 곳으로부터 유능한 식객들이 모였으며 그의 식객 수는 거의 3천 명에 이르렀다. 신릉군이 총명하고 또 식객의 수도 많고 보니 진나라를 위시하여 제후들은 애초 군사를 동원하여 위나라를 공격하려 하지 않았다. 그런 상태가 십 수 년이나 계속되었다.

어느날 신릉군은 안희왕과 장기를 두고 있었다. 그때 북쪽 국경으로부터 계속해서 봉화가 오르며 조군(趙軍)의 내습을 알려왔다. 왕은 장기짝을 던지며 바로 중신들을 소집하려 했다.

하지만 신릉군은 이렇게 말하며 왕을 제지했다.

"아무 것도 아닙니다. 조나라 왕이 사냥을 나온 것입니다."

그리고 태연히 장기를 계속하여 두었다. 하지만 왕은 불안하여 장기를 제대로 두지 못했다. 그러는 동안에 북쪽으로부터 전령이 와서, 조금 전의 봉화는 잘못이며 실은 조나라 왕이 사냥을 나왔다고 알렸다.

이렇게 되자 안희왕은 또 한번 놀랐다.

"도대체 신릉군은 그것을 여기 앉아서 어떻게 알았소?"

신릉군은 이처럼 대답했다.

"저의 식객 중의 한 사람이 조나라 궁전에 정보원을 가지고 있으므로 조나라 왕의 동태를 알고 있습니다."

안희왕은 이 말을 들은 뒤에 신릉군의 실력을 두려워하여 그 뒤부터는 그를 정치에 참여시키지 않았다.

▷ 인의(仁義)는 왕명(王命)보다 중하다

그런데 조나라를 공격하던 진나라의 소왕(昭王)이 장평(長平)에서 조나라 군사 40만을 격멸한 뒤 계속 진격하여 위나라의 안희왕 20년에 조나라 서울인 한단을 포위했다. 조나라의 혜문왕(惠文王)의 동생 평원군(平原君)의 부인은 위(魏)나라 신릉군의 누이였다.

이 인연으로 조나라로부터 위나라 왕과 신릉군에게 원군을 요청하는 사신이 여러 차례 왔다. 위나라 왕은 장군 진비(晉鄙)에게 10만의 군사를 주어 조나라를 구원하라고 했다.

이를 안 진나라 왕은 바로 위나라에 사자를 보내서 그 움직임을 견제했다.

"조나라의 항복도 이제 시간 문제요. 어쩌다 위왕이 조나라에 가담한다면 조나라를 공략한 뒤 즉시 보복을 하겠소."

위나라 왕은 이 말이 두려워 바로 진비 장군에게 전령을 보내서 위나라 군사가 국경의 업성(鄴城)에 머물도록 했다.

그리하여 조나라 구원이란 명목뿐이고 국경에서 정세를 관망하는 결과가 되고 말았다.

하지만 평원군으로부터는 계속하여 사자가 와서 신릉군에게

독촉을 하는 것이었다.

"내가 당신과 처남 매부가 된 것은 인의(仁義)가 두터우며 위급을 방관하지 않을 인물이라고 보았기 때문입니다. 그런데 오늘날 우리나라의 도읍인 한단이 진나라의 공격을 받아 함락 직전에 있는데도 귀국으로부터는 원군이 오지 않습니다. 남의 위난을 구해주는 것은 인의로운 사람이 해야 할 일입니다. 나 같은 사람이 죽는 것을 방관하는 것은 어쩔 수 없습니다만 피를 나눈 누이까지 버릴 생각입니까?"

이 말을 사자에게서 전해 들은 신릉군은 마음이 아팠다. 그리하여 그는 몇 번이고 왕에게 출군을 간언하였다. 신릉군의 식객이나 변설에 능한 사람들도 이치를 따지며 진언했지만 왕은 진나라를 두려워하여 도무지 이 말을 받아들이려 하지 않았다.

결국 왕의 뜻을 바꾸게 하기는 어려웠다. 하지만 조나라가 망하는 것을 그대로 보며 자기만 살 수는 없는 일이었다. 이렇게 생각이 미친 신릉군은 식객들에게 호소해서 전차 백여 대를 준비시켜 식객들과 같이 진나라 군의 진지로 돌격해 들어가 조나라와 운명을 함께 하기로 결심했다.

▷ 병부(兵符)를 훔치다

신릉군은 우수한 인물을 만나면 그의 신분이 낮아도 정중하게 교제를 했는데 이렇게 교제한 사람들 중에, 도읍의 동쪽 문을 지키는 문지기인 후생이란 사람과 도살장(屠殺場)에서 일하고 있는 주해(朱亥)가 있었다.

때문에 조나라를 구원하기 위해서 길을 떠난 신릉군의 일행이 동쪽 문에 이르렀을 때 문지기인 후생(侯生)과 만났다. 신릉군은 진나라 진지에 돌입하여 조나라와 운명을 함께 하러 가는 길이라고 그에게 말했다. 그리고 작별을 고하자 후생은 단한 마디 이처럼 말할 뿐이었다.

"분투를 빕니다. 이 늙은이는 동행하지도 못하는군요."

신릉군은 그 뒤 몇 리쯤 길을 갔다. 하지만 후생의 태도가 아무래도 마음에 걸렸다.

'후생에 대해서는 나는 할 수 있는 일은 다 했다. 그것은 천하가 다 아는 사실이다. 그런데 지금 내가 죽을 길로 가고 있는데 후생의 태도는 석연치 않았다. 내게 무슨 잘못이라도 있었는가.'

신릉군은 이렇게 생각하고 곧장 되돌아왔다.

후생은 신릉군을 보자 빙긋 웃었다.

"꼭 되돌아오시리라고 생각했습니다."

이렇게 말한 그는 계속하여 이렇게 말해 주었다.

"당신이 인재를 소중히 하신 것은 누구나 다 아는 사실입니다. 그런 당신이 곤란을 무릅쓰고 무모하게 진나라 군의 진지로 돌격해 들어가려 합니다. 이것은 마치 굶주린 호랑이의 코앞에 고기를 던져주는 일과 다름없이 아무 소용도 없는 짓입니다. 이와 같은 때에 도움을 드리지 못한다면 어찌 제가 당신의 식객이겠습니까. 제가 평소에 은혜를 입으면서도 이번 출발에 앞서 어떤 의견도 드리지 않은 것은 다름이 아닙니다. 그렇게 하면 당신은 반드시 되돌아오리라고 생각했기 때문입니다."

신릉군은 후생의 이 말을 듣자 정중하게 가르침을 청했다. 후생은 사람들을 물러가게 한 뒤에 소리를 죽여 말했다.

"진비(晉鄙) 장군의 병부(兵符)는 언제나 왕의 침실에 놓여 있답니다. 왕이 제일 총애를 하는 여희(如姬)라면 왕의 침실에 자유롭게 출입하고 있을 것입니다. 그녀라면 그 병부를 쉽게 훔쳐낼 수가 있습니다.

제가 알아내기로는 여희는 아버지를 죽인 원수를 갚아달라고 3년 동안이나 왕과 신하들에게 부탁하였고, 여희의 원수를 갚아주기 위하여 그들은 백방으로 노력했으나 그 꿈을 이루지 못해잖습니까. 그러자 여희는 당신에게 눈물을 흘리며 아버지의 원수를 갚아달라고 부탁했습니다.

한편 당신은 바로 식객들에게 명령하여 여희의 원수를 찾게 했고 또 그 목을 잘라서 여희에게 바쳤었지 않습니까. 그때 여희는 감격하여 당신을 위하는 일이라면 목숨을 버려도 좋다고 이야기했습니다. 제 생각으로는 결코 말만으로 그칠 여자가 아니라고 봅니다. 단지 여희에게는 지금까지 그럴 기회가 없었던 것입니다. 병부에 대한 일은 당신이 부탁만 하면 여희가 꼭 그것을 훔쳐다 줄 것입니다. 병부를 가지고 가서 진비의 군대를 뺏고 그 군대를 이끌고 가서 진군의 포위를 푸십시오. 이것은 어쩌면 춘추 5패(春秋五覇)와 비견할 만한 공적이 될 것입니다."

신릉군은 후생의 이야기대로 했다.

그러자 여희는 기대한 대로 병부를 훔쳐내서 신릉군에게 가져왔다.

▶ 병부(兵符)
　전국시대에 군대를 출동시킬 때 사용한 할부(割符)를 말하는데 쪼갠 2개 중, 하나는 왕이 가지고 있고 다른 하나는 군대를 통솔하는 사령관이 가지고 있었다.

▷ 남자(男子)의 의기(意氣)

　신릉군이 병부를 가지고 출발하려 하니 후생이 다시 주의를 주었다.

　"외정중(外征中)의 장군은 전결권(專決權)을 받고 있으므로 설령 왕명일지라도 거부할 수가 있습니다. 때문에 진비는 병부가 꼭 맞더라도 지휘권의 이양을 거부하고 왕에게 별명(別命)을 요구할지도 모릅니다. 이렇게 되면 일은 난처해집니다. 그러니 저의 친구인 도살업자 주해(朱亥)를 데리고 가 주십시오. 주해는 힘이 세기로 따를 사람이 없는 자입니다. 진비가 지휘군을 양도해 주면 좋지만 만일 거부할 경우는 주해를 시켜 타살(打殺)하는 것입니다."

　여기까지 듣자 신릉군은 저절로 눈물이 흘렀다.

　"왜 그러십니까. 사람을 죽이는 것이 그렇게 두렵습니까."

　"아니오. 진비는 호용(豪勇)의 노장(老將)이기 때문에 나의 요구를 거부할 것입니다. 그러면 그를 죽이지 않을 수 없습니다. 그것을 생각하니 눈물만 납니다."

그 뒤 신릉군은 주해를 찾아가서 동행을 청했다. 주해는 반가운 표정으로 신릉군을 맞았다.

"저같이 신분이 낮은 도살자를 전에도 몇 번이고 찾아와 주셨는 데도 별다른 보답을 해 드리지 못했습니다. 그것은 하찮은 예의는 쓸모가 없다고 생각했기 때문입니다. 하지만 당신께서 위난에 직면하고 있는 지금은 몸을 바쳐 은혜에 보답하겠습니다."

주해는 바로 동행을 승낙했다.

신릉군은 다시 후생을 찾아가 진심으로 고맙다고 말했다.

그러자 후생은 이렇게 말하는 것이었다.

"이 늙은이도 따라가야 하지만 너무 늙어서 그 일마저 어렵습니다. 저는 당신이 진비의 진영에 도착한 날을 헤아려 그날이 오면 당신이 계실 북쪽을 향해서 자결함으로써 전송을 대신하겠습니다."

그리하여 신릉군은 결국 길을 떠났다.

▷ 조(趙)나라 구원의 책임을 다하다

신릉군은 업성(鄴城)으로 달려가자 바로 왕명이라고 거짓말을 하고, 진비에게 지휘권의 인도를 요구했다. 하지만 진비는 병부만으로 신용하지 않았다. 예법대로 정중하게 응대하면서도 의심스러운 눈길로 보았다.

"현재 나는 국가의 중임을 지고 10만의 대군을 지휘해서 국경의 수비를 견고히 하고 있소. 그런데 공자(公子)께서는 호위군도 거느리지 않고 와서 교대를 하자고 하십니다. 아무리 생각해도 납득이 가지 않습니다."

이렇게 이야기하고 의심하는 진비에게서 지휘권을 인도받을 수 없다고 생각한 주해는 감추고 있던 40근 짜리의 철봉으로 진비를 때려 죽였다.

이렇게 하여 신릉군은 진비의 군사를 장악하자 바로 열병(閱兵)을 하고 전군에게 포고를 내렸다.

"부자가 함께 종군하고 있는 자는 아버지의 귀국을 허락한다. 형제가 종군으로 있다면 형의 귀국을 허락한다. 그리고 외아들로서 종군하고 있는 자는 돌아가서 부모를 고양하라."

또한 신릉군은 나머지 병력 8만에게 진나라 군의 공격을 명령했다. 진나라 군은 위나라 군의 움직임을 알자 포위를 풀며 철퇴했다. 이렇게 되어 신릉군은 한단을 구하여 조나라의 위급을 구할 수가 있었다.

조나라에서는 왕과 평원군이 국경까지 달려와서 신릉군을 출영했는데 평원군이 전통을 메고 위의를 갖춘 채 신릉군을 맞자 조나라 왕도 정중하게 머리를 숙이면서 이렇게 말했다.

"고래로 현자라고 불리우는 자가 많지만 당신을 능가할 사람은 없습니다."

평원군도 이때만은 신릉군 앞에서 머리를 들 수 없었다.

한편 후생은 신릉군이 진비의 진영에 도착한 뒷날 약속대로 북쪽을 향해 서서 목을 찔러 자결했다.

위나라 왕은 그 뒤 신릉군이 병부를 훔치고, 왕명을 가장하고 또 진비를 죽인 것을 알자 격노했다. 신릉군도 이것은 미리 각오했던 일이었으므로 그대로 귀국할 수 없다고 생각했다. 조나라를 구원하여 일을 완수한 뒤 군사는 아랫사람에게 맡겨 본국으로 보낸 뒤에 자신은 식객들과 같이 그대로 조나라에 머물기로 하였다.

▷ 교제(交際)를 하는 이유

조나라에 머문 신릉군은 전부터 소문으로 듣고 있던 두 사람의 인물을 만나야겠다고 생각했다. 한 사람은 모공(毛公)이라고 하여 박도(博徒)의 무리에 몸을 두고 있었으며, 또 한 사람은 설공(薛公)이라고 하는 사람으로 언제나 찻집에서 지낸다고 했다.

신릉군은 이 두 사람을 초청했지만 한 사람도 응하지는 않았다. 그래서 신릉군은 두 사람이 있는 곳을 알아내어 남몰래 찾아가 얘기를 나누어 보았다. 그리고 서로가 완전히 뜻을 통할 수 있었다.

이 얘기를 듣고 평원군이 부인에게 이렇게 말했다.

"당신 친정 동생 신릉군은 천하에 없는 인물이라는 평판을 받고 있지만, 오늘에 와서는 도박꾼이나 집 없는 떠돌이들과 교제를 하고 있다는 소문을 들었소. 정말 그 사람은 알 수 없는 사람이야."

부인은 이 말을 신릉군에게 전했다. 하지만 신릉군은,

"나는 평원군이 현자라는 말을 듣고 있었기 때문에 왕을 배반하면서까지 조나라를 도와 평원군의 기대에 보답했었소. 그런데 요즘 얘기를 듣고 보니 평원군의 교제는 단지 겉치레뿐이고 훌륭한 인물을 구하기 위해서가 아닌 것 같소."

"모공(毛公)이나 설공(薛公)이 보통 사람은 아니라는 것은 위나라에 있을 때부터 소문을 듣고 알고 있었으며, 이 나라에 왔을 때에도 이들 두 사람이 어쩌면 나를 만나 줄 것인지 걱정이 되었소. 그들과 교제를 하고 있는 지금도 내가 그들에게 불만을 주고 있지나 않나 하고 근심을 하고 있을 정도요. 그러한 인물들과의 교유를 평원군은 부끄러운 일로 알고 있다니, 그렇다면 평원군이야말로 교제할 가치가 없는 사람이오."

이렇게 이야기하고 길을 떠날 준비를 했다.

그러자 부인은 일의 전말을 남편에게 보고했고 이 보고를 들은 평원군은 당황하여 갓을 벗고 신릉군에게 자기의 어리석음을 사과한 뒤에 굳이 길을 떠나지 못하게 했다.

이 소문이 퍼지자 평원군의 식객들은 차례로 평원군을 버리고 신릉군에게로 옮겨갔다. 다른 나라의 유능한 사람들도 소문을 듣고 신릉군에게로 몰려왔다. 그 뒤 평원군에게는 식객의 수가 현저하게 줄어들었다.

▷ 위(魏)의 위기를 구하다

신릉군이 조나라에 머문 지 10년이 되었다. 그동안 진나라는 신릉군이 없는 것을 기회로 위나라를 공격하여 숨 돌릴 기회도 주지 않았다. 위나라 왕은 생각한 끝에 조나라에 사자를 보내서 신릉군의 귀국을 권했다. 하지만 신릉군은 귀국하면 처벌된다고 믿고 있었기 때문에 식객들에게 단단히 지시해 놓고 있었다.

"위나라 왕의 사자가 오더라도 만나게 해서는 안된다. 만일 어기는 자가 있으면 죽음을 각오하라."

식객들도 신릉군과 같이 위나라를 배반하고 조나라로 옮긴 사람들뿐이므로 누구 한 사람 신릉군에게 귀국을 이야기하는 사람이 없었다.

그런 어느 날 모공(毛公)·설공(薛公) 두 사람이 신릉군을 찾아왔다.

"당신이 조나라에서 후한 대접을 받고 제후들에게 명성이 있는 것은 모국인 위나라가 있기 때문입니다. 지금은 위나라가 진나라의 공격을 받아 위급한 사정에 있는데도 당신은 너무나 태연하십니다.

어쩌다 위나라의 서울 대량(大梁)이 함락되어 선왕의 종묘(宗廟)가 짓밟힌다면 무슨 면목으로 살아 있겠습니까."

이 이야기를 듣자 신릉군은 안색이 변했다. 그리고 바로 마차를 준비시켜 귀국의 길에 올랐다.

위나라 왕은 신릉군을 전송했다. 10년만의 해후였다. 두 사람은 자기도 모르는 사이에 서로 손을 잡고 울었으며 왕은 신릉군을 상장군에 임명하고 위나라 군대의 지휘를 맡겼는데 안희왕(安釐王) 30년의 일이었다.

신릉군은 즉시 제후들에게 사자를 보내서 자신이 상장군에 임명된 사실을 알렸다. 이 소식을 전해들은 제후들은 잇달아 원군을 보내왔다. 신릉군은 위(魏)·초(楚)·조(趙)·한

(韓)·연(燕)의 5개국 연합군을 지휘하고 나가서 황하 남쪽의 진나라 군을 격파한 뒤에 진나라 장군 몽오(蒙鷔)를 패주시켰다. 이어서 승리의 여세를 몰아 추격을 계속하여 함곡관(函谷關) 서쪽으로 진나라 군을 쫓아버렸다.

그 뒤 얼마 동안 진나라는 잠잠했다.

이 승리로 신릉군의 무위(武威)는 천하에 알려지고 제국의 식객들이 병법서(兵法書)를 가지고 와서 신릉군에게 바쳤다. 이렇게 신릉군에게 바쳐진 모든 병법서에 신릉군의 이름이 붙었기에 이들 병법서는 뒷날 〈위공자(魏公子)의 병법(兵法)〉이라고 불리우게 되었다.

5. 장사(壯士) 돌아오지 않다
— 형가(荊軻) —

　전국시대는 차차 마무리가 되어가기 시작했다. 기원전 246년에 즉위한 진왕(秦王) 정(政 : 뒤의 시황제)은 몇 대(代)에 걸쳐 쌓아올린 강대한 국력을 배경으로 차즘 제후들에게 증압을 가하기 시작했다.

　이제 제후들의 운명은 풍전등화(風前燈火)였다. 북쪽의 연(燕)나라도 결코 예외가 아니었다. 침략의 손길이 시시각각으로 조여들고 있었으며 연나라 태자(太子) 단(丹)은 진나라 왕 정(政)에게 개인적인 원한도 있었다. 그 원한을 풀기 위하여 그는 한 사람의 장사에게 진나라 왕의 암살을 간청했다.

　여기서는 진나라 왕을 암살하기 위하여 비수 한 자루를 품고 스스로 사지를 찾아간 한 사나이의 이야기가 펼쳐진다.

▷ 형가(荊軻)라는 사나이

　위(衛)나라에 형가(荊軻)라는 사나이가 있었다.

　형가는 유세술(遊說術)과 검기(劍技)를 익힌 뒤에, 위나라 원군(元君)을 만나 자기 자랑을 했다. 하지만 채용되지 못했다.

형가는 애초에 제국(諸國)을 돌아다닐 때 유차(楡次)에 들러 그 고장에 사는 개섭(蓋攝)이라는 자와 칼에 대하여 논의한 일이 있었다. 논의를 하는 시간 개섭이 화를 내고 형가를 흘겨 보자 형가는 그대로 일어나 가 버렸다. 그 뒤 개섭에게 다시 한 번 형가를 초청해 보면 어떠냐고 권하는 자가 있었다.

그러자 개섭은,

"전날 그 사내와 칼에 대하여 의논을 했었소. 그 때문에 마음에 들지 않는 일이 있어 눈을 흘겨 주었소. 하지만 헛고생하는 셈치고 가 보시오. 이미 여관에 없을 것이오."

여관에 심부름꾼을 보내 보니 형가는 벌써 유차 땅을 떠난 뒤였다. 심부름꾼이 돌아와 그 사실을 전했다. 그러자 개섭이 이렇게 말했다.

"그럴 겁니다. 내가 눈을 흘겨 주었으니까, 그대로 있을 수가 있겠소."

형가는 조나라의 서울 한단에 갔을 때 노구천이라는 자와 투전을 한 일이 있었다. 하지만 그 노름의 방법을 두고 언쟁을 하게 되자, 노구천이 화가 나서 큰 소리를 질렀다. 그러자 형가는 아무 말도 없이 그 자리를 피해 도망갔고 그 뒤 노구천과 다시 만난 일이 없었다.

형가는 연(燕)나라에 도착하자 개백정이나 축(筑 : 비파의 일종)의 명수 고점리(高漸離) 등과 가까이 지냈다. 형가는 술을 좋아하여 날마다 개백정이나 고점리와 술집엘 다녔다. 그리고 술이 취하면 길가에서 고점리의 축(筑) 소리에 맞추어 노래를 부르며 함께 즐겼다. 그 끝에 감정이 고조되면 남의 눈을 생각하지 않고 서로 부둥켜 안고 울었다.

이와 같이 형가는 술에 빠져 있었지만 본래는 사려깊고 독서를 좋아하는 인간이었다. 그가 돌아다닌 여러 나라에서는 모두 잘난 인물들과 교제를 했다. 연나라에서도 재야(在野)의 현자(賢者)로 널리 알려진 전광(田光) 선생에게 비범한 사람으로 인정받아 친구로 교제했다.

▷ 보복(報復)을 맹세하는 태자(太子) 단(丹)

형가가 연나라로 간 뒤 얼마 지나지 않아서의 일이다. 진나라에 인질로 가 있던 태자(太子) 단(丹)이 연나라로 도망쳐 돌아왔다. 태자 단은 전에 조나라에 인질로 있을 때 조나라에서 태어난 진왕(秦王) 정(政)과 어릴 때부터 아는 사이였다. 또한 진왕 정이 진나라의 왕위에 오른 뒤에 태자 단은 진나라에 인질로 있었지만, 진왕 정은 어릴 때부터 아는 사이인 태자 단을 냉대했다. 태자 단은 여기 원한을 품고 도망하여 귀국했던 것이다.

귀국한 태자 단은 그 원한을 풀기 위해서 진왕 정에게 보복을 해 줄 사람을 찾았다. 하지만 연나라는 작은 나라인 탓으로 그만한 인재가 쉽게 발견되지 않았다

그 뒤 진나라는 날이 갈수록 산동(山東) 지방에 군사를 보내서, 제(齊)·초(楚)·3진(三晉 : 한(韓)·위(魏)·조(趙))을 공격하고 차차 제후의 영토를 공략하면서 연나라의 국경에 박두해

왔다. 연나라의 신하들과 왕은 합계 전화(戰禍)의 파급을 두려워하였다. 태자 단도 사태를 우려하고 시종인 국무(鞠武)와 상의했다.

국무는 이렇게 이야기했다.

"진나라는 광대한 영토를 가졌으며 한·위·조의 삼국을 위압하고 있습니다. 즉 북쪽으로는 감천(甘泉)과 곡구(谷口)의 요충(要衝)이 있고 남쪽으로는 경수(涇水), 위수(渭水)의 옥토를 가지고 있고 파(巴)·한중(漢中)의 부(富)를 독점하고 있을 뿐만 아니라, 서쪽으로는 농(隴)·촉(蜀) 지방의 산이 가로막고 있고 동쪽으로는 함곡관(函谷關)과 효산(殽山)의 요해를 가지고 있습니다. 사람이 많기 때문에 군사력도 강하고 무기도 여유가 많습니다. 진나라가 공격할 생각만 있으면 우리 연나라의 운명은 풍전등화와 같습니다. 원한을 풀려면 진나라 왕의 화를 돋구는 결과가 되는데 그래도 괜찮겠습니까?"

"그렇다면 어떻게 하면 좋겠소?"

"정말 그것은 신중히 생각해야 합니다."

국무는 이렇게 신중론을 내세웠다.

▷ 국무(鞠武), 자중하기를 권하다

그런 일이 있은 뒤 얼마 되지 않아서였다. 진나라 장군 번어기(樊於期)가 진나라 왕에게 죄를 짓고 연나라로 망명해 왔다. 태자 단은 그를 받아들여 집을 주었다.

국무는 다시 또 태자에게 이렇게 말했다.

"안될 말씀입니다. 저 포악한 진나라 왕은 현재 연나라에 감정이 좋지 않은데, 번 장군을 보호하고 있는 소식을 들으면 어떻게 되겠습니까. 이야말로 굶주린 호랑이 앞에 고기를 갖다주는 격이니 재앙을 피할 수 없게 될 것입니다. 가령 관중(管仲)이나 안영(晏嬰) 같은 현인일지라도 어쩔 수 없을 것입니다. 부탁이오니 번 장군을 흉노(匈奴)로 보내셔서 진나라에 구실을 안 주도록 하십시오. 또한 삼진(三晉)과 맹약을 맺고 제(齊)나라 · 초(楚)나라와 연합(聯合)해서 북쪽의 선우(單于 : 흉노의 왕)와 강화를 맺는 것입니다. 이렇게 손을 쓰면 길은 열릴 것으로 압니다."

"당신의 계략대로 하려면 시일이 걸릴 거요. 난 지금 초조한 상태에 있소. 뿐만 아니라 번 장군은 천하에 몸 둘 곳이 없어 날 찾아왔소. 이제 진(秦)나라의 위협을 받는다고 하여 그를 흉노땅으로 쫓아버릴 수는 없는 일이오. 내 목숨과 바꾸어서라도 감싸주고 싶소. 그러니 다른 방법을 이야기해 주시오."

그러자 국무가 대답했다.

"위험을 초래하여 안전을 구하고 화의 씨를 뿌리며, 행복을 원합니다. 눈앞의 일에 사로잡혀 원한을 사고, 한 개인과의 교제를 중시하여 국가의 큰 해를 돌보지 않으십니다. 지금 태자께서 하시려는 일은 이와 같은 것입니다. 그러시면 진나라의 반감을 사고 화를 자초하는 것은 필연적입니다. 융성한 진나라가 연나라를 공격하는 일은 홍모(鴻毛)를 탄불(炭火)로 태우는 것같이 무척 손쉬운 일입니다. 그런 야수와 같은 진나라에게 원한을 가지고 무모한 행위를 한다는 것은 수긍이 가지 않습니다. 저에게는 별다른 방책이 서지 않습니다만, 다행히 연나라에는 전광(田光) 선생이라는 분이 계십니다. 사려가 깊고 용감한 인물입니다. 이 분과 상의를 해 보면 어떻겠습니까."

"꼭 그 분을 만나고 싶소. 소개해 주시오."

"그렇게 하시지요."

이래서 국무는 전광 선생을 태자 단에게 소개한다.

▷ 전광(田光), 형가(荊軻)를 추천하다

국무는 전광 선생을 찾아갔다.

"태자가 선생께 국사를 논의하고 싶어하십니다만……."

전광은 정중히 이 청을 받아들여 궁전으로 태자를 방문했다. 태자는 전광을 맞아 공손히 안으로 모시고 무릎을 꿇어 객석(客席)의 먼지를 손수 털었다. 그 자리에 전광이 앉자 태자는 사람을 물리치고 이렇게 말했다.

"연나라와 진나라는 양립할 수 없습니다. 선생의 고견을 듣고 싶습니다."

전광이 대답했다.

"여늬 준마(駿馬)는 최성기(最盛期)에 하루 천 리까지도 달립니다. 그러나 늙고 나면 둔한 말(馬)보다 못합니다. 태자께서 아시던 저도 역시 옛날의 저입니다. 지금은 이렇게 늙었습니다. 그러나 국사(國事)에 관한 일이라 그냥 있을 수 없습니다. 제가 알고 있는 형가(荊軻)라는 사나이라면 도움이 될 줄로 압니다."

"그러면 그 사람을 소개해 주십시오."

"그렇게 하겠습니다."

전광은 그 자리를 물러 나왔다. 전송을 나온 태자는 문간에서 전광에게 이렇게 못을 박았다.

"제가 말씀드린 일들은 모두가 나라의 큰 일이니 누구에게라도 말하지 마시오."

그러자 전광은 고개를 숙이고 웃으며,

"명심하겠습니다."하고 대답했다.

그리고 그는 곧 늙은 몸을 이끌고 형가에게로 갔다.

"당신과 나와의 사이는 모두가 다 아는 사실입니다. 그런데 부탁이 있습니다. 나는 지금 태자의 부름을 받고 만나고 오는 길인데, 태자께서는 젊은 시절의 나를 알고 있을 뿐 이렇게 늙은 것은 모르고 계십니다. 연나라와 진나라는 양립할 수 없는데 어떻게 하면 좋으냐고 물으셨습니다. 그래서 나는 태자께 당신을 추천했습니다. 그러니 태자를 만나 주시면 고맙겠습니다."

"그러지요."

형가는 즉시 승낙했다. 그러자 전광이 덧붙여 이야기했다.

"뛰어난 인물은 의심을 받는 일은 하지 않는다고 합니다. 그런데 태자는 나라에 관한 것이니 남에게 말하지 말라고 나에게 부탁했습니다. 이 말을 들은 나는 일단 태자에게 의심을 받은 것입니다. 남에게 내 행동을 의심받는다면 이미 의사(義士)라고 할 수는 없습니다."

그리고 형가를 격려하기 위하여,

"태자에게 이렇게 전해 주시오. 전광은 이미 이 세상에 없으며, 비밀은 영원히 지켜졌다고……."

이렇게 말한 전광은 목을 찔러 자결하였다.

▷ 대임(大任)을 맡다

형가는 곧 태자를 만났다. 그리고 전광의 자결과 그가 남긴 말을 전했다. 그러자 태자는 무릎을 꿇더니 형가를 잡고 눈물을 흘렸다. 그리고 이렇게 말했다.

"제가 선생에게 비밀을 지켜달라 부탁한 것은 나라의 큰 일을 성취시키기 위해서였습니다. 그런데 죽음으로써 비밀을 지킬 줄이야……."

형가가 자리에 앉자 태자는 자리에서 내려 엎드렸다.

"전 선생은 일부러 당신을 소개하고 이와 같은 기회를 만들어 주셨습니다. 이는 하늘이 연(燕)나라를 가련하게 생각하고 나를 버리지 않는 표시라고 생각합니다.

아시는 바와 같이 진나라의 탐욕은 천하의 토지를 다 빼앗고 모든 나라의 왕을 신하로 굴복시켜도 모자랄 것입니다. 벌써 한(韓)나라 왕을 포로로 하고 그 영지를 병합했지만 또 군사를 일으켜 남쪽의 초나라를 공격하고 북쪽으로 조나라를 위협하고 있습니다.

다시 이야기하면 진나라 장군 왕전(王翦)은 수십 만 대군을 이끌고 장(漳)과 업(鄴)을 공격해 들어가고, 이신(李信)이 이끄는 군사는 태원(太原)과 운중(雲中)을 공격하기 시작했습니다. 조나라의 힘으로는 도저히 저항할 수 없으며 항복도 필연적인 것입니다.

조나라가 항복하면 그 뒤에는 우리 연나라입니다. 우리 연나라도 약소국인데다 중첩되는 전화에 시달렸으므로 국력을 총동원하더라도 진나라의 적이 될 수가 없습니다. 제후들도 모두 진나라가 두려워 합종(合縱)을 제의하는 사람은 없습니다.

그래서 보잘것 없는 방법이기는 하나 저는 우선 천하의 용사들을 모아 이들을 사자(使者)로 삼아 우선 진나라로 보내고 싶습니다. 많은 공물(貢物)을 가지고 가게 하면 탐욕스런 진나라 왕은 꼭 이들 사자를 맞아들일 것입니다. 그러면 노(魯)나라의 조말(曹沫)이 제(齊)나라의 환공(桓公)에게 한 것처럼 진나라 왕을 협박해서 제후들로부터 빼앗은 토지를 반환하라고 요구해보는 것입니다.

다행히 이에 응하면 좋지만 어쩌다 듣지 않는다면 척살(刺殺)해 버리는 것입니다. 지금 진나라의 장군들은 국외(國外)에 나가 연전연승을 하고 있지만 어쩌다 국내에 혼란이 일어난다면 군주나 신하 모두가 제가끔 의견이 분분해질 것입니다. 그 틈을 타서 제후들이 합종(合縱)을 이루면 꼭 진나라를 격파할 수 있을 것입니다. 이렇게 하는 것이 나의 염원입니다.

하지만 아무리 애를 써도 이렇다 할 인물을 발견할 수가 없습니다. 믿을 수 있는 사람은 당신 한 사람입니다. 어떻게 하시겠습니까. 이 일을 맡지 않겠습니까?"

한동안 정적이 흘렀다. 얼마 뒤 형가가 이렇게 말했다.

"이것은 나라의 큰 일입니다. 저 같은 사람에게는 벅찬 일입니다."

하지만 태자는 형가에게 달라붙어 간곡히 부탁했다. 형가는 결국 이 청을 받아들였다.

태자는 형가에게 상경(上卿)의 벼슬을 내린 뒤에 호화로운 저택을 주었다. 그리고 날마다 찾아가서 산해진미(山海珍味)의 호화로운 밥상을 들도록 주선해 주었고 한가한 시간에는 거마(車馬)와 미녀(美女)들을 보내서 즐기게 했는데 이와같은 과분한 대우에 형가는 무척 만족해 했다.

▷ 선물용 목

시간이 흘렀다. 하지만 형가는 전혀 출발할 생각을 하지 않는 것 같았다. 그 동안에도 진나라 장군 왕전(王翦)은 조나라를 격파하고 왕을 포로로 하였다. 그리고 조나라의 전 국토를 빼앗고 북진(北進)하여 연나라의 남쪽 국경까지 육박해 왔으므로 태자는 초조하기 이를 데 없었다.

"진나라의 군세는 당장 역수(易水)를 건널 기세입니다. 언제까지 이러고 있을 수 있겠습니까?"

형가가 대답했다.

"실은 제가 말씀드리고 싶은 말입니다. 지금 진나라로 간다 하더라도 그들이 믿지 않는 한 진나라 왕에게 접근할 수 없습니다. 그래서 상의 말씀드리는 것입니다만 진나라 왕은 우리나라에 망명해 온 번 장군의 목에 황금 천 근과 읍(邑) 1만 호(戶)를 주겠다고 현상을 걸고 있습니다. 때문에 번 장군의 목에다 우리나라 옥토(沃土)인 독항(督亢)을 붙여 헌상한다고 하면 진나라 왕은 기뻐하고 사자를 인견할 것입니다. 그렇게 할 수 있도록 주선해 주신다면 태자의 은혜에 보답해 드릴 수 있을 것 같습니다."

그러자 태자는 이렇게 대답했다.

"번 장군은 갈 곳이 없어서 나에게 찾아온 사람입니다. 이쪽 사정으로 그 분을 상하게 할 수는 없습니다. 제발 다른 방법을 생각해 주시기 바랍니다."

태자의 마음을 안 형가는 그 이상 태자와 상의해도 소용이 없다고 생각했다. 때문에 그는 아무도 모르게 번어기(樊於期) 장군을 만났다.

"진나라가 장군을 대접하는 것도 정도를 넘었습니다. 장군의 양친이 모두 죽었을 뿐만 아니라, 이제 들으니 장군의 목에는 황금 천 근과 읍(邑) 만 호의 현상도 걸려 있답니다. 그런데 장군께서는 사실 어떻게 할 생각이십니까."

번어기는 하늘을 쳐다보며 탄식했다. 그리고 눈물을 흘리며 말했다.

"그것을 생각할 적마다 뼈에 사무칩니다. 그렇다고 하여 뾰족한 방법이 생각나지도 않고……."

"한 가지 방법이 있습니다. 연나라의 화근을 없애고 또 장군의 원수도 갚는 길이 있습니다."

"그 방법이란 무엇입니까?"

번어기는 바싹 다가앉았다.

"장군의 목을 가져다가 진나라 왕에게 바치는 길입니다. 그러면 진나라 왕은 반갑게 우리를 만나 줄 겁니다. 그때에 진나라 왕의 소매를 잡고 가슴에 칼을 푹 찌르는 것입니다. 그렇게 되면 장군의 원수도 갚고 연나라의 피해도 피할 수 있습니다. 어떻게 하겠습니까."

그러자 번어기는 상반신을 벗은 뒤에 자기 팔을 쥐고 다가앉으며,

"그것이야말로 내가 밤낮으로 이를 갈며 부심하던 일입니다. 이렇게 방법을 가르쳐 주셔서 고맙습니다."

번어기는 스스로 자기 목을 찔렀다.

태자는 이 소식을 듣고 달려와 번어기의 시체를 안고 울었다. 그러나 이젠 어쩔 수 없는 일이었다. 이렇게 하여 번어기의 목을 통에 곱게 넣었다.

그러다가 태자는 전부터 예리한 비수(匕首)를 찾고 있었는데 조나라의 명공 서부인(徐夫人)이라는 사람의 비수를 발견하고 이것을 금 백 근으로 사들였었다. 이 비수에 독약(毒藥)을 칠하여 말린 뒤 사람에게 시험해 보니 약간의 상처를 입혔는데도 그 자리에서 즉사했다.

이렇게 모든 준비가 끝나자 이제 떠나야 할 날만 기다리게 되었다.

▷ 바람은 스산하고 역수(易水)는 차다

연나라에 진무양(秦舞陽)이라는 난폭자가 있었다. 열세 살 때, 벌써 사람을 죽인 자로서 그를 보면 누구나 외면했다. 태

자는 이 사내가 부사(副使)로서 형가를 따라가게 했다.

그러나 형가에게는 따로 도움을 받을 사람이 있었다. 그 사람은 먼 곳에서 오기로 되어 있었는데 많이 기다려도 도착하지를 않았다. 그러는 사이에 하루하루 날이 갔다. 태자는 초조해지고 형가의 결심이 변하지 않을까 걱정까지 하게 되었다.

그래서 태자는 형가에게 이렇게 말했다.

"계획을 변경하시지 않을 줄로 알지만 이젠 일각이 급해졌습니다. 내 생각으로는 진무양을 우선 출발시키고 싶습니다만……."

그러자 형가는 화를 냈다.

"그런 젊은 아이에게는 짐이 너무 무겁습니다. 비수 한 자루에 몸을 맡기고 그처럼 위험한 상대를 찾아가서 맞선다고 생각하니, 의지할 친구가 필요했던 것입니다. 하지만 너무 지체한다고 하시니, 즉시 떠나기로 하겠습니다."

그리하여 형가는 의지할 친구도 없이 길을 떠나게 되었다.

형가가 집을 떠나게 되자 태자를 비롯하여 사정을 아는 빈객들이 같이 흰옷을 입고 나와 역수(易水) 근처까지 전송했다. 우선 길의 터줏님께 장도를 빌고 길을 떠났다. 형가는 친구인 고점리(高漸離)가 연주하는 축(筑)의 음조에 맞추어 비장한 소리로 노래를 불렀다. 듣는 사람들의 눈에서 쉴새없이 눈물이 흘렀다.

형가는 걸으면서 이렇게 노래를 불렀다.

바람은 스산하고 역수(易水)가 차구나

　　장사(壯士)가 한 번 떠나면 다시 돌아오지 않는다.

　　그리고는 이 가사를 다시금 격렬한 소리로 노래 불렀다.

　　듣는 사람들의 눈이 번득이고, 머리털이 곤두서서 머리에 쓴 갓을 밀어올릴 정도였다.

　　그리고 형가는 마차에 올랐으며 그는 한 번도 뒤를 돌아보지 않고 길을 떠났다.

　　▷ 형가(荊軻)의 실패(失敗)

　　진나라 도읍에 도착한 형가는 우선 중서자(中庶子 : 궁내관)인 몽가(蒙嘉)라는 총신에게 천 금을 뇌물로 주고 진나라 왕을 만나게 해달라고 부탁했다. 몽가는 진나라 왕에게 아뢰었다.

　　"연나라 왕은 대왕의 위광(威光)이 두려워 고개를 숙이고 다른 제후들같이 봉사하겠다고 생각하여 우리나라 영토 안의 군(郡)이나 현(縣)처럼 공물(貢物)을 보내왔습니다. 연나라 왕은 선조의 종묘를 지키는 것만 소원인 모양입니다. 연나라 왕은 스스로 사죄하는 길로 번어기의 목을 자르고 또 연나라의 기름진 땅인 독항(督亢)의 지도를 함께 지참시켜 사자를 보내왔습니다. 이 사자를 보낼 때는 직접 뜰 앞까지 배송(拜送)했다고 합니다. 대왕께서는 그들에게 분부를 내려 주시기 바랍니다."

　　진나라 왕은 이 말을 듣자 크게 기뻐하여 최고의 예를 갖추어 사자를 함양궁(咸陽宮)으로 불러들인 뒤에 인견했다.

　형가는 번어기의 목이 든 통을 들었고, 진무양은 지도 상자를 들고 형가의 뒤를 따랐다. 층계 아래까지 그들이 갔을 때 진무양은 너무 긴장하여 안색이 창백해지고 몸을 떨었다. 거기 있던 신하들이 이를 수상하게 생각하는 것 같자, 형가는 진무양을 돌아보고 웃음을 띠고 이렇게 말하여 위기를 모면했다.

　"북쪽 나라의 야만적인 상놈이 처음으로 천자를 배알(拜謁)하기 때문에 이렇게 무서워 떨고 있습니다. 대왕께서는 불쌍히 여기시고 저희들로 하여금 사자로서의 예를 끝내게 해주시기 바랍니다."

　그러자 진나라 왕은,

　"우선 진무양이 가지고 온 지도를 먼저 보자."하고 말했다.

　형가는 지도를 꺼내 바쳤다. 진나라 왕이 그것을 펼쳤다. 그러자 그 속에서 비수가 나왔다. 순간 형가는 왼손으로 진나라 왕의 소매를 잡고 오른손으로 비수를 쥐고 찌르려고 했다. 하지만 비수가 닿기 전에 진나라 왕은 순식간에 몸을 뒤로 제끼며 일어났다. 그 순간 잡힌 소매가 찢어졌다. 왕은 바로 차고 있던 칼을 뽑으려 했으나 칼이 너무 길었다. 손잡이를 잡고 한 손으로 칼집을 잡았지만 황급한 몸짓이기 때문에 칼이 뽑아지지 않았다. 형가는 다시 진나라 왕에게 덤벼들었다. 하지만 왕은 기둥을 돌아 도망쳤고 모인 신하들이 모두 놀라서 벌떡 일어났다. 그러나 너무도 순식간에 일어난 일이기 때문에 모두 당황하여 손을 쓸 여유가 없었다.

　진나라의 법률에서는 전상(殿上)에 시립하는 신하들은 무기를 갖지 못하게 되어 있었다. 무기를 가진 시종관(侍縱官)은 전하(殿下)에 줄지어 있지만 왕이 부르지 않는 이상 전상으로 오르지를 못하게 되어 있었다. 진나라 왕은 돌연한 일을 당하였기 때문에 아래에 있는 시종 무사도 부르지 못했다. 이것을 기화로 형가는 진나라 왕의 뒤를 쫓았다.

신하들은 모두 어쩔 줄을 몰랐다. 모두 맨손으로 뛰어 들려고 했다. 그때 왕의 시의(侍醫)인 하무차(夏無且)가 가지고 있던 약주머니를 형가에게 던졌다. 진나라 왕은 기둥을 돌아 도망쳐 있었지만 정신이 없었다. 어떻게 해야 할지 모르고 있었다. 이때 옆에 있던 신하가 소리쳤다.

"대왕, 칼을 등에 지고 뽑으시오!"

이 말을 들은 왕이 긴 칼을 등에 업고 겨우 그것을 빼 들었다. 칼을 뺀 왕은 즉시 형가의 왼쪽 겨드랑이를 베었다. 형가는 넘어졌다. 넘어진 채로 형가는 가지고 있던 비수를 진나라 왕을 향해서 던졌다. 하지만 그것은 기둥에 가서 꽂혔다. 진왕은 계속 형가에게 칼을 휘둘렀다. 여덟 군데나 상처를 입은 형가는 체념한 듯이 기둥에 기대어 웃으면서 이렇게 말했다.

"일은 실패했다. 살려둔 채로 그 입에서 태자에게 사과의 이야기를 하도록 하려던 것이 잘못이었다."

그때에 옆에 있던 신하들이 형가의 마지막 목숨을 끊었다. 진나라 왕은 아직도 망연히 서 있었다.

그 뒤 신하들을 위시하여 그 자리에 있었던 자들은 제각기 공로에 따라 상이 주어졌다. 하무차에게는 칭찬의 말과 함께 황금 2백 일(鎰)이 하사되었다.

형가(荊軻)가 진왕(秦王)을 찌름.

"그대의 공이 컸소. 잘도 약주머니를 던져 주었소."

진나라의 왕이 이렇게 하무차에게 칭찬의 말을 아끼지 않았다.

이렇게 하여 건곤일척(乾坤一擲)을 노린 형가의 야망도 헛되이 끝났다.

진나라 왕은 이 사건으로 연나라에 대한 분노를 폭발시켜 조나라에서 싸우던 왕전(王翦) 장군에게 연나라를 칠 진군을 명령했다. 왕전은 열 달만에 연나라 도읍 계(薊)를 함락시켰으며 연나라 왕 희(喜)와 태자 단은 할 수 없어 나머지 병력을 이끌고 동쪽에 있는 요동(遼東) 땅으로 달아났다.

하지만 이번에는 이신(李信)의 군대가 이들을 추격하여 연수(衍水) 근처에서 드디어 태자 단을 죽였다. 그로부터 5년 뒤에는 연나라 왕도 진나라 군사에게 잡혀서 연나라는 멸망하고 말았다.

고독한 독재자(獨裁者)

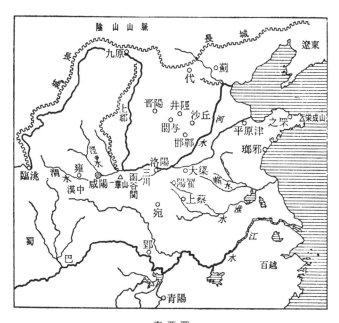

秦要圖

1. 출생의 비밀(秘密)

— 시황제(始皇帝)와 여불위 —

> 색(色)으로 남을 사로잡은 자는 그 색(色)이 쇠하면 사랑도 잃게 된다. 기회를 잘 포착하여 화양부인의 약점을 찌름으로써 여불위 자신은 한마디 말로 만세의 이(利)를 얻은 것이다. 이 말은 오늘날에 와서도 진실로 통한다.

▷ 어린 군주(君主)

상앙(商鞅)을 임용한 효공의 개혁 이래 6대(六代)가 지나자 진나라는 결국 천하를 손아귀에 넣었다. 패업을 성취한 시황제의 이름은 고금에 없는 독재자로서 뒷날 두고두고 사람들의 입에 오르내렸다.

그러면 시황제란 어떤 인물인가. 그의 독재 군주로서의 지위는 어떻게 다져졌는가……

진(秦)나라의 시황제는 장양왕(莊襄王)의 아들이다.

장양왕이 지난날 조나라의 인질로 있을 때, 여불위(呂不韋)의 첩(妾)을 보고 반해서 양도를 받았었다. 이 부인과의 사이에 태어난 자가 시황제이다.

시황(始皇)은 전나라의 소왕(昭王) 48년(기원전 259년) 정월 조나라의 서울 한단에서 태어났고, 이름을 정(政)이라고 하였다. 그리고 그의 성은 조씨(趙氏)였는데 정이 열세 살 때 장양왕이 죽었기 때문에 그의 뒤를 이어 진나라의 왕위에 올랐다.

당시 진나라는 벌써 서쪽으로 파(巴)·촉(蜀)·한중(漢中)을 점유하고 남쪽으로는 완(宛)을 넘어 영(郢)까지 차지하여 그곳에 남군(南郡)을 두고 있었다. 또한 북쪽으로는 상군(上郡)으로부터 동부 일대를 지배하게 되어 하동(河東)·태원(太原)·상당(上黨)의 세 군(郡)을 설치하고 있었으며, 동쪽으로는 형양(滎陽)에 이르기까지 판도를 넓혀서 동주(東周)와 서주(西周)를 멸망시켜 그 변방에 삼천군(三川郡)을 두고 있었다.

진나라의 인사면(人事面)에서 먼저 말해야 할 사람이 여불위(呂不韋)이다. 그는 재상으로서 10만 호(戶)의 영토를 가지고 있었는데 문신후(文信侯)라는 칭호도 받았다. 그가 또 여러 나라의 유세객들을 초청하여, 기회만 있으면 자기가 천하를 잡으려는 야망을 안고 있었다.

그 뒤의 재상 이사(李斯)는 그 무렵에 아직 여불위의 식객에 지나지 않았다.

또한 여불위의 식객이던 장군으로 몽오(蒙鰲)·왕기(王騎)·표공(麃公) 등이 있다.

시황은 어려서 즉위했기에 정치를 중신들에게 맡겼다. 그가 즉위한 해, 때가 왔다는 듯이 진양(晋陽)에서 반란이 일어났다.

시황제의 이름은 이렇게 해서 「사기(史記)」에 등장한다.

사기의 기술은 계속되는 수년 간의 대기근, 충해(虫害), 역병(疫病)의 유행, 혜성(彗星)이 나타난 변고, 또한 왕제(王弟)의 반란 등 잇단 위기를 소상히 말하고 있다. 이 부분이 어린 왕의 다난한 앞길을 암시한다.

당시 신왕(新王)을 맞아 진나라의 실권을 잡은 것은 상인 출신의 여불위였다. 그가 개인적인 재력으로 3천 명에 이르는 식객을 거느리고 전국 4공자(戰國四公子)를 능가하는 명성을 떨쳤다.

학자를 동원하여 자기 이름을 넣은 백과전서 「여씨춘추(呂氏春秋)」를 만들게 하고 "이 내용에서 한 가지라도 흠을 잡을 수 있는 사람에게는 천금을 주겠다"고 호언장담했다.

하지만 여불위의 권세를 뒷받침하고 있던 것은 단순한 재력뿐이 아니었다. 거기에는 시황제의 출생을 둘러싼 검은 비밀이 숨겨져 있었는데 시황제라는 인물을 알기 위해서는 우선 여불위의 얘기부터 시작해야 한다.

▷ 뜻밖에 얻은 보물

여불위는 양책(陽翟) 땅의 대상인이었다. 제국을 왕래하며 물품을 값이 쌀 때 사들여 놓았다가 때를 보아 비쌀 때에 고가로 파는 방법으로 천금의 재산을 모았다.

그런데 진나라에서는 소왕(昭王) 40년에 태자가 죽은 뒤 42년에 차남인 안국군이 태자가 되었다. 안국군(安國君)에게는 20여 명의 아들이 있었다.

하지만 총애를 하다 정부인(正夫人)으로 삼은 화양부인(華陽夫人)에게는 아들이 없었다.

그 20여 명의 아들 가운데에서 자초(子楚)라는 왕자가 있었다. 자초의 생모인 하희(夏姬)는 안국군의 사랑을 받지 못하였는데 그러기 때문인지 자초는 인질로서 조나라로 보내졌다. 그러나 진나라가 자주 조나라를 공격하므로 인질로 간 자초가 냉대를 받았다.

자초는 진나라 왕의 손자라고는 했지만 수많은 첩 가운데서 태어난 왕자로서 인질의 몸이기 때문에, 교제비는 고사하고 나날의 생활도 어려운 형편이었다.

여불위는 상용(商用)으로 조나라의 한단에 왔을 때에 자초의 생활상을 전해 듣고 동정했다.

"진나라 공자라고? 이것은 의외의 보물이다. 사 두기로 하자."

이렇게 혼자 이야기한 뒤 여불위는 즉시 자초를 찾아갔다.

"모든 것을 맡겨 주시면 꼭 공자가 잘되게 해드리겠습니다."

자초는 웃으면서 말했다.

"뜻은 고맙습니다. 하지만 그렇게 하기 위해서는 당신 자신이 먼저 큰 인물이 되어야 합니다."

"아실 테지만 공자를 세상에 출세시키는 것이 저의 성공과도 관련이 있지 않겠습니까?"

자초는 결국 여불위의 의도를 알고 안방으로 불러들여 밀담을 주고받았다. 먼저 여불위는 이런 이야기부터 하였다.

"진나라 왕은 노령이고 당신의 아버지 안국군은 태자가 되

어 있습니다. 듣자 하니 안국군은 화양부인을 총애하고 있는데
도 그 부인에게는 아들도 없답니다. 그렇다면 태자의 후계를
정하는 데는, 화양부인의 힘이 작용하게 됩니다. 당신은 20여
명의 형제 중에 중간쯤 태어난 분으로 아버님의 애정도 얕고
오랫동안 외국에서 인질 생활을 하고 계십니다. 어쩌다 진나라
왕이 돌아가시고 안국군이 왕위에 오르면 당신이 후계자를 새
로 정해야 합니다. 그때가 되면 날마다 옆에 있는 큰 형님이나
다른 형제분들에 비하여 불리한 입장이 됩니다."

"사실 그렇게 될 겁니다. 어떻게 하면 좋겠습니까."

"당신은 경제적 사정도 없으며, 더구나 인질의 몸입니다. 그
러고 보면 아버지에 대한 선물은 물론 찾아오는 빈객들과의 교
분도 어렵습니다. 저도 별다른 여가가 없습니다만 이제부터 전
재산을 던져서라도 진나라로 가서 안국군과 화양부인에게 당
신을 후계자로 삼으라는 공작을 하겠습니다."

이 말을 듣자 자초는 깊이 머리를 숙였다.

"제발 잘 부탁합니다. 잘만 성공하면 진나라의 반을 당신에
게 주겠습니다."

▷ 치맛바람

이렇게 하여 여불위는 전재산 중에서 5백 금(五百金)을 교
제비로 자초에게 제공한 뒤에 나머지 5백 금으로 진귀한 물건
들을 사 가지고 진나라로 갔다.

그는 먼저 화양부인의 언니를 만나는데 성공했다. 여불위는

가지고 온 물건을 다시 부인에게 바치고 환심을 산 뒤 공작을 하기 시작했다.

"조나라에 인질로 있는 자초는 제후의 빈객들 중에서 많은 지기를 가진 총명한 분입니다. 그런데 그 분은 항상 '나는 화양부인을 마음 속으로부터 경모하고 있다. 아버지와 부인을 생각할 때마다 저절로 눈물이 난다'라고 입버릇처럼 말씀하고 계십니다."

이 말을 들은 화양부인의 언니는 아주 기분이 좋았다. 여불위는 기회를 놓치지 않고 화양부인에게 가서 이렇게 말하도록 그 언니를 유도했다.

"여자란 젊음이 가고 매력이 없어지면 남자의 사랑을 받기 어렵게 된다고 합니다. 오늘날 당신은 태자의 정을 한몸에 받고 있지만 애석하게도 아들이 없습니다. 태자에게는 아들이 많으니까 지금부터 총명하고 효심이 두터운 분을 골라서 태자의 후계자로 정하여 그를 양자로 삼지 않으면 안됩니다. 그렇게만 된다면 태자가 살아계실 때는 물론이고 어쩌다 태자에게 만일의 일이 생긴다고 해도 양자가 왕위에 오를 것이므로 당신도 권세를 잃지 않고 살 수 있습니다.

이런 것을 두고, 한마디 말로 만세(萬世)의 이(利)를 얻는다고 합니다. 젊었을 때에 발판을 튼튼히 해 두어야 합니다. 색향(色香)이 쇠(衰)하고 총애를 잃은 뒤에는 어떻게 해도 되지 않을 것입니다.

그리고 자초는 총명한 분입니다. 형제들의 순서로 보아도 그렇고 생모(生母)의 순서로 보더라도 후계자가 되리라고는 별로 생각지 않을 것이므로 당신을 의지하고 있는 것입니다. 이 기회를 놓치지 말고 자초를 후계자로 정해 놓으면 당신은 평생 편안하게 살 수 있을 것입니다."

들고보니 사실 그럴 것 같았다. 화양부인은 기회를 보아, 조나라에 인질로 가 있는 자초가 총명하며 또 그와 교제를 하고 있는 사람들이 얼마나 자초를 칭찬하고 있는가를 자세히 태자에게 말했다. 그리고 눈물을 흘리면서 이처럼 설득했다.

"저는 다행히도 태자님의 정을 한몸에 받고 있지만 아들이 없습니다. 부탁입니다. 자초를 후계자로 정하여 저의 장래를 의지하게 해 주십시오."

안국군은 이 소원을 받아들였다. 그리고 비밀리에 부인과 할부(割符)를 교환하여 약속의 표시로 했다.

그리고 안국군과 부인은 이를 계기로 자초에게 보내는 수당을 증가시켰고, 여불위에게 자초의 후견을 부탁했다. 그 결과 자초의 존재는 차츰 제후들의 주목을 끌게 되었다.

▶ 색(色)으로 남을 사로잡은 자는 그 색(色)이 쇠하면 사랑도 잃게 된다.

기회를 잘 포착하여 화양부인의 약점을 찌름으로써 여불위 자신은 한마디 말로 만세의 이(利)를 얻은 것이다. 이 말은 오늘날에 와서도 진실로 통한다.

▷ 시황(始皇)의 출생

여불위는 한단에 있는 무희(舞姬) 중에서도 뛰어나게 용모가 단려(端麗)하며 춤이 능란한 여자를 자기 집에 불러다 놓고 있었는데 그 여자는 그 뒤 여불위의 아이를 뱄다.

그런데 여불위가 자초를 초청하여 주연을 베풀었을 때 자초는 그 여자를 처음 보자마자 반해 버렸으며 자초는 곧 여불위의 건강을 축하하는 건배를 드리는 그 여자를 자기에게 달라고 했다. 여불위는 순간 당황했다. 하지만 생각한 끝에 여불위는 벌써 전재산을 던져 자초에게 장래를 걸고 있는 만큼 이것은 큰 일을 앞둔 작은 일이라고 판단하였다.

그래서 여불위는 자신의 정부를 자초에게 주었다. 여자는 아이를 가진 것을 숨기고 자초에게로 옮겨 갔으며 그 뒤 예정된 날로부터 두 달이나 늦게 정(政 : 뒤에 시황제)을 낳았다.

자초는 곧 이 여자를 정부인(正夫人)으로 삼았다.

큰 일을 앞둔 작은 일, 자기가 사랑하는 여자까지 거래의 도구로 하는 이 타산은 진실로 상상도 못할 일이다. 하지만 어두운 출생의 비밀을 짊어진 아이가 그 사실을 알았을 때 인간 불신의 고뇌에 사로잡힐 것은 당연하다.

뒤에 '호랑이'라는 평을 받은 시황제의 성격이 어떻게 해서 형성된 것인가를 말해주는 이 사마천의 기록은 무척 암시적이다.

▷ 여불위(呂不韋)의 전횡(專橫)

그러는 동안 진나라는 조나라로 출병하여 국도 남단을 포위했다. (제2장 '장평(長平)의 싸움' 참조). 자초는 주살당해야 했건만 여불위가 구해냈다. 자초는 처자와 같이 귀국했다.

그 뒤 자초는 진나라의 왕위를 계승하여 장양왕(莊襄王)이 되었다. 왕은 여불위를 승상으로 삼고 문신후(文信侯)로 봉하여 낙양(洛陽)의 10만 호(十萬戶)를 영지로 주었다.

3년 뒤 장양왕이 죽자 태자인 정(政)이 그 뒤를 이었는데 이것이 시황제이다. 시황제는 여불위에 대한 존경을 표시하기 위하여 승상의 지위보다 높은, '상국(相國)'의 직위를 주고, 중부(仲父 : 아버지 다음 가는 사람이란 뜻)라고 부르며 우대했다.

신왕(新王)은 아직 어렸다. 이를 기화로 어머니인 태후(太后)는 자기 아들의 눈을 피해서 여불위와 불의의 관계를 맺고 있었다. 그리고 여씨 집의 하인들 수는 1만 명에 이르렀다.

이 무렵 위(魏)나라의 신릉군(信陵君), 초(楚)나라의 춘신군(春申君), 조(趙)나라의 평원군(平原君), 그리고 제(齊)나라의 맹상군(孟嘗君) 등 세상이 다 아는 4공자(四公子)가 있어 서로 견제하며 유능한 사람을 초빙하여 세력을 견주고 있었다. 여불위도 가만히 있지는 않았다. 강국인 진나라의 상국(相國)이란 자리에 있는 자가 약소국의 공자들에게 진다는 것은 수치라고 생각한 여불위는 인재를 초청해다 우대해서 그의 식객은 3천 명에 이르렀다.

그리고 또 이 무렵은 변설(辯舌)을 일삼는 사람들이 돌아다니며 계속해서 제후를 설득하고 있었으며 순자(荀子)와 같이 저서(著書)를 써서 천하에 자기 식견을 넓히는 사람도 있었다. 그리하여 여불위는 식객들에게 명하여 제각기 자기가 듣고 본 것을 기록케 했다. 「십이기」등 20여 만 자나 되는 책을 집필시켰다.

그는 이 책이 천지(天地)·만물(萬物)·고금(古今)의 사적(史蹟)을 망라하고 있다고 자부하여 「여씨춘추(呂氏春秋)」라고 명명했다. 또한 이 책을 함양의 시장 입구에 펼쳐 놓고, 거기에다 천금의 현상을 붙이고, 각국에서 오는 유세객이나 빈객들에게 이렇게 호언했다.

"이 책의 내용을 한 자라도 고칠 수 있는 사람에게는 천금을 주리라."

▷ 거근(巨根)의 효용

시황제가 다 큰 뒤에도 태후의 음란은 그치지 않았다. 여불위는 이것이 불안했다. 태후와의 관계가 노정(露呈)되면 자기 몸의 파멸은 필연적이었다. 그는 궁리한 끝에 거대한 남근(男根)을 가진 노애(嫪毐)라는 자를 식객으로 맞았다. 그리고 연회의 여흥을 빙자하여 노애의 물건에 오동나무 바퀴를 끼워 비속한 노래를 부르면서 오동나무 바퀴를 굴리게 하였다. 이 소문이 태후의 귀로 들어가서 태후의 관심이 쏠리게 하려는 여불위의 계략이었다.

그의 계획은 적중했다. 얼마 뒤 태후로부터 그 남자를 손에 넣고 싶다는 내밀한 신청이 왔다. 여불위는 바로 공작에 착수했다. 우선 노애가 궁형(宮刑)에 상당한 죄를 범했다고 고소해 놓고 태후에게 비밀리에 이렇게 전했다.

"궁형에 처하여 거세되었다고 해두면 옆에 부를 수 있을 것입니다."

태후는 비밀리에 관리를 시켜 형을 집행하지 말고 집행한 것처럼 꾸미라고 했다.

이렇게 해서 노애는 턱수염과 눈썹을 뽑고 환관이 되어 태후 옆에서 시중을 들게 되었다.

그 뒤 태후는 노애에게 열중하고 결국 그의 아들을 잉태했다. 이 비밀이 밖으로 새어 나가면 큰 일이므로 가짜로 점을 치고 액을 피한다는 구실을 붙여서 도읍을 떠나서 일단 옛 도읍인 옹(雍)으로 옮겨갔다. 노애는 잠시도 태후의 옆을 떠날 수 없었다. 많은 은상(恩賞)을 받은 것은 물론, 집안 일을 한 손에 쥐게 되었다. 노애의 집 하인은 수천 명에 이르고 벼슬을 하기 위해서 그의 집 식객이 되는 자도 천 명은 넘었다.

▷ 권신(權臣)의 말로(末路)

시황(始皇) 9년(기원전 238년), 밀고자가 있어 이 일이 세상에 알려졌다.

"노애가 환관이라니 새빨간 거짓말이다. 태후와 밀통해서 이미 둘이나 아이를 낳으면서 이것을 숨긴 뒤 더구나 왕이 죽으면 이 아이를 후계자로 삼겠다고 말한다는 것입니다"

이 말을 듣자 시황은 바로 관리에게 조사를 하도록 하여 일의 자초지종을 알아냈다.

상국(相國)인 여불위가 이 일에 간여된 것까지 분명해졌다. 9월, 시황은 처분을 단행하여 노애의 친족을 모두 죽이고 태후가 낳은 두 아이도 죽였으며 태후는 옛 도읍 옹(雍)으로 옮겨졌다. 노애의 가신(家臣)들도 함께 재산을 몰수당하고 촉(蜀)으로 쫓겨갔다.

시황은 처음에는 상국인 여불위도 주살할 작정이었다. 그러나 아무래도 그는 선군(先君)에게 바친 공적도 컸고 또 빈객(賓客)과 능변가들이 그를 변호했기에, 시황은 법을 적용하여 처단할 것을 체념했다. 다음 해 시황 10년 10월에 여불위는 상국의 지위까지 해임되었다. 그 뒤 시황은 제나라 사람 무초(茅焦)의 의견을 받아들여, 태후를 다시금 함양으로 맞아들이고 여불위는 영지(領地)인 하남(河南)에 가서 칩거(蟄居)하라고 명했다.

이렇게 하여 1년이 지났다. 하지만 여불위의 성망(聲望)은 여전히 떨어지지 않았으며 제후들의 빈객이나 사자들이 여불위를 만나기 위하여 줄을 잇는 형편이었다.

여불위의 모반을 겁낸 시황은 그에게 다음과 같은 친서(親書)를 보냈다.

"귀공에게 어떤 공적이 있어서 진나라는 하남(河南)에 봉하고 십만 호(十萬戶)를 주었는가. 진나라와 어떤 혈연 관계가 있어서 중부(仲父)라고 불리우고 있는가. 바로 일가를 이끌고 촉(蜀)으로 옮겨가서 사는 것이 좋겠다."

여불위는 이제 끝났다고 생각했으며 차츰 권세를 빼앗기고 종국에는 주살을 면할 수 없는 운명이라고 직감했다.

그는 바로 독약을 마시고 스스로 목숨을 끊고 말았다.

2. 절대군주를 키운 사람
— 이사(李斯)·왕전(王翦) —

　　때는 바로 오늘날입니다. 저와 같이 지위도 없고 관직이 없
는 자로서는 절호의 찬스라고 생각됩니다. 아무 것도 없는 자
로서 내일의 향상을 도모하지 않는 것은 금수와 다름이 없습니
다. 인간의 얼굴을 하고 있으면서도 걸음만 걸을 수 있는 무능
한 자에 지나지 않습니다. 인간이라면 이보다 더 부끄러운 것
도 없으며, 가난한 것처럼 슬픈 것이 없습니다.

▷ 창고(倉庫)의 쥐와 변소의 쥐

　　권신(權臣) 여불위가 스스로 목숨을 끊은 뒤 시황제를 뒷받침
해서 정치면에서 최대의 공적을 올린 사람이 초나라 출신 이사
(李斯)이다.

　　그는 동문인 한비(韓非)와 함께 절대군주를 신봉하던 신진 기
예의 정치학도였지만 경쟁 상대인 한비(韓非)를 모살하고 시황
제의 신임을 획득하여 진나라의 패업 융성의 원동력이 되었다.

　　그는 주군(主君)의 권세욕을 만족시켜서 그의 의견에 영합하
면서 자기 소신을 실현한다는 생활 방법을 취했으며 관료화나
조직화가 요구하던 인간상은 능란한 관리인 것이다. 필경 직능

화된 틀 속에서밖에 그 재능이 발휘되지 못한다는 것일까.

이 경향은 군사면의 공로자인 왕전(王翦)의 경우도 같았다. 이하는 먼저 이사가 어떻게 하여 자기 나라가 아닌, 진나라의 정계에 등장했는가를 살펴보기로 한다.

이사(李斯)는 초나라의 상채(上蔡) 출신으로 젊었을 때는 향리에서 하급 관리를 지냈다.

그때의 일이었다. 그는 관청의 변소에서 쥐가 인분을 빨아먹고 있는 것을 보았다. 그 변소에 있는 쥐는 언제나 사람이나 개의 기척에 놀라고 있었다.

그리고 식량 창고에 들어갔을 적에도 그는 쥐를 보았다. 이곳에 있는 쥐는 곡식을 먹고 있었다. 더구나 훌륭한 건물 속에서 사람이나 개에도 별로 놀라지 않고 유유히 먹이를 먹고 있는 것이었다.

이 두 가지 모습을 비교하여 생각해 보고는 자기도 모르게 탄식했다.

'인간도 별 수 없다. 뭐니뭐니 해도 결국 어디다 자기 몸을 놓느냐에 따라 그 인간의 가치가 결정되는 것이다.'

이렇게 생각한 이사는 유학자 순경(荀卿)의 문을 두드리고 정치학을 배웠다. 학업을 끝내자 이사는 어느 나라에 가서 봉사해야 할까를 생각했다.

'초나라 왕은 쓸모없는 인물이다. 아무리 생각해도 봉사하고 싶지 않다. 그렇다고 약한 나라에 봉사하면 그도 공명을 얻을 기회가 쉽지 않을 것이다. 딴 생각하지 말고 서쪽으로 가서

진나라에 봉사하는 것이 제격이다.'

결심이 되자 스승인 순경(荀卿)에게 작별하러 갔다.

"기회가 오면 물러서지 말라는 말도 있습니다. 현재는 열국 항쟁의 시대로서 유세객이 주인으로 할 시대입니다. 지금 천하의 형세를 보니 제일 우세한 것은 진나라로, 천하를 병탐하여 군림하려는 기세입니다.

때는 바로 오늘날입니다. 저와 같이 지위도 없고 관직이 없는 자로서는 절호의 찬스라고 생각됩니다. 아무 것도 없는 자로서 내일의 향상을 도모하지 않는 것은 금수와 다름이 없습니다. 인간의 얼굴을 하고 있으면서도 걸음만 걸을 수 있는 무능한 자에 지나지 않습니다.

인간이라면 이보다 더 부끄러운 것도 없으며, 가난한 것처럼 슬픈 것도 없습니다.

언제까지나 그와 같은 경우에 만족하고 제법 세상을 등지고 무위(無位)를 이야기하는 것은 인간의 본성에 위배되는 것입니다. 그래서 저는 진나라로 가서 진나라 왕을 설득해 볼 생각입니다."

그 뒤 이사가 진나라에 도착한 것은 장양왕이 죽은 직후였다. 그는 진나라 최고의 실력자인 승상(丞相)인 문신후 여불위(呂不韋)의 식객이 되었다.

여불위는 그의 재능을 인정한 뒤 왕의 시종으로 천거했다. 이리하여 이사는 직접 왕을 설득할 수 있는 신분으로 되었다.

▷ 내부(內部)를 혼란시키고 밖으로부터 공격하라

이사(李斯)는 진나라 왕에게 이렇게 설득했다.

"큰 일을 하는 데는 상대방의 잘못을 포착하고 가차없이 공격을 해야 합니다. 소인(小人)은 그런 눈치를 알지 못하므로 대개 좋은 기회를 놓치고 맙니다.

옛날 우리 목공(繆公)이 패자가 될 때도 동방의 여러 나라를 병합하지 못했던 것은 무슨 이유이겠습니까. 당시에는 아직 제후의 수도 많았으며 주실(周室)의 위력도 쇠퇴하지 않았습니다. 다섯 패자(覇者)가 다같이 주실을 존중하고 있었기 때문이오.

하지만 그 뒤 주실이 쇠하고, 제국이 서로 침략을 일삼은 결과 진나라 효공(孝公) 적에 중원 땅은 여섯 나라로 통합되었습니다. 진나라의 효공(孝公) 이후 6대에 걸쳐서 그들 6개국에 군림했기에 이제 제후는 가신(家臣)과 다름없으며 완전히 진나라의 위력에 복종하고 있습니다.

진나라의 국력은 융성하고 대왕은 현명하십니다. 이 두 가지 조건을 갖춘 지금 제후를 멸망시키고 천하를 통일하는 것은 손쉬운 일입니다.

지금은 절호의 기회로 주저하고 있을 때가 아닙니다. 제후들은 틀림없이 다시 세력을 규합하여 합종(合縱)을 이루고 대항해 올 것입니다. 그렇게 되면 어떤 방책을 강구하더라도 천하의 통일은 불가능할 것입니다."

이 말은 듣고 이사를 장사(長史)에 발탁하고, 또 이사의 의견을 채용하여 비밀리에 모사에게 금은보화를 주어 제후들에게 공작원으로 보냈다. 그리고 그들은 제후들에게 봉사하는 중신(重臣) 가운데 돈을 좋아하는 사람을 골라 뇌물을 주었고 협력을 거부하는 자는 죽였다. 이렇게 하여 임금과 신하를 이간시킨 뒤에, 우수한 장군을 보내서 무력으로 치도록 했다.

이 공적으로 진나라 왕은 이사를 다시금 중용해서 왕의 고문으로 삼았다.

▷ 이웃나라 사람도 도움이 되는가

그런데 이 무렵 한(韓)나라의 기술자인 정국(鄭國)이라는 사내가 진나라의 관개용수(灌漑用水)를 만들었다. 하지만 이 공사는 진나라의 국력을 소모시켜 동쪽 정벌을 억제하기 위한 한(韓)나라의 계략이었던 것이다. 이 사실이 알려지자 왕실의 일족이나 중신들은 일제히 왕께 아뢰었다.

"다른 나라에서 와서 진나라에 채용된 자는 거의 첩자라고 보아도 큰 잘못은 없습니다. 모두 추방해야 합니다."

이 추방 해당자 가운데는 이사도 들어 있었는데 그는 이 움직임을 저지하기 위해서 바로 왕에게 다음과 같이 상서했다.

"다른 나라 사람의 추방을 생각하신다는데 이는 큰 잘못이라고 생각합니다. 옛날 목공(繆公)은 인재를 여러 나라에서 구했습니다. 그래서 목공은 유여(由餘)를 융(戎)으로부터 초빙하고, 백리혜(百里傒)는 완(宛), 건숙(蹇叔)은 송(宋) 그리고 비표(丕豹)와 공손지(公孫支)는 진(晋)나라에서 초빙했습니다. 이들 다섯 사람들은 다같이 진나라 출신은 아니지만 진나라는 이들을 임용하여 20개국을 병합하고 서방 제국 사이에서 패권을 잡았습니다.

그리고 또 효공(孝公)은 타국인인 상앙(商鞅)을 등용해서 그가 제의한 새 법(法)을 제정하여 내정의 개혁을 단행했습니다. 그 결과 민생은 향상되고 국력도 충실해지고, 신하들은 직무를 다했으며 또 제후도 심복해 왔습니다. 그래서 진나라는 초나라와 위나라 군사를 무찌르고 영토를 넓혀서 오늘의 융성을 닦은 것입니다.

다음으로 혜문왕(惠文王)은 어떠했습니까. 이 분 역시 타국인인 장의(張儀)의 의견을 채용함으로써 한나라의 삼천(三川) 지방을 점령하고 서쪽으로는 파(巴)와 촉(蜀)을 병합했으며 북쪽으로는 위나라의 상군(上郡)을 빼앗고 남쪽으로는 한중(漢中)을 빼앗아, 초나라 령(楚領)의 만족(蠻族)을 억누르고 초나라의 언(鄢)과 영(郢)을 제압했고 동쪽으로는 성고(成皐)의 요지를 발판으로 비옥한 땅을 빼앗고 6개국의 합종책을 깨뜨리고 진나라에 복종시켰습니다. 그 공적이 오늘날까지 계승되고 있는 것입니다.

그리고 소왕(昭王)은 타국인인 범수(范雎)를 재상으로 임명하는 반면 왕의 일족인 양후(穰侯)와 화양군(華陽君) 두 사람을 물리쳤습니다. 이렇게 해서 소왕은 호족(豪族)의 권력을 억제하고 왕실의 통제력을 강화하는 한편 제후의 영지를 잠식하

여 결국 주(周)를 멸망시켰고 진나라의 제업(帝業)을 달성시
킨 것입니다.

이상 말씀드린 네 군주의 공적은 한결같이 타국인의 활동에
의하여 이룩되었습니다. 타국인이라 해서 진나라를 배반한다
는 의견은 잘못된 것입니다.

가령 이들 네 군주가 타국인을 거부하고 등용하지 않았다면
진나라의 오늘의 번영은 물론이고 강국 진나라라는 이름도 없
었을 것입니다."

▷ 도량(度量)이 커야 한다

이사는 계속해서 여러 가지 구슬이라던가 각지의 미녀(美女),
그리고 다른 나라의 음악 등의 예를 하나하나 열거했다. 무엇이
든지 자기 나라에서 나는 것밖에 갖지 못한다면 왕은 무엇으로
마음의 즐거움을 얻을 수 있겠느냐고…….

"이와 같이 구슬이나 음악(音樂)은 다른 나라의 것을 받아들
이면서 사람만을 별도로 취급하려 하십니다. 타국인은 그 인물
됨이 어떻든 이유없이 추방하려 하고 있습니다. 이것은 더 말
하면 인간보다도 구슬이나 음악을 중시한다는 사고방식에 지
나지 않습니다.

그러한 좁은 생각으로써 어떻게 천하통일의 위업을 성취할
수가 있겠습니까.

이런 이야기가 있습니다. 토지가 넓으면 수확량도 많고 나라

가 크면 인간이 많고 군대가 강하면 병사가 용감하다고 합니다. 무슨 일에서든, 큰 뜻이 개재(介在)되면 될수록 도량(度量)이라는 것이 제일 소중합니다.

예를 들면 태산(泰山)일지라도 한 줌의 흙도 버리지 않고 있기 때문에 저런 높이를 보전할 수 있는 것입니다. 그리고 황하나 바다가 아무리 작은 시냇물이라도 받아들이기 때문에 그만한 수량을 유지할 수 있는 것입니다.

왕자(王者)도 역시 마찬가지입니다.

어떠한 인간일지라도 거절하지 않음으로써 훌륭한 정치를 할 수가 있을 것입니다.

저 옛날 오제(五帝) 삼왕(三王)이 천하를 귀복시킨 것도 이와 같은 정치를 잘하였기 때문입니다.

하오나 이번의 타국인 추방 방침이 반대로 자기 나라 백성을 버리고 적을 이롭게 해서 빈객을 배척하여 제후들에게로 쫓을 뿐만 아니라, 천하의 인재가 진나라로 들어오는 것을 거부하는 결과를 가져올 것입니다. 이런 조처야말로 어쩌면 '적에게 병사를 빌려 주고 도적에게 식량을 대주는 것'과 다름이 없습니다.

구슬이나 음악 등은 진나라 외의 것일지라도 진중(珍重)하게 해야 할 것이 많습니다. 인간도 똑같습니다. 진나라 출생은 아닐지라도 진나라에 충성을 맹세하는 사람은 적지 않습니다. 그런데도 불구하고 타국인을 추방하고 백성에게 손해를 끼치고 적을 이롭게 하려 하십니다.

그 결과로는, 국내에서는 인재가 모자라게 될 것이며, 국외에서는 제후들의 원한을 삽니다. 이렇게 된다면 애써 나라의 안태(安泰)를 원해도 그것이 얻어지지 않습니다."

이사의 이와 같은 상서를 보고 시황은 타국인의 추방령을 철회한 뒤 이사를 전의 관직에 복귀시켰다.

그리고 그의 정책을 다시 받아들이게 되었다.

▷ 태산(泰山)은 흙을 버리지 않는다

'많은 사람을 가리지 않고 포용하는 도량이 많음으로써 큰 사업도 달성할수 있는 것이다.'라는 뜻으로 넓게 사용되는 이 말의 본래의 출처는, 궁지에 몰린 이사가 기사회생(起死回生)의 마지막 수단으로 짜낸 말이었다.

▷ 위료(尉繚)의 시황관(始皇觀)

타국인 추방령이 철회된 결과 진나라에서 중용케 된 타국인의 한 사람 가운데 위료(尉繚)라는 사람이 있었다

중국 고대의 유수한 병법가로서 그의 저서 「위료자(尉繚子)」는 「손자(孫子)」나 「오자(吳子)」와 같이 병법 칠서(兵法七書)의 하나로 손꼽힌다.

그런데 이 위료는 시황제의 사람됨을 어떻게 보았을까.

위(魏)나라 서울 대양(大梁) 출신의 위료라는 사람이 진나라에 와서 왕을 설득했다.

"진나라의 강대함을 생각할 때 제후 같은 것은 진나라 영내의 군(郡)이나 현(縣)의 장관 정도에 지나지 않습니다. 단지 경계해야 할 일이 있다면 이들 제후가 합종(合縱)하여 진나라의 허(虛)를 찌르는 일입니다.

저 진(晋)나라의 지백(智伯)이나, 오(吳)나라의 부차, 그리고 제(齊)나라의 민왕(湣王)이 멸망한 것도 허(虛)를 찔렸기 때문입니다. 이런 기회에 제후나 중신들에게 돈을 뿌려 그들의 협력을 혼란하게 하십시오. 아마 30만 금만 쓰면 충분하다고 생각합니다."

진나라 왕은 이 의견을 채택했고 이 일이 있은 뒤로는 위료를 만날 때 대등한 예를 차리고 의복이나 식사 등을 모두 위료와 같은 것으로 했다.

그러나 위료는,

"진나라 왕은 눈이 가늘며 코는 독수리 부리 같고 가슴이 새처럼 튀어 나왔고 목소리가 늑대를 닮았다. 아무리 보아도 인간다운 마음을 갖지 않은 것 같다. 곤란에 처했을 때는 사람에게 겸손하지만 일단 뜻을 이루었을 때는 사람을 사람으로 생각지 않을 사나이다. 지금은 한낱 떠돌이 신세에 불과한 나에게도 겸손한 태도를 보이지만 천하를 얻은 뒤에는 자기 마음대로 취급하려 할 것이다. 오래 옆에서 일해 줄 상대는 아니다."

이렇게 말하고 진나라를 떠나려 했다.

진나라 왕은 재빨리 그것을 알아차리고 그를 만류하며 재상에 해당하는 요직에 앉혔다. 이렇게 해서 위료의 정책은 진나라에서 빛을 보고, 이사의 손에 의하여 실행에 옮겨지게 되었다.

▷ 왕전(王翦) 부자(父子)의 활약

시황제의 마음 속에 숨어 있는 인간 불신의 성품을 꿰뚫어 보고 있었던 것은 위료뿐만이 아니었다. 진나라의 패업 달성 때에 최대의 군공(軍功)을 세운 장군 왕전(王翦)도 그랬다.

이와같은 군주 아래서는 공로가 크면 클수록 몸에 위험이 닥쳐오기 마련이다. 그런 가운데에서 능숙하게 위기를 빠져나가 삶을 누린 왕전의 생활 방법은 정직 일변도의 명장 백기(白起)에 비하면 두드러진 대조를 이룬다.

재치있는 인간이 아니면 살 수 없는 때가 온 것이다.

왕전(王翦)은 빈양(賓陽)의 동향(東鄕) 출신이다. 어려서부터 병법(兵法)을 좋아한 그는 어른이 되자 진나라의 시황에게 중용되었다.

시황제 11년(기원전 236년)에 왕전은 장군으로서 조(趙)나라를 공격하고 알여(閼與)의 땅에서 조나라 군을 격파하고 아홉 개의 군, 읍을 빼앗았다. 18년에 또 조나라를 공격하여 일 년여에 걸친 싸움 끝에 결국 조나라 왕을 항복시키고 영토를 모두 진나라 군에 편입시켰다.

그 다음해 연(燕)나라의 형가(荊軻)를 자객으로 보내와서 시황을 살해하려 한 사건이 일어났다. 이에 화가 난 시황은 왕전에게 명하여 연나라를 공격케 했다. 왕전은 연나라 수도계

(薊)를 점령한 뒤에 연나라 왕인 희(喜)를 요동 쪽으로 패주시
킨 뒤 귀환했다.

시황제는 또 왕전의 아들 왕분(王賁)을 남쪽의 초나라로 원
정을 보냈는데 왕분은 초나라 군과 싸워 이를 격파하고 그 여
세를 몰아 위나라로 쳐들어가서 승리를 거두고 위나라 왕의 항
복을 받았으며 위나라의 전영토를 점령했다.

이와 같이 진나라는 삼진(三晉 : 한·조·위)을 멸망시키고
연나라 왕을 변경으로 패주시킨 데다 다시금 초나라 군을 격파
한 것이다.

▷ 은퇴에서 다시 돌아오다

그런데 진나라의 젊은 장군인 이신(李信)이라는 혈기 방장
한 사내가 있었다. 연나라를 공격했을 때 불과 수천 명을 이끌
고 시황이 미워하는 태자 단(太子丹)을 집요하게 추격하여 결
국 요동지방의 연수(衍水)에서 그를 사로잡았다. 이 한 가지
공로로 이신은 시황의 두터운 신임을 획득했다.

초나라만 격파하면 벌써 천하를 완전히 장악하는 단계에 이
르렀다. 시황은 먼저 이신을 불러 물었다.

"초나라를 평정하는 데는 어느 정도의 병력이 필요할까?"

"우선 20만만 있으면 충분하다고 생각됩니다."

시황이 다시금 왕전에게 묻자 왕전은 이렇게 대답했다.

"상대방은 소홀히 할 수 없는 강적입니다. 아무래도 60만은
필요할 것입니다."

시황은 생각했다. 두 사람의 얘기를 들어 보니 왕전은 아무래도 늙어서 기력이 쇠하였고 이신 쪽이 기개가 있어 믿음직스럽다.

결국 시황은 이신과 몽염(蒙恬)에게 20만의 군사를 주고 남쪽의 초나라로 출진시켰다.

왕전은 자기의 의견이 받아들여지지 않았기 때문에 병을 빙자하여 고향인 빈양으로 은퇴했다.

진나라 군사는 두 패로 갈라졌다. 이신의 군사는 평여(平與)를 공격했고 몽염의 군은 침구(寢丘)를 공격하여 다 함께 크게 승리했다.

이신은 다시금 언(焉)과 영(郢)을 함락시키고 거기서부터 군사를 서쪽으로 돌려 몽념의 군과 성보(城父)에서 합류했다. 하지만 초나라 군은 몰래 이신의 군사를 뒤쫓아 사흘 낮 사흘 밤의 강행군을 거듭해서 순식간에 이를 습격했다. 불의의 공격을 받은 이신의 군은 두 곳에서 방어벽이 깨지고 지휘관급의 간부가 일곱이나 전사했다. 보기에도 비참한 패전이었다.

시황은 이 소식을 듣자 격노했다. 그리고 즉시 빈양으로 달려가서 왕전에게 사과했다.

"내가 장군의 의견을 좇지 않은 결과 이신이란 놈이 우리 진나라 군을 수치스럽게 만들었습니다. 지금의 초나라는 여세를 몰고 우리나라를 향하여 진격해 온다고 합니다. 몸이 불편한 것은 알고 있지만……."

"저는 보시다시피 늙은이입니다. 이제 쓸모가 없습니다. 달리 이번 일을 맡을 사람이 있을 것입니다."

"알았소. 이 이상 나를 괴롭히지 말아 주시오."

그래서 왕전은 태도를 바꿔서 이렇게 말했다.

"대왕께서 저에게 꼭 이번 일을 맡으라고 하시려면 60만의 군사를 주시렵니까."

"모든 것을 장군에게 맡기겠소."

이렇게 해서 왕전은 다시 60만의 대군을 호령하는 장군으로 돌아왔다.

▷ 축재(蓄財)에 열중하면

드디어 출진의 날은 왔다. 시황은 친히 왕전을 파수(灞水) 근처까지 전송했다. 그곳까지 오는 길에 왕전은 시황에게 최상급의 전지(田地)와 저택을 하사해 달라고 간청하자 시황이 이렇게 말했다.

"안심하고 출진하시오. 뒷일은 나에게 맡기시오."

"아닙니다. 대왕께 봉사하는 장군은 이제까지 그 공의 대가로 큰 봉후(封侯)의 영예를 받은 일은 없습니다. 저는 대왕의 은고(恩顧)를 받고 있을 때에 하사를 받아서 자손에게 남겨주고 싶습니다."

이 말에 시황은 배를 안고 웃었다.

왕전은 함곡관에 도착한 뒤에도 자주 시황에게 사자를 보내 토지를 하사해 달라고 간청했는데 이것을 알고 왕전에게 충고하는 사람이 있었다.

그러나 왕전은 이렇게 대답했다.

"누구나 아는 일이 아니오? 왕은 냉혹하고 사람을 신뢰하지 않는 분입니다. 나에게 진나라 군사 전부를 맡긴 오늘 마음이 편할 리는 없습니다. 이렇게 내가 재산밖에 생각하지 않는 것처럼 행동하지 않으면 반역할 마음이 나에게 있다고 왕은 생각할 것입니다."

▷ 방심(放心)을 이용하라

초나라 군은 진나라 장군을 왕전으로 바꾼 데다가 병력을 증강하여 반격해 온다는 소식을 듣자 전국의 군사를 총동원하여 이에 대항하려 했다.

하지만 왕전은 초나라 군과 마주치면 견고한 보루를 쌓고 쉽게 싸우려 하지 않았다. 초나라 군이 자주 유인을 해오더라도 왕전은 하나도 움직이려 하지 않았다. 뿐만 아니라 왕전은 전 군사를 휴식시키고 충분한 식량을 지급하면서 병사들과 식사를 같이 하며 그들의 사기를 북돋우었다.

이와 같은 상태가 계속된 뒤 왕전은,

"병사들이 진중에서 어떻게 하고 있는가."

하고 전군의 동태를 물었다. 그러자,

"운동 경기에 열중하고 있습니다." 하는 보고였는데 왕전은 이 보고를 듣고서야 회심의 미소를 띠었다.

"우리 군사의 태세는 만전을 기하고 있다."

왕전이 이렇게 생각하고 있을 때 초나라 군은 상대가 움직이려 하지 않자 동쪽으로 군사를 철수시키기 시작했다.

왕전은 그제서야 기회가 왔다는 듯이 전군을 풀어 추격전을 전개했다.

그러니 손쉽게 초군을 대패시킬 수 있었고 기수(蘄水) 남쪽에서 초나라 장군 항연(項燕)을 잡았다. 초나라 군은 완전히 무너졌고 진나라 군은 여세를 몰아 각지의 도읍을 석권했다.

1년쯤 뒤에 초나라 왕 부추(負芻)를 사로잡은 뒤에 초의 전국토를 평정하여 진나라 영토로 편입시켰다. 그리고 이 여세를 다시 몰아 남쪽의 백월(百越)의 왕도 항복시켰다.

한편 왕전의 아들 왕분도 이신과 함께 연나라와 제나라 왕을 평정했다.

이렇게 해서 시황 26년(기원전 221년), 진나라는 드디어 천하를 통일했다. 왕전 부자는 몽염과 같이 신하 가운데서도 그 공이 가장 높았으며 그들의 명성은 후세에까지 전해졌던 것이다.

▷ 시황제(始皇帝)란 이름의 유래

천하 통일을 완수한 뒤 진나라 왕은 승상(丞相) 및 어사(御史 : 비서관)에게 이렇게 명했다.

"전에 한왕(韓王)은 영토와 옥새를 내놓고 신하로서 충성을 다하겠다고 약속하였지만 그 맹약을 배신하고 조나라, 위나라와 연합해서 반란을 일으켰다. 하지만 그들을 모두 토벌하였고 한왕(韓王)을 포로로 했다. 나는 그것으로 만족하고 무력 행사는 끝내려 했다.

조왕(趙王)이 재상인 이목(李牧)을 보내어 맹약을 맺었을 때 인질을 돌려준 것도 그 때문이다. 그런데도 조나라는 맹약을 배신하고 태원(太原)에서 군사를 일으켰기에 나는 할 수 없이 그도 토벌하고 조왕을 잡아왔다. 조나라 공자 가(嘉)가 제멋대로 왕이 되었기에 이것도 멸망시켰다.

그리고 위(魏)나라 왕도 일단 신하로서 따르기로 하고 한(韓)·조(趙)와 합동으로 공격해 왔기 때문에 이것도 역시 넘어뜨렸다.

초왕(楚王)은 청양(靑陽) 이서(以西) 땅을 내놓고 화의를 청했지만 약속을 깨고 우리나라 남쪽으로 출병해 왔기 때문에 이것을 주벌(誅伐)하고 왕을 잡아 초의 전국토를 평정했다.

연(燕)나라 왕은 어리석은 자라 태자 단이 실권을 쥐고 비밀리에 형가(荊軻)를 시켜 나를 죽이려 했다. 그래서 단도 죽이고 연나라도 멸망시켰다.

그리고 또한 제(齊)나라 왕은 재상 후승(後勝)이 시키는 대로 하여 우리 진나라 사자를 죽이고 반란을 기도했다. 그도 쳐부수고 제나라 왕을 잡은 뒤에 제나라 국토 전부를 내 손에 넣은 것이다.

내가 이들 여섯 나라를 평정하고 태평 천하를 이룩하게 된 것은 모두가 조종(祖宗)의 가호(加護)에 의한 것이다. 이 업공(業功)을 후세에 전하기 위해서는 이제는 왕이라는 호칭을 바꿀 필요가 있다. 이 문제에 대해서 답신(答申)하라."

승상인 왕관(王綰), 어사대부(御使大夫 : 비서실장)인 풍겁(馮劫), 정위(廷尉 : 법무장관)인 이사(李斯), 이렇게 세 사람은 꼭 같이 이렇게 아뢰었다.

"옛날의 오제(五帝)는 천하의 주인이라고는 하지만 그 영토는 사방 천리(千里)에 지나지 않았고 주위가 제후나 만족의 나라였습니다. 제후 중에서 신하로서의 예의를 지키지 않는 자가 있어도 이를 다스릴 수도 없었습니다.

하지만 폐하께서는 정의의 군을 일으켜 포악한 무리를 치고 천하를 평정시켰으며 전국을 군(郡)·현(縣)으로 편제하고 법령(法令)은 폐하 한 사람이 마음대로 발하도록 정해 놓으셨습니다.

이는 상고(上古)로부터 그 유례를 찾을 수 없는 공적이며 오제(五帝)라 할지라도 성취하지 못할 일입니다. 박사들의 말에 의하면, 오제 이전의 태고에는 천황(天皇)·태황(泰皇)·지황(地皇)의 3자(三者)가 지상에 군림했고 그들 가운데서도 태황이 제일 존엄한 존재였다고 합니다. 그러므로 앞으로 왕을 태황(泰皇)이라는 존칭으로 바꾼 뒤에 왕명(王命)을 제(制), 왕령(王令)을 조(詔)라고 개칭하고 천자(天子)가 스스로 자신을 칭할 적에는 짐(朕)이라고 한다면 어떨까 생각합니다."

이 말을 듣고 진나라 왕이 이렇게 말했다.

"그러면 태황의 황(皇)을 취하고, 상고(上古)의 제(帝)와 같이 하여 황제(皇帝)라고 칭하기로 한다. 다른 것은 그대들 생각대로가 좋다."

이 결정은 또다시 정식으로 수속을 밟아 행해졌고 죽은 장양왕에게는 태상황(太上皇)이라는 칭호를 추증(追贈)한 뒤에 다음과 같은 왕명을 내렸다.

"짐(朕)이 아는 바로는 태고적엔 호(號)는 있었으나 추서(追敍)되는 이름이 없었다. 중고(中古)에는 호 이외에 추서가될 이름을 두는 제도가 있어, 사람이 죽은 뒤 상전의 행위에따라서 추서되는 이름도 있었다고 한다. 이는 아들이 아버지에게, 신하가 군주에게 평가를 내리는 결과로 되며 용납될 수 없는 일이다. 따라서 금후 이 제도를 폐지한다. 짐은 최초의 황제가 되었기 때문에 시황제(始皇帝)라고 칭한다. 짐의 뒤는 순차에 따라 2세, 3세라고 칭하고 이를 천만세(天萬世) 뒤까지도 무궁하게 전하는 것으로 한다."

▷ 시황제(始皇帝)

그 명명의 과정에서는 철저한 합리주의와 신적인 존대(尊大)함이 기묘하게 혼교(混交)된 상태를 볼 수 있다. 시황 후의 그의언동은 이 두 극단 사이를 왕래하다가 차츰 후자. 즉 신적인 존대성으로 기울어져가고 있다.

▷ 권력(權力)은 모두 황제(皇帝)에게

승상 왕관(王綰) 등이 이렇게 주상(奏上)했다.
"이제 제후를 타도하고 천하통일을 달성했으나 연(燕)·제(齊)·초(楚)는 너무나 멀리 떨어진 땅이기 때문에 왕(王)을두지 않으면 완전히 장악할 수 없을 것 같습니다. 신의 생각으로는 여러 황자(皇子)를 왕으로 봉해서 그 임무를 맡기는 것이 좋을 것 같습니다."

　시황이 이 의견을 조의(朝議)에 내놓자 모든 신하가 찬의를 표했다. 하지만 단 한 사람 이의를 제기하고 양보하지 않는 사람이 있었다. 그 사람은 정위(廷尉)인 이사(李斯)였다.

　"주(周)의 문왕(文王)·무왕(武王)은 많은 왕자나 왕족을 봉했으나 그들이 대(代)를 거듭할수록 혈연의식(血緣意識)이 희박해지고 서로가 적대시하여 대립하게 되었습니다. 그리고 제후간의 싸움에 이르러서는 손을 댈 수가 없었습니다. 때문에 주실(周室)의 권위까지 땅에 떨어진 것입니다. 다행히 이제는 폐하의 위덕으로 천하가 통일되어 군·현으로 편성되어 있습니다. 여러 황자나 공신에게는 국고의 수입에서 충분한 보수를 하사하시는 것만 지당한 줄로 압니다. 국가의 통제를 보전하면서 인심의 이반을 막는 것이야말로 치안 유지의 요제입니다, 이제 새삼스럽게 제후를 봉하는 것들은 유해무익한 것이라고 말하지 않을 수 없습니다."

　그러자 시황이 말했다.

　"천하의 만민이 끝없는 전쟁으로 고통을 받았고 그 대부분의 원인은 제후의 존재에 있었다. 다행히 조종(祖宗)의 가호를 받아 평화를 되찾게 된 오늘날 다시금 제후를 봉한다면 그것은 또한 앞으로 전화(戰禍)의 씨를 뿌리는 결과가 될 것이다. 결국에는 평화를 원하는 것도 구두선(口頭禪)에 그치고 말 일이다. 정위의 의견이 옳다."

　그리하여 황자를 다시 왕으로 봉하는 일이 폐기되고 시황은 천하를 36군으로 나눈 뒤에 군마다 행정장관(行政長官)과 군

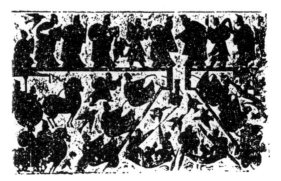
시황제, 전국의 무기를 모아서 녹이다

사령관(軍司令官), 감찰관(監察官)을 두었다. 또한 백성을 '검수(黔首)'라고 부르기로 했다.

진나라의 천하통일의 업적을 기념하기 위해 거국적으로 축연(祝宴)을 베풀었다.

그리고 모든 무기를 몰수한 채 함양에 모아 그것을 녹여 무게 천 석(千石 : 23톤)의 종과 동상(銅像) 12개를 만들어 궁중에 안치했다.

한편 도량형(度量衡)을 통일하고 또 마차의 차폭(車幅)과 문자의 서체를 통일했다.

진나라의 영토는 동쪽으로 바다를 건너 조선(朝鮮)까지 미치고, 서쪽으로는 임조(臨洮) · 강중(羌中), 남쪽으로는 북호(北戶)까지 닿았다. 그리고 북쪽은 황하(黃河)를 기점으로 하여 음산 산맥(陰山山脈)을 따라 요동(遼東)에 이르는 장성(長城)을 쌓아 그 지배를 굳혔다.

▷ 우민 정책(愚民政策)

시황 34년(기원전 213년), 함양궁(咸陽宮)에서 주연이 열렸다. 그 자리에서 박사복사(博士僕士 : 학예장관)인 주청신(周青臣) 등이 시황의 위덕(威德)을 찬양하자, 제나라 사람인 순우월(淳于越)이 앞으로 나아가 이렇게 간(諫)했다.

"은(殷)나라 · 주(周)나라 왕조가 천여 년이나 번영한 것은 자제(子弟)나 공신(功臣)을 제후로 봉하여 왕실의 방패로 했기 때문입니다. 저는 그것을 배우고 있습니다. 그런데 폐하께서는 천하를 장악하고서도 자제분들은 똑같이 일개 평민으로 있습니다.

장래에 만일 제나라의 전상(田常)이나 진(晉)나라의 육경(六卿)과 같이 제위(帝位)를 탐내는 자가 나왔을 때 어떻게 이 제국(帝國)을 지키겠습니까. 어떤 일이든 옛날 일을 교훈으로 삼지 않고는 잘된 일이 없습니다.

그런데 주청신 등은 오늘날 폐하 앞에서 비위를 맞추며 폐하의 과오를 더하게 하고 있습니다. 정말 불충한 신하들입니다."

시황은 이 문제의 검토를 이사에게 명했다. 이사는 순우월의 의견을 잘못이라고 말한 뒤에 다음과 같이 아뢰었다.

"옛 시대에는 천하가 난마(亂痲)와 같이 흩어졌는데도 이를 통일하는 자가 없어 제후들의 난립(亂立)을 초래했던 것입니다. 그때의 상황을 보면 모두가 상고의 세상을 이상으로 생각하고 현재를 비판했고 황당무계한 주장을 하여 현실을 혼란시키며 자기 주장이 옳다고 해서 위정자를 비난하는 것을 일삼았습니다.

하지만 오늘날은 어떻습니까. 폐하께서 천하를 통일하고 사물의 가치 기준을 분명히 했으며, 또 황제라는 유일한 지위에 올라 계시는데도 불구하고 어떤 자가 자기 주장이 옳다고 하는 자가 여전히 자취를 감추지 않고 있습니다. 그들은 폐하께서 정하신 법을 비난하며 포고(布告)을 내어도 비난하며, 나아가서는 그 불만을 자기 마음 속에만 간직하지 않고 거리에 나가서 멋대로 떠듭니다.

또 그들은 폐하의 명에 이의를 표함으로써 그것을 기화로 헛된 명예를 얻으려고 도당(徒黨)을 이루며 비방으로 날을 보내고 있는 것입니다. 이와 같은 무리를 방치해 놓는다면 머지않아 폐하의 권위를 손상시킬 것입니다. 바로 조처를 취해야 한다고 생각합니다.

그 방법으로서는 먼저 학술(學術)·시서(詩書)·백가(百家)의 저서를 가지고 있는 자에게 이의 폐기를 명해야 합니다. 가져도 좋은 것은 의약(醫藥)과 복서(卜書), 농사에 관한 서적에 국한해도 됩니다. 그리고 학문을 뜻하는 자의 스승은 관리가 대행하게 합니다. 이것이 저의 안(案)입니다."

시황은 이사의 상서를 재가한 뒤에 시서 백가의 저서를 몰수하여 우민 정책(愚民政策)을 추진하면서 비판하는 자의 탄압을 기도했다.

법제나 율령(律令)의 제정도 시황 시대에 처음으로 행해졌는데 시황은 또한 공문서(公文書)를 규격화하고 각지에 이궁(離宮)과 별관(別館)을 지었으며 다음 해에는 각지를 순행(巡幸)하고 사방의 만족(蠻族)을 토벌했다. 이 모든 일에 이사가 중심적인 역할을 했다.

 '분서(焚書)'로 악명 높은 진나라의 우민 정책은 실상 이사의 헌책(獻策)에 근거를 둔 일이었다. 때는 천하통일 뒤 8년, 이사는 벌써 승상으로서 최고의 관직을 차지하고 있었다. 그 뒤 직접 간하는 신하는 없었으며 황제의 권위는 당초부터 쳐다볼 수도 없는 경지로 존귀해져 갔다.

3. 고독한 대제(大帝)

─ 방사(方士), 황자(皇子) 부소(扶蘇) ─

"나는 태평한 세상을 초래하기 위해서 쓸모없는 서적(書籍)을 몰수하여 태워 버렸지만 한편으로는 많은 학문과 방술(方術)에 능한 선비는 대우했다. 그런데 불로장수의 약을 만든다고 한 방사(方士)들의 행동은 어떤가. 한중(韓衆)은 도망한 뒤로 소식이 없으며, 서시(徐市) 등은 억(億)대에 이르는 비용을 쓰면서도 약을 만들지 않았다. 또한 소문에 의하면 이를 미끼로 자신의 사복(私腹)만 채운다는 것이다. 노생에게는 마음으로부터의 경의를 표하고 최고의 대우를 했는데도 반대로 나를 비방하고 나의 부덕함을 말했다. 도읍으로 초청해 온 학자들도 괴상한 언사를 농하여 백성들을 현혹시키고 있다."

시황은 이렇게 말하고 검찰관에게 명하여 학자를 한 사람도 남김없이 사문(査問)하라고 했다. 하지만 학자들은 서로가 죄를 남에게 전가하고 자신만 피하려고 했다.

결국 4백60여 명의 학자들에게 법을 위반했다는 죄명을 씌워 함양에 생매장한 뒤에 이 사실을 전국에 포고하여 본보기로 했다.

▷ 신선(神仙)에의 동경(憧憬)

지상의 제1인자가 된 시황제에게 남겨진 일은 인간 이상의 존재가 되는 것이었다. 이런 시황제의 소원을 이용해서 사복을 채우려 한 것이 신선(神仙)의 술(術)을 운위하는 방사(方士)의 무리들이었다.

시황제는 이젠 절대적인 고독 속에 있었다…….

방사(方士)인 노생(盧生)이 시황에게 주청했다.

"저희들은 오늘날까지 먹기만 하면 신선(神仙)이 된다는 영초(靈草)와 불로장수와 기약(奇藥) 그리고 선인(仙人), 이렇게 세 가지를 찾아 왔습니다. 하지만 아직 발견하지 못했습니다. 아마도 이를 방해하는 요소가 있는 것 같습니다.

선인(仙人)의 방술(方術)에 의하면 '사람의 임금이 된 자는 여전히 미행하여 아귀를 피하라. 아귀를 피하면 진인(眞人)이 될 수 있다'는 이야기가 있습니다.

그리고 임금의 거처를 신하에게 알리는 것은 신기(神氣)를 잃는 결과도 됩니다. 진인(眞人)이란, 말하자면 무심(無心) 바로 그것의 존재로서 물에 들어가도 물이 묻지 않으며 불에 들어가도 불에 타지 않고 구름과 같이 높이 떠서 천지가 있는 한 영원히 살아 있게 되는 것입니다.

지금 폐하는 천하를 발 아래 두고 계시지만 모든 것을 초월한 무심(無心)의 경지에까지 이르기에는 아직 멀다고 말씀드려야 합니다. 때문에 이제부터 폐하의 소재를 사람에게 알리지 않도록 노력해 주시기 바랍니다. 그것이 달성되면 불로장생의 약도 입수되리라고 믿습니다."

"나는 그 진인(眞人)이라는 것이 되고 싶다. 금후로 나는 짐이라 하지 말고 진인(眞人)이라고 부르겠다."

시황은 바로 함양 근교 2백 리 이내의 땅에 궁전과 누각(樓

閣) 2백70동을 짓고 그것들은 복도와 통로로 서로 연결하게 했다. 그리고 각기의 누각에는 유장(帷帳)을 치고 각종 악기를 비치시킨 뒤에 많은 미녀들을 살게 했다.

그리고 각 동(棟)에 소속된 자의 이름을 등록하여 이동을 금했다. 한편 시황의 행차 때 시황의 소재를 누설하는 자를 사형에 처하기로 정했다.

시황이 양산궁(梁山宮)에 행차했을 때의 일이다. 시황이 산 위에서 승상 이사의 행차 행렬을 내려다 봤고 그는 이사의 행렬이 너무나 거창한 것을 보자 눈살을 찌푸렸다. 이것을 옆에서 눈치챈 환관(宦官) 한 사람이 그 사실을 이사에게 알려 주었다.

그러자 이사는 그뒤 행차 때 뒤따르는 기마(騎馬)의 수를 줄였다. 시황은 이 사실을 눈치채고는 크게 노했다.

"환관이란 놈이 내 소재를 누설한 뒤에 이사에게 고해 바쳤구나."

즉시 철저하게 조사를 했지만 기밀을 누설한 범인이 판명되지 않았다. 그리하여 결국 양산궁의 산정에 시황이 행차해서 이사의 행렬을 내려다 보았을 때 곁에 있던 자들을 모두 사형에 처했다.

그런 일이 있은 뒤로는 시황의 행차하는 곳을 누구 한 사람 누설하는 자가 없어졌다. 또한 신하로부터 주상(奏上)이나 결재(決裁)의 전달 등 모든 정무는 함양궁(咸陽宮)에서만 하였다.

▷ 학자(學者)들의 생매장(生埋藏)

그 뒤 노생(盧生)은 방술(方術)의 성과가 오르지 않는 것은 시황제의 교만 때문이라고 말하고 동료들과 상의한 뒤에 도망해 버렸다…….

이 소식을 듣자 시황은 열화처럼 화를 냈다.

"나는 태평한 세상을 초래하기 위해서 쓸모없는 서적(書籍)을 몰수하여 태워 버렸지만 한편으로는 많은 학문과 방술(方術)에 능한 선비를 대우했다. 그런데 불로장수의 약을 만든다고 한 방사(方士)들의 행동은 어떤가. 한중(韓衆)은 도망한 뒤로 소식이 없으며, 서시(徐市) 등은 억(億)대에 이르는 비용을 쓰면서도 약을 만들지 않았다. 또한 소문에 의하면 이를 미끼로 자신의 사복(私腹)만 채운다는 것이다. 노생에게는 마음으로부터의 경의를 표하고 최고의 대우를 했는데도 반대로 나를 비방하고 나의 부덕함을 말했다. 도읍으로 초청해 온 학자들도 괴상한 언사를 농하여 백성들을 현혹시키고 있다."

시황은 이렇게 말하고 검찰관에게 명하여 학자를 한 사람도 남김없이 사문(査問)하라고 했다. 하지만 학자들은 서로가 죄를 남에게 전가하고 자신만 피하려고 했다.

결국 4백60여 명의 학자들에게 법을 위반했다는 죄명을 씌워 함양에 생매장한 뒤에 이 사실을 전국에 포고하여 본보기로 했다.

그뒤에도 적발을 한층 엄하게 하고 금령(禁令)을 범한 자는 잡아서 변경으로 유배했다.

하지만 시황의 이런 지나친 조처를 보고 참지 못한 사람이 있었다. 그 사람은 다름아닌 시황의 장자(長子)인 부소(扶蘇)였다.

"천하는 가까스로 안정하기 시작했을 뿐이며 먼 곳의 백성은 아직도 진나라에 귀속하지 않았습니다. 이러한 때에 공자(孔子)의 가르침을 신봉하는 학자들이 옛부터의 관행을 이야기한다고 해서 이를 법으로써만 규제하려 하시는 것은 사회의 불안을 불러일으키는 결과가 될 뿐이 아니겠습니까.

바라옵건대 깊은 현찰이 있으시기를 빕니다."

아들의 이 말을 듣고 시황은 화가 났다. 결국 부소에게 북방군 사령관(北方軍司令官) 몽념(蒙恬)의 감독관이라는 명목을 붙여 상군(上郡)으로 쫓아버렸다.

▷ 부소(扶蘇)의 추방

시황제의 신변을 진정으로 걱정하는 것은 큰 아들인 부소뿐이다. 하지만 남의 말에 귀를 기울이지 않는 버릇이 있는 황제는 자기 아들의 진정(眞情)도 이해하지 못하고 북쪽 변두리로 추방해 버렸다. 이것을 계기로 이들 부자는 결국 다시 만나지 못했고 부소는 결국 모살당한다. 시황제도 자신의 죽음 직전에 부소를 생각해 냈지만 때는 벌써 늦었다.

▷ 계속되는 흉조(凶兆)

시황 36년(기원전 351년), 화성(火星)이 전갈자리에 멈춘 채 움직이지 않았다. 이것은 흉조였다. 그리고 동쪽 도읍에 유성(流星)이 떨어져 돌이 되었는데 그 돌에 이런 문자를 새겨 넣은 자가 있었다.

복희(伏羲)

"시황이 죽고 나라가 다시 분할된다."

시황은 이 보고를 받고 즉시 관리를 보내어 엄하게 조사를 시켰지만 아무리 해도 범인을 찾아낼 수가 없었다. 그러자 시황은 그 부근의 주민들을 모두 죽인 뒤에 그 돌을 태워서 녹이도록 했다.

이것저것이 원인이 되어 시황은 전혀 즐거움을 몰랐다. 그래서 선인(仙人)이나 진인(眞人)의 시(詩)를 모방하여 만들고 각지를 순행하면서 그것을 악사(樂師)들에게 노래 부르게 했다.

가을에 동쪽에서 사자가 왔다. 사자가 오는 길에 화산(華山) 북쪽을 지나고 있을 때의 일이었다. 구슬을 가진 남자가 밤길에서 사자를 불러 세우며,

"이 구슬을 적지(滴地)의 주인에게 전해 주시오."

하고 부탁했다. 그리고 계속하여 이렇게 말했다.

"조룡(祖龍 : 시황제의 뜻)은 올해 안에 죽을 것입니다."

사자가 그 사유를 물으려 하자 사나이는 순식간에 자취를 감추고 그 자리에는 구슬만 남아 있었다. 그 사자는 도읍에 도착

하여 구슬을 시황에게 바치고 일의 전말을 말해 주었다.

사자의 애기를 다 듣고 난 시황은 잠시 동안 침울하게 침묵을 하고 있었다. 그리고 얼마 뒤 겨우 이렇게 중얼거렸다.

"화산(華山)의 신(神)은 금년의 일밖에 미리 알지 못하는군."

그리고 시황은 그 사자가 물러간 뒤에도 계속해서,

"조룡(祖龍)이란 인류의 선조란 뜻이겠지."

이렇게 이야기하며 스스로 자위하는 것이었다.

이 구슬을…… '적지(滴地)의 주인은 주(周)나라의 무왕(武王)을 가리키며 무왕이 은(殷)의 주왕(紂王)을 타도한 고사를 생각해 본다면 여기서의 뜻은, 폭군(暴君)을 타도하라'는 전언(傳言)이라고 풀이된다.

▶ 조룡(祖龍)

조(祖)는 시(始)와 같으며 용(龍)은 인군(人君)의 상징으로, 다시 말하면 시황제를 가리키고 있는 것이다.

▷ 최후(最後)의 발버둥

불안해진 시황제가 장래를 점쳐 보니 그 결과는 "순유(巡遊)하면 길(吉)하다"고 나왔다. 황제는 바로 이사(李斯)를 데리고 순행의 길에 올랐다. 그 길에서 일어난 일은……

방사(方士)인 서시(徐市) 등은 동해(東海)를 건너가서 선약(仙藥)을 찾았지만 수년이 되어도 발견되지 않았다.

더구나 그동안에 막대한 비용도 썼기 때문에 황제의 힐책이 무서워 돌아오자 거짓 보고를 했다.

"봉래(蓬萊) 땅에 가기만 하면 약속드린 약도 입수할 수가 있습니다만 언젠가 가는 길에 큰 상어(大魚)가 길을 막기 때문에 도달하지 못합니다. 그러하오니 노(弩)의 명수를 동행시켜 주시기 바랍니다. 그러면 이번에는 상어를 퇴치하고 소기의 성과를 달성하겠습니다."

그뒤 시황은 바다의 신(海神)과 싸운 꿈을 꾸었다. 그 바다의 신이 인간의 모습을 하고 있었다. 시황은 바로 이 꿈을 해몽 박사(解夢博士)에게 해몽시켰다.

"대개 수신(水神)은 결코 자기 모습을 나타내지 않고 단지 대어나 교룡(蛟龍)으로 변신해서 자기 뜻을 행하는 것입니다. 폐하께서 기도와 제사를 충분히 행하며 몸을 근신하고 있는데도 아직도 그 보답을 얻지 못하고 있는 것은 모두 그 수신이 복수를 하고 있기 때문이라고 생각됩니다. 즉시 퇴치해야 합니다."

해몽은 이러했다.

시황은 어사(漁師)에게 명하여 대어를 잡기 위한 도구 일체를 준비시키고 연사식(連射式) 노(弩)로 직접 쏘기 위하여 대어의 출현을 기다렸다. 하지만 낭야(琅邪)로부터 북쪽으로 영성산(榮成山)까지 가도 대어는 나타나지 않았다. 지부(之罘)까지 가서 가까스로 대어를 발견하고 그 중 한 마리를 쏘아 죽였다.

그 뒤 해안을 따라 진로를 서쪽으로 돌려 평원진(平原津)까
지 왔을 때 시황은 병으로 넘어졌다.

▷ 부취(腐臭) 심하다

시황은 죽음이라는 말을 아주 싫어했다. 신하들도 조심하여
누구 한 사람 죽음이라는 말을 입 밖에 내는 자는 없었다. 그
러한 동안에도 용태는 악화될 뿐이었고 시황도 결국에는 황자
(皇子)인 부소에게 유서를 쓰고,

"함양으로 돌아와 나의 장례를 주재하라."고 지시했다.

하지만 이 유서는 순행의 재령(宰領)을 겸하여 옥새를 가지
고 있던 환관 조고(趙高)에 의하여 발송이 저지되었다.

7월 병인(丙寅) 날, 시황은 사구(砂丘)의 평대(平臺)에서 세
상을 떠났다.

황제가 객사(客死)한 것이 알려지면 황자들이 후계를 놓고
싸울 것이며 또한 불평 분자의 반란이 일어날 것도 뻔한 일이
었다. 승상인 이사(李斯)는 먼저 이것이 두려워 황제의 죽음을
숨기고 유체를 거두고 관을 온량거(輼涼車)에 안치하고 시황
이 좋아하는 환관을 배승시켜 아직 시황제가 건재한 것처럼 가
장하기 위하여 가는 곳에서마다 식사를 제공했다. 정무(政務)
의 주상(奏上)도 종래와 변함없이 하고 배승한 환관이 황제의
판단을 앙청하고 전달하는 방법으로 결재를 행하였다. 시황의
죽음을 알고 있는 것은 황자(皇子)인 호해(胡亥)와 조고(趙

高), 그리고 측근에서 봉사하는 환관 수명뿐이었다.

　일행은 정형(井陘)을 지나 구원(九原)에 도착했는데 때마침 맹서(猛暑) 때문에 온량거로부터 썩은 냄새가 나기 시작했다. 그리하여 부취를 속이기 위해서 황제의 명령이라 하고 수행하는 수레들에는 제가끔 소금에 절인 생선을 한 섬씩 싣게 하였다. 이렇게 하여 일행은 행차를 재촉하여 함양에 도착한 뒤 그때서야 시황제의 죽음을 공포했다.

　▶ 함양(咸陽)에 돌아와서
　자기 후계자가 되라는 뜻도 포함된 말이다. 부소(扶蘇)는 본래 20명이 넘는 황자(皇子)들 사이에서 인격과 식견이 뛰어났다. 신하들의 신망도 두터웠다. "이제 죽으려 하는 사람의 말은 선(善)하다"(論語)는 증자(曾子)의 말도 상기되는 장면이다. 하지만 시황제의 마지막 소원도 헛되고 말았다. 부소는 조고(趙高)의 손에 모살되고 만 것이다.

　▶ 호해(胡亥)
　시황제의 막내아들. 황제로부터 제일 귀여움을 받고 순행할 때 따라 다녔다. 조고의 음모에 가담하여 그가 형인 부소를 죽이고 2세황제(皇帝)의 위에 이르는 경과는 제2권에서 상세히 기술하게 된다.
　이렇게 해서 시황제는 죽었다. 때는 기원전 2백10년, 대독재자(大獨裁者)로서는 너무나 초라한 죽음이었다. 그가 죽은 뒤에는 각지의 명산에 세웠던 황제의 공적을 찬양하는 석비와 70여만 명의 노동력을 투입했던 여산의 대능묘(大陵墓)가 남아 있을 뿐이다. 또한 진나라의 실권은 조고(趙高)의 손에 들어가서 진 제국(秦帝國)은 와해 일로의 길을 더듬고 있을 뿐이었다.

〈2권 계속〉

|제2권 차례|

● 史記 3 · 지배(支配)의 역학(力學) ●

■ 해설 · 5

Ⅰ. 진 제국(秦帝國)의 멸망(滅亡)

II. 항우(項羽)와 유방(劉邦)

III. 초한(楚漢)의 결전

●史記 4 · 권력(權力)의 구조(構造)●

Ⅰ. 여걸(女傑) 군림(君臨)

|제3권 차례|

● 史記·5 思想의 命運 ●

V. 朝鮮列傳

●史記 6   歷史의 底流●

I. 의협(義俠)의 정신(精神)

|사마천의 史記 年表|

| 「史記」 관계연표 |

▫ 西 周

기원전 1100년경   무왕(武王)이 은(殷)을 멸망시키고 주(周)를 건설했고, 백이
         (伯夷) · 숙제(叔齊)가 수양산에서 굶어 죽음.

기원전 841년   여왕(厲王)의 폭정으로 국민이 왕을 추방했고, 공화백(共和
         伯)이 정치를 했으며, 「사기(史記)」에서는 이때부터 연표를 시작함.

▫ 春秋時代 (東周 前期)

기원전 770년   평왕(平王)이 견융(犬戎)에게 쫓기어 동부의 낙읍(洛邑)으
         로 도읍을 옮김.

기원전 722년   공자(孔子)가 만든 노(魯)의 역사 「춘추」는 이 해부터 시작
         됨.(기원전 481년)

기원전 685년   제(齊)의 환공(桓公)이 즉위하고 관중(管仲)이 재상이 됨.

기원전 681년   제(齊)의 환공(桓公)이 노(魯)의 장공(莊公)과 동(桐)에서 회
         합하고 조말(曹沫)에게 협박당하여 영토를 반환함.

기원전 689년   제(齊)의 환공(桓公)이 패자(霸者)가 됨.

기원전 645년   관중(管仲)이 죽음.

기원전 643년   제(齊)의 환공(桓公)이 죽음.

기원전 638년   송(宋)의 양공(襄公)이 초(楚) 때문에 홍(泓)에서 패함.

기원전 636년   진(晋)의 문공이 즉위.

기원전 632년   진(晋)의 문공이 제후(諸侯)와 초군을 성석에서 무찌름. 문
         공(文公)은 제후(諸侯)와 천토에서 회맹하고 패자가 됨.

기원전 623년   진(秦)의 목공(穆公)이 서융(西戎)의 패자가 됨.

기원전 602년   황하의 흐름이 이동하다 (제1회의 변천)

기원전 598년   초(楚)의 장왕(莊王)이 제후(諸侯)와 진릉에서 회맹하고 패
         자가 됨.

기원전 585년   오의 주몽이 왕위에 오름.
기원전 579년   송의 대부 심원(曹元)이 진(晋)·초(楚) 사이를 왕래하며 평
　　　　　　　화공작을 함.
기원전 552년   공자가 노(魯)에서 태어남.
기원전 547년   제(齊)의 경공이 즉위하여 사마양저를 등용함.
기원전 543년   자산(子産)이 정(鄭)의 집정이 됨.
기원전 539년   제(齊)의 만앵이 사자로 진(晋)에 감.
기원전 522년   초(楚)의 오자서(伍子胥)가 망명함.
기원전 515년   오의 합려가 전제(專諸)에게 왕료(王僚)를 죽이게 하고 왕위
　　　　　　　에 오름.
기원전 510년   오가 처음으로 월(越)을 공격함.
기원전 496년   월왕(越王) 구천(句踐)이 오군(吳軍)을 무찌르다. 오왕(吳
　　　　　　　王) 합려(闔廬)는 부상을 당해 죽고 부차(夫差)가 대신 왕위에
　　　　　　　오름.
기원전 494년   오왕 부차(夫差)가 월왕 구천을 무찌르고 회계산에 유폐시킴.
기원전 484년   오자서가 자살을 명령받음.
기원전 482년   오왕 부차가 황지에서 중원의 제후와 회맹하다.
기원전 479년   공자가 죽다.
기원전 473년   월왕 구천이 오(吳)를 멸망시키고 패자가 되다. 구천을 도운
　　　　　　　범여가 월(越)을 떠나다.
기원전 453년   진(晋)의 한·위·조의 3가(家)가 지백을 멸망시키고 그 땅
　　　　　　　을 삼분함.
기원전 446년   위(魏)의 문후(文侯)가 왕위에 오르다.(기원전 397년 在位). 오
　　　　　　　기를 서하(西河)의 태수에 임용하다.

□ 戰國時代(東周 後期)
기원전 403년   한·위·조 삼가가 주(周)의 왕에 의해 제후(諸侯)에 봉해진다.
기원전 390년   이 무렵 맹자가 태어나고, 묵자가 죽다.

기원전 386년	제(齊)의 전화(田和)가 제후에 봉해지다.
기원전 381년	위에서 초로 망명해 온 오기(吳起)가 죽임을 당함.
기원전 370년	위의 혜왕이 왕위에 오르다.(기원전 319년 재위)
기원전 361년	위가 도읍을 안읍에서 대량으로 옮김.
기원전 359년	진의 효공이 상앙을 등용하여 변법을 실시함.
기원전 341년	위(魏)가 제(齊)의 손완 등 때문에 마릉에서 대패함.
기원전 338년	상앙이 진(秦)에서 처형되다.
기원전 337년	한(韓)의 재상 신불해(申不害)가 죽다.
기원전 333년	소진(蘇秦)은 합종(合縱)을 성립시키고 6개국의 재상이 되다.
기원전 326년	조(趙)의 무령왕이 왕위에 오르다.(기원전 229년 재위)
기원전 320년	제의 위왕(기원전 357년 재위)이 죽고 선왕(기원전 301년 재위) 이 왕위에 오름.
기원전 307년	진(秦)의 소양왕(기원전 251년 재위)이 즉위하여 위월을 장군 으로 임명함.
기원전 299년	제의 맹상군이 진(秦)에 가서 재상이 되다.(다음해 귀국)
기원전 298년	조(趙)의 혜문왕이 동생 승(勝)을 평원군에 봉함.
기원전 293년	진의 백기가 한 · 위의 군과 싸워 이관에서 대승하다.
기원전 291년	진이 위월을 재상으로 하고 양후(穰侯)에 봉하다.
기원전 284년	연(燕)의 장군 악의(樂毅)는 제(齊)를 치고 도읍인 임뇌를 함 락시키다.
기원전 283년	조(趙)의 장군 녹야가 제를 공격하다.
기원전 279년	제의 전선은 즉묵으로부터 연의 침략지를 탈환하다.
기원전 276년	위(魏)의 안제왕이 동생 무기를 신릉군에 봉하다.
기원전 270년	조(趙)의 장군 조사가 진군을 격퇴하고 마복군에 봉해지다.
기원전 265년	평원군이 조(趙)의 재상이 되다.
기원전 262년	초(楚)가 황갈을 재상으로 하고 춘신군에 봉하다.
기원전 260년	진(秦)의 백기가 장평에서 조군에게 대승하다.
기원전 257년	진군이 조의 수도 한단을 포위했다.
기원전 255년	진이 범수를 물러나게 하고 채택을 승상에 임명하다.

기원전 249년   진의 장양왕이 즉위하고 여불위가 상국이 됨.
기원전 247년   진의 태자인 정이 즉위하다.
기원전 244년   조의 이목(李牧)을 장군으로 하여 연(燕)을 공격함.
기원전 243년   위(魏)의 신릉군이 죽다.
기원전 238년   초의 춘신군이 죽임을 당하다.
기원전 236년   진의 장군 왕전이 조를 공격하다.
기원전 235년   진의 여불위가 자살했고 그 무렵 순자가 죽다.
기원전 233년   한비가 진으로 가서 죽임을 당하다.
기원전 230년   한(韓)이 진에게 멸망하다.
기원전 227년   연의 태자 단(丹)이 형가를 시켜 진왕 정(政)을 시살하려다 실패.
기원전 225년   위(魏)가 진에 멸망되다.
기원전 223년   초가 진에게 멸망되다.

□ **진(秦)**

기원전 221년   진은 제를 멸망시키고 천하를 통일함.
기원전 214년   몽활이 하남의 땅을 빼앗아 만리장성을 쌓다.
기원전 210년   시황제가 순행 도중에 죽다.
기원전 209년   진승과 오광이 반란을 일으키다. 항우와 유방이 병(兵)을 일
                으켰다.
기원전 208년   진여와 장이가 조갈을 조왕으로 삼았다.

□ **한(漢)**

기원전 206년   유방이 진왕 자영의 항복을 받고 관중에 들어감. 항우는 서
                초의 패왕이라 칭하고, 유방은 한중왕에 봉해졌다.
기원전 205년   유방이 한중(漢中)에서 항우 토벌의 병(兵)을 일으킴.
기원전 204년   한신이 조의 군을 대패시켰다.
기원전 203년   한신은 제왕에, 경포가 회남왕에 봉해졌다.
기원전 202년   항우가 포위되어 자살했다.
기원전 201년   손숙통이 조의(朝儀)를 제정했다.

기원전 200년   고조가 흉노를 치다.

기원전 196년   한신 · 팽월이 살해당함.

기원전 195년   경포가 모반을 일으켜 죽다. 고조가 죽다.

기원전 193년   숙하가 죽다.

기원전 189년   장양 죽다.

기원전 188년   혜제가 죽고 여후가 실권을 장악하다.

기원전 180년   여후가 죽자 진평 등이 여씨 일족을 죽이고 고조의 아들을
                제위에 오르게 함.

기원전 175년   등통에게 촉의 동산(銅山)을 주어 돈을 주조케 했다.

기원전 174년   회남왕 장이 반란을 일으켜 패사했다.

기원전 166년   흉노족의 침입이 심해져 장안 근처까지 왔다.

기원전 162년   승상인 장창이 물러나게 되다.

기원전 157년   문제가 죽고 경제가 즉위했다.

기원전 152년   장창이 죽었다.

기원전 145년   이 무렵 사마천이 태어났다.

기원전 143년   위건이 승상이 되다.

기원전 141년   경제가 죽고 무제가 제위를 계승하다.

기원전 131년   장숙이 어사대부가 되다. 서남이를 초무했다.

기원전 130년   사마상여 등을 파견하여 서남이를 초무했다.

기원전 129년   북변(北邊)에 침입한 흉노를 위청이 격퇴했다.

기원전 126년   장건(張騫)이 서역에서 귀국했다.

기원전 124년   공손홍이 승상이 되다.

기원전 117년   곽거병 · 사마상여가 죽음.

기원전 104년   이광이가 장군이 되어 대완을 쳤으나 실패함.

기원전 102년   이광이가 다시 대완을 정벌하여 항복시켰다.

기원전 87년   무제가 죽고 소제가 즉위했다.

기원전 86년   이 때쯤 사마천이 죽었다.

史記 / 패자의 조건·난세의 군상

인쇄일 | 2019년 1월 10일
발행일 | 2019년 1월 20일(8판)

지은이 | 사마천
엮은이 | 사회사상연구소
대　표 | 장삼기
펴낸이 | 신지현
펴낸곳 | 도서출판 사사연

등록번호 | 제10 – 1912호
등록일 | 2000년 2월 8일
주소 | 서울시 강서구 강서로 15길 139 (A601)
전화 | 02-393-2510, 010-4413-0870
팩스 | 02-393-2511

인쇄 | 성실인쇄
제본 | 동신제책사
홈페이지 | www.ssyeun.co.kr
이메일 | sasayon@naver.com

값 11,000원
ISBN 89-85153-78-1 03900
　　　89-85153-77-3 03900(세트)